SABERES DOCENTES E FORMAÇÃO PROFISSIONAL

Dados Internacionais de Catalogação na Publicação (CIP)
(Câmara Brasileira do Livro, SP, Brasil)

Tardif, Maurice
  Saberes docentes e formação profissional / Maurice Tardif.
17. ed. – Petrópolis, RJ : Vozes, 2014.

  Bibliografia.

  12ª reimpressão, 2024.

  ISBN 978-85-326-2668-4

  1. Pesquisa educacional 2. Professores Formação profissional.
I. Título.

01-5715   CDD-370.72

Índices para catálogo sistemático:

1. Professores : Formação profissional :
   Pesquisa educacional   370.72

2. Professores: Saberes docentes : Pesquisa educacional   370.72

Maurice Tardif

SABERES DOCENTES E FORMAÇÃO PROFISSIONAL

Petrópolis

© 2002, Maurice Tardif

Direitos de publicação:
2002, Editora Vozes Ltda.
Rua Frei Luís, 100
25689-900 Petrópolis, RJ
www.vozes.com.br
Brasil

Todos os direitos reservados. Nenhuma parte desta obra poderá ser reproduzida ou transmitida por qualquer forma e/ou quaisquer meios (eletrônico ou mecânico, incluindo fotocópia e gravação) ou arquivada em qualquer sistema ou banco de dados sem permissão escrita da editora.

Conselho editorial	**Produção editorial**
Diretor	Aline L.R. de Barros
Volney J. Berkenbrock	Jailson Scota
	Marcelo Telles
Editores	Mirela de Oliveira
Aline dos Santos Carneiro	Natália França
Edrian Josué Pasini	Otaviano M. Cunha
Marilac Loraine Oleniki	Priscilla A.F. Alves
Welder Lancieri Marchini	Rafael de Oliveira
	Samuel Rezende
Conselheiros	Vanessa Luz
Elói Dionísio Piva	Verônica M. Guedes
Francisco Morás	
Gilberto Gonçalves Garcia	
Ludovico Garmus	
Teobaldo Heidemann	

Secretário executivo
Leonardo A.R.T. dos Santos

Tradução: Francisco Pereira
Editoração e org. literária: Deise F. Viana de Castro
Capa: SGDesign

ISBN 978-85-326-2668-4

Este livro foi composto e impresso pela Editora Vozes Ltda.

Com amor e gratidão,
dedico este livro a
Cecília Maria Ferreira Borges.

Sumário

Introdução, 9

Parte I – O saber dos professores em seu trabalho, 29

   1. Os professores diante do saber: esboço de uma problemática do saber docente, 31

   2. Saberes, tempo e aprendizagem do trabalho no magistério, 56

   3. O trabalho docente, a pedagogia e o ensino – Interações humanas, tecnologias e dilemas, 112

   4. Elementos para uma teoria da prática educativa, 150

   5. O professor enquanto "ator racional" – Que racionalidade, que saber, que juízo?, 183

Parte II – O saber dos professores em sua formação, 225

   6. Os professores enquanto sujeitos do conhecimento, 227

   7. Saberes profissionais dos professores e conhecimentos universitários – Elementos para uma epistemologia da prática profissional dos professores e suas consequências para a formação docente, 245

   8. Ambiguidade do saber docente, 277

Referências bibliográficas, 305

Introdução

QUAIS são os saberes que servem de base ao ofício de professor? Noutras palavras, quais são os conhecimentos, o saber-fazer, as competências e as habilidades que os professores mobilizam diariamente, nas salas de aula e nas escolas, a fim de realizar concretamente as suas diversas tarefas? Qual é a natureza desses saberes? Trata-se, por exemplo, de conhecimentos científicos, de saberes "eruditos" e codificados como aqueles que encontramos nas disciplinas universitárias e nos currículos escolares? Trata-se de conhecimentos técnicos, de saberes da ação, de habilidades de natureza artesanal adquiridas através de uma longa experiência de trabalho? Todos esses saberes são de caráter estritamente cognitivo ou de caráter discursivo? Trata-se de conhecimentos racionais, baseados em argumentos, ou se apoiam em crenças implícitas, em valores e, em última análise, na subjetividade dos professores? Como esses saberes são adquiridos? Através da experiência pessoal, da formação recebida num instituto, numa escola normal, numa universidade, através do contato com os professores mais experientes ou através de outras fontes? Qual é o papel e o peso dos saberes dos professores em relação aos outros conhecimentos que marcam a atividade educativa e o mundo escolar, como os conhecimentos científicos e universitários que servem de base às matérias escolares, os conhecimentos culturais, os conhecimentos incorporados nos programas escolares, etc.? Como a formação dos professores, seja na universidade ou noutras instituições, pode levar em consideração e até integrar os saberes dos professores de profissão na formação de seus futuros pares?

Os oito ensaios que compõem este livro tentam fornecer respostas a estas questões que não somente têm dominado a pesquisa internacional sobre o ensino nos últimos vinte anos, mas também têm marcado profundamente a problemática da profissionalização do ofício de professor em vários países (TARDIF, LESSARD & GAUTHIER, 1998). Esses ensaios representam diferentes momentos e etapas de um itinerário de pesquisa e de reflexão que venho percorrendo há doze anos a respeito dos saberes que alicerçam o trabalho e a formação dos professores das escolas primárias e secundárias. Cada um deles constitui um esforço de síntese não só de pesquisas empíricas realizadas junto a professores de profissão, mas também de questões teóricas sobre a natureza dos saberes (conhecimentos, saber-fazer, competências, habilidades, etc.) que são efetivamente mobilizados e utilizados pelos professores em seu trabalho diário, tanto na sala de aula quanto na escola.

A partir de 1980, a questão do saber dos professores fez surgir dezenas de milhares de pesquisas no mundo anglo-saxão e, mais recentemente, na Europa. Ora, essas pesquisas empregam teorias e métodos bastante variados e propõem as mais diversas concepções a respeito do saber dos professores. Nesta apresentação, gostaria de explicitar a minha própria perspectiva teórica, a fim de ajudar os leitores a situarem melhor o meu trabalho entre as pesquisas contemporâneas sobre a questão.

*

Devo dizer inicialmente que, para mim, a questão do saber dos professores não pode ser separada das outras dimensões do ensino, nem do estudo do trabalho realizado diariamente pelos professores de profissão, de maneira mais específica. Em todos esses anos, sempre situei essa questão do saber profissional no contexto mais amplo do estudo da profissão docente, de sua história recente e de sua situação dentro da escola e da sociedade (TARDIF & LESSARD, 2000). Por isso, sempre me pareceu absurdo falar do "Saber" (ou do Conhecimento, da Pedagogia, da Didática, do Ensino, etc.), tal como o fazem certos psicólogos e pesquisadores anglo-saxões da área da educação, como se se tratasse de uma categoria autônoma e separada das outras realidades sociais, organizacionais e humanas nas quais os professores se encontram mergulhados.

Na realidade, no âmbito dos ofícios e profissões, não creio que se possa falar do saber sem relacioná-lo com os condicionantes e com o contexto do trabalho: o saber é sempre o saber de alguém que trabalha alguma coisa no intuito de realizar um objetivo qualquer. Além disso, o saber não é uma coisa que flutua no espaço: o saber dos professores é o saber *deles* e está relacionado com a pessoa e a identidade deles, com a sua experiência de vida e com a sua história profissional, com as suas relações com os alunos em sala de aula e com os outros atores escolares na escola, etc. Por isso, é necessário estudá-lo relacionando-o com esses elementos constitutivos do trabalho docente.

Escapar de dois perigos: o "mentalismo" e o "sociologismo"

A abordagem por mim preconizada neste livro tenta escapar de dois perigos, que designo pelos termos de "mentalismo" e "sociologismo", e procura, ao mesmo tempo, estabelecer uma articulação entre os aspectos sociais e individuais do saber dos professores. Ela se assenta na ideia de que esse saber é social, embora sua existência dependa dos professores (mas não somente deles) enquanto atores individuais empenhados numa prática.

O *mentalismo* consiste em reduzir o saber, exclusiva ou principalmente, a processos mentais (representações, crenças, imagens, processamento de informações, esquemas, etc.) cujo suporte é a atividade cognitiva dos indivíduos. Em termos filosóficos, o mentalismo é uma forma de subjetivismo, pois tende a reduzir o conhecimento, e até a própria realidade, em algumas de suas formas radicais, a representações mentais cuja sede é a atividade do pensamento individual (pouco importa se este é, em seguida, numa perspectiva baseada no materialismo ou no reducionismo biológico, determinado pela atividade cerebral). Desde o desmoronamento do behaviorismo na América do Norte e o consequente desenvolvimento das ciências cognitivas, o mentalismo, com suas inúmeras variantes e ramificações (construtivismo, socioconstrutivismo radical, teoria do processamento da informação, etc.), me parece ser a concepção de conhecimento predominante na educação, tanto em relação ao ensino quanto em relação à aprendizagem.

A minha posição, no que se refere ao mentalismo, é que o saber dos professores é um saber social, por vários motivos:

Em primeiro lugar, esse saber é social porque é partilhado por todo um grupo de agentes – os professores – que possuem uma formação comum (embora mais ou menos variável conforme os níveis, ciclos e graus de ensino), trabalham numa mesma organização e estão sujeitos, por causa da estrutura coletiva de seu trabalho cotidiano, a condicionamentos e recursos comparáveis, entre os quais programas, matérias a serem ensinadas, regras do estabelecimento, etc. Desse ponto de vista, as representações ou práticas de um professor específico, por mais originais que sejam, ganham sentido somente quando colocadas em destaque em relação a essa situação coletiva de trabalho.

Em segundo lugar, esse saber é social porque sua posse e utilização repousam sobre todo um sistema que vem garantir a sua legitimidade e orientar sua definição e utilização: universidade, administração escolar, sindicato, associações profissionais, grupos científicos, instância de atestação e de aprovação das competências, Ministério da Educação, etc. Em suma, um professor nunca define sozinho e em si mesmo o seu próprio saber profissional. Ao contrário, esse saber é produzido socialmente, resulta de uma negociação entre diversos grupos. Nesse sentido, o que um "professor deve saber ensinar" não constitui, acima de tudo, um problema cognitivo ou epistemológico, mas sim uma questão social, tal como mostra a história da profissão docente (NÓVOA, 1987; LESSARD & TARDIF, 1996). Por isso, no âmbito da organização do trabalho escolar, o que um professor sabe depende também daquilo que ele não sabe, daquilo que se supõe que ele não saiba, daquilo que os outros sabem em seu lugar e em seu nome, dos saberes que os outros lhe opõem ou lhe atribuem... Isso significa que nos ofícios e profissões não existe conhecimento sem reconhecimento social.

Em terceiro lugar, esse saber também é social porque seus próprios *objetos* são objetos sociais, isto é, práticas sociais. Contrariamente ao operário de uma indústria, o professor não trabalha apenas um "objeto", ele trabalha com sujeitos e em função de um projeto: transformar os alunos, educá-los e instruí-los. Ensinar é agir com outros seres humanos; é saber agir com outros seres humanos que sabem que lhes ensino; é saber que ensino a outros seres humanos que sabem que sou um professor, etc. Daí decorre todo um jogo sutil de conhecimentos, de reconhecimentos e de papéis recíprocos, modificados por expectativas e perspectivas negociadas. Portanto, o saber não é uma substância ou um conteúdo fechado em si mesmo; ele se manifesta através de relações complexas entre o professor e seus alunos. Por conseguinte, é preciso inscrever no próprio cerne do saber dos professores a relação com o outro, e, principalmente, com esse outro coletivo representado por uma turma de alunos.

Em quarto lugar, tais como mostram a história das disciplinas escolares, a história dos programas escolares e a história das ideias e das práticas pedagógicas, o que os professores ensinam (os "saberes a serem ensinados") e sua maneira de ensinar (o "saber-ensinar") evoluem com o tempo e as mudanças sociais. No campo da pedagogia, o que era "verdadeiro", "útil" e "bom" ontem já não o é mais hoje. Desse ponto de vista, o saber dos professores (tanto os saberes a serem ensinados quanto o saber-ensinar) está assentado naquilo que

Bourdieu chama de arbitrário cultural: ele não se baseia em nenhuma ciência, em nenhuma lógica, em nenhuma evidência natural. Noutras palavras, a Pedagogia, a Didática, a Aprendizagem e o Ensino são construções sociais cujos conteúdos, formas e modalidades dependem intimamente da história de uma sociedade, de sua cultura legítima e de suas culturas (técnicas, humanistas, científicas, populares, etc.), de seus poderes e contrapoderes, das hierarquias que predominam na educação formal e informal, etc.

Finalmente, em quinto lugar, de acordo com uma literatura[1] bastante abundante, esse saber é social por ser adquirido no contexto de uma *socialização profissional*, onde é incorporado, modificado, adaptado em função dos momentos e das fases de uma carreira, ao longo de uma história profissional onde o professor aprende a ensinar fazendo o seu trabalho. Noutras palavras, o saber dos professores não é um conjunto de conteúdos cognitivos definidos de uma vez por todas, mas um processo em construção ao longo de uma carreira profissional na qual o professor aprende progressivamente a dominar seu ambiente de trabalho, ao mesmo tempo em que se insere nele e o interioriza por meio de regras de ação que se tornam parte integrante de sua "consciência prática".

Em suma, pouco importa em que sentido consideramos a questão do saber dos professores, não devemos esquecer sua "natureza social", se quisermos realmente representá-lo sem desfigurá-lo. Entretanto, ao tentarmos escapar do mentalismo, não devemos cair no *sociologismo*.

O sociologismo tende a eliminar totalmente a contribuição dos atores na construção concreta do saber, tratando-o como uma produção social em si mesmo e por si mesmo, produção essa independente dos contextos de trabalho dos professores e subordinada, antes de mais nada, a mecanismos sociais, a forças sociais quase sempre exteriores à esco-

---

1. Cf. capítulo II.

la, tais como as ideologias pedagógicas, as lutas profissionais, a imposição e a inculcação da cultura dominante, a reprodução da ordem simbólica, etc. No sociologismo, o saber real dos atores concretos é sempre associado a outra coisa que não a si mesmo, e isso determina a sua inteligibilidade para o pesquisador (que invoca então realidades sociais como explicação), ao mesmo tempo em que priva os atores de toda e qualquer capacidade de conhecimento e de transformação de sua própria situação e ação. Levado ao extremo, o sociologismo transforma os atores sociais em bonecos de ventríloquo. Pouco importa o que eles saibam dizer a respeito daquilo que fazem e dizem, seu saber declarado não passa de uma prova suplementar da opacidade ideológica na qual a sua consciência está mergulhada: as "luzes" emanam necessariamente de outra parte, ou seja, do conhecimento oriundo da pesquisa em ciências sociais, conhecimento esse cujos orgulhosos distribuidores são os sociólogos e outros *cientistas sociais*.

Diante do sociologismo, afirmo que é impossível compreender a natureza do saber dos professores sem colocá-lo em íntima relação com o que os professores, nos espaços de trabalho cotidianos, são, fazem, pensam e dizem. O saber dos professores é profundamente social e é, ao mesmo tempo, o saber dos atores individuais que o possuem e o incorporam à sua prática profissional para a ela adaptá-lo e para transformá-lo. Para evitar equívocos, lembremos que "social" não quer dizer "supraindividual": quer dizer relação e interação entre *Ego* e *Álter*, relação entre mim e os outros repercutindo em mim, relação com os outros em relação a mim, e também relação de mim para comigo mesmo quando essa relação é presença do outro em mim mesmo. Portanto, o saber dos professores não é o "foro íntimo" povoado de representações mentais, mas um saber sempre ligado a uma situação de trabalho com outros (alunos, colegas, pais, etc.), um saber ancorado numa tarefa complexa (ensinar), situado num espaço de trabalho (a sala de aula, a escola), enraizado numa instituição e numa sociedade.

Essas constatações são apoiadas por praticamente todos os estudos que se debruçaram sobre essa questão nos últimos quinze anos[2]. De fato, eles indicam com veemência que o saber dos professores depende, por um lado, das condições concretas nas quais o trabalho deles se realiza e, por outro, da personalidade e da experiência profissional dos próprios professores. Nessa perspectiva, o saber dos professores parece estar assentado em *transações* constantes entre o que eles *são* (incluindo as emoções, a cognição, as expectativas, a história pessoal deles, etc.) e o que *fazem*. O ser e o agir, ou melhor, o que *Eu sou* e o que *Eu faço* ao ensinar, devem ser vistos aqui não como dois polos separados, mas como resultados dinâmicos das próprias transações inseridas no processo de trabalho escolar.

Os saberes de um professor são uma realidade social materializada através de uma formação, de programas, de práticas coletivas, de disciplinas escolares, de uma pedagogia institucionalizada, etc., e são também, ao mesmo tempo, os *saberes dele*. Como se pode, então, pensar essa articulação entre "o que sabe um ator em atividade" e o fato de o seu próprio saber individual ser, ao mesmo tempo, um componente de um gigantesco processo social de escolarização que afeta milhões de indivíduos e envolve milhares de outros trabalhadores que realizam uma tarefa mais ou menos semelhante à sua?

A minha perspectiva procura, portanto, situar o saber do professor na interface entre o individual e o social, entre o ator e o sistema, a fim de captar a sua natureza social e individual como um todo. Ela se baseia num certo número de fios condutores.

Saber e trabalho

Um primeiro fio condutor é que o saber dos professores deve ser compreendido em íntima relação com o trabalho de-

---

2. Esses estudos são citados em diferentes partes deste livro.

les na escola e na sala de aula. Noutras palavras, embora os professores utilizem diferentes saberes, essa utilização se dá em função do seu trabalho e das situações, condicionamentos e recursos ligados a esse trabalho. Em suma, o saber está a serviço do trabalho. Isso significa que as relações dos professores com os saberes nunca são relações estritamente cognitivas: são relações mediadas pelo trabalho que lhes fornece princípios para enfrentar e solucionar situações cotidianas.

Essa ideia possui duas funções conceituais: em primeiro lugar, visa a relacionar organicamente o saber à pessoa do trabalhador e ao seu trabalho, àquilo que ele é e faz, mas também ao que foi e fez, a fim de evitar desvios em direção a concepções que não levem em conta sua incorporação num processo de trabalho, dando ênfase à socialização na profissão docente e ao domínio contextualizado da atividade de ensinar. Em segundo lugar, ela indica que o saber do professor traz em si mesmo as marcas de seu trabalho, que ele não é somente utilizado como um meio no trabalho, mas é produzido e modelado no e pelo trabalho. Trata-se, portanto, de um trabalho multidimensional que incorpora elementos relativos à identidade pessoal e profissional do professor, à sua situação socioprofissional, ao seu trabalho diário na escola e na sala de aula. Essa ideia deve ser associada à tese de Delbos e Jorion (1990) sobre os salineiros. Segundo esses autores, o saber do trabalho não é um saber *sobre* o trabalho, mas realmente *do trabalho*, com o qual ele faz corpo de acordo com formas múltiplas de simbolização e de operacionalização dos gestos e das palavras necessárias à realização concreta do trabalho. Estabelecer a distinção entre saber e trabalho é uma operação analítica de pesquisador ou de engenheiro do trabalho, mas, para um grande número de ofícios e profissões, essa distinção não é tão clara nem tão fácil no processo dinâmico de trabalho.

Diversidade do saber

Um segundo fio condutor de que me sirvo há muito tempo é a ideia de diversidade ou de pluralismo do saber docente. De fato, como veremos em diversos capítulos, quando questionamos os professores sobre seu saber, eles se referem a conhecimentos e a um saber-fazer pessoais, falam dos saberes curriculares, dos programas e dos livros didáticos, apoiam-se em conhecimentos disciplinares relativos às matérias ensinadas, fiam-se em sua própria experiência e apontam certos elementos de sua formação profissional. Em suma, o saber dos professores é plural, compósito, heterogêneo, porque envolve, no próprio exercício do trabalho, conhecimentos e um saber-fazer bastante diversos, provenientes de fontes variadas e, provavelmente, de natureza diferente.

No primeiro capítulo deste livro, apresento uma tentativa de interpretação desse problema da diversidade, propondo um modelo de análise baseado na origem social dos saberes dos professores. Esse modelo, formulado em 1991, parece-me válido ainda hoje. Na minha opinião, ele pode ser mais pertinente do que as diferentes tipologias propostas por vários autores para representar a diversidade dos conhecimentos dos professores Bourdoncle (1994), Doyle (1977), Gage (1978), Gauthier et al. (1997), Martin (1993), Paquay (1994), Raymond (1993) e Shulman (1986). Estes autores usam critérios cognitivos ou teóricos a partir dos quais propõem diferentes classificações dos saberes, mas os critérios mudam de uma tipologia para outra: ora comparam-se princípios epistemológicos, ora correntes de pesquisa, ora modelos ideais... Por conseguinte, parece-me mais pertinente evitar o uso de tais critérios, os quais, no fundo, refletem sempre os postulados epistemológicos dos autores, e propor um modelo construído a partir das categorias dos próprios docentes e dos saberes que utilizam efetivamente em sua prática profissional cotidiana.

Esse fio condutor relativo à diversidade do saber dos professores permite também assinalar a natureza social desse mesmo saber. De fato, como será mostrado nos capítulos 1 e 2, os diversos saberes e o saber-fazer dos professores estão longe de serem produzidos por eles mesmos ou de se originarem do seu trabalho cotidiano. Ao contrário, o saber dos professores contém conhecimentos e um saber-fazer cuja origem social é patente. Por exemplo, alguns deles provêm da família do professor, da escola que o formou e de sua cultura pessoal; outros vêm das universidades ou das escolas normais; outros estão ligados à instituição (programas, regras, princípios pedagógicos, objetivos, finalidades, etc.); outros, ainda, provêm dos pares, dos cursos de reciclagem, etc. Nesse sentido, o saber profissional está, de um certo modo, na confluência de vários saberes oriundos da sociedade, da instituição escolar, dos outros atores educacionais, das universidades, etc.

A consequência disso é que as relações que os professores estabelecem com esses saberes geram, ao mesmo tempo, relações sociais com os grupos, organizações e atores que os produzem. No tocante à profissão docente, a relação cognitiva com o trabalho é acompanhada de uma relação social: os professores não usam o "saber em si", mas sim saberes produzidos por esse ou por aquele grupo, oriundos dessa ou daquela instituição, incorporados ao trabalho por meio desse ou daquele mecanismo social (formação, currículos, instrumentos de trabalho, etc.). Por isso, ao se falar dos saberes dos professores, é necessário levar em consideração o que eles nos dizem a respeito de suas relações sociais com esses grupos, instâncias, organizações, etc. Os juízos cognitivos que expressam no tocante aos seus diferentes saberes são, ao mesmo tempo, juízos sociais. Eles consideram que o seu saber não pode ser separado de uma definição do seu saber-ensinar, definição essa que consideram distinta ou oposta às outras concepções do saber-ensinar atribuídas a esses grupos.

Temporalidade do saber

O saber dos professores é plural e também temporal, uma vez que, como foi dito anteriormente, é adquirido no contexto de uma história de vida e de uma carreira profissional. O capítulo 2 trata dessa questão, que também tem um impacto importante sobre a formação dos professores, como veremos nos capítulos a respeito desse tema.

Dizer que o saber dos professores é temporal significa dizer, inicialmente, que ensinar supõe aprender a ensinar, ou seja, aprender a dominar progressivamente os saberes necessários à realização do trabalho docente. Os inúmeros trabalhos dedicados à aprendizagem do ofício de professor colocam em evidência a importância das experiências familiares e escolares anteriores à formação inicial na aquisição do saber-ensinar. Antes mesmo de ensinarem, os futuros professores vivem nas salas de aula e nas escolas – e, portanto, em seu futuro local de trabalho – durante aproximadamente 16 anos (ou seja, em torno de 15.000 horas). Ora, tal imersão é necessariamente formadora, pois leva os futuros professores a adquirirem crenças, representações e certezas sobre a prática do ofício de professor, bem como sobre o que é ser aluno. Em suma, antes mesmo de começarem a ensinar oficialmente, os professores já sabem, de muitas maneiras, o que é o ensino por causa de toda a sua história escolar anterior. Além disso, muitas pesquisas mostram que esse saber herdado da experiência escolar anterior é muito forte, que ele persiste através do tempo e que a formação universitária não consegue transformá-lo nem muito menos abalá-lo.

A ideia de temporalidade, porém, não se limita à história escolar ou familiar dos professores. Ela também se aplica diretamente à sua carreira, carreira essa compreendida como um processo temporal marcado pela construção do saber profissional. Esse tema da carreira profissional, por sua vez, incide sobre temas conexos como a socialização profissional, a consolidação da experiência de trabalho inicial, as fases de transformação, de continuidade e de ruptura que marcam a trajetória profissional, as inúmeras mudanças (de classe, de escola, de nível de ensino, de bairro, etc.) que ocorrem também no decorrer da carreira profissional e, finalmente, toda a questão da identidade e da subjetividade dos professores, que se tornam o que são de tanto fazer o que fazem. São esses temas, portanto, que serão explorados de diferentes maneiras através dos vários ensaios aqui apresentados.

A experiência de trabalho enquanto fundamento do saber

Se admitirmos que o saber dos professores não provém de uma fonte única, mas de várias fontes e de diferentes momentos da história de vida e da carreira profissional, essa própria diversidade levanta o problema da unificação e da recomposição dos saberes no e pelo trabalho. Como os professores amalgamam esses saberes? E, se há fusão, como ela se opera? Ocorrem contradições, dilemas, tensões, "conflitos cognitivos" entre esses saberes? Essa diversidade dos saberes também traz à tona a questão da hierarquização efetuada pelos professores. Por exemplo, será que eles se servem de todos esses saberes da mesma maneira? Será que privilegiam certos saberes e consideram outros periféricos, secundários, acessórios? Será que valorizam alguns saberes e desvalorizam outros? Que princípios regem essas hierarquizações?

Os professores que encontrei e observei não colocam todos os seus saberes em pé de igualdade, mas tendem a hierarquizá-los em função de sua utilidade no ensino. Quanto menos utilizável no trabalho é um saber, menos valor profissional parece ter. Nessa ótica, os saberes oriundos da experiência de trabalho cotidiana parecem constituir o alicerce da prática e da competência profissionais, pois essa experiência é, para o professor, a condição para a aquisição e produção de seus próprios saberes profissionais. Ensinar é mobilizar uma ampla variedade de saberes, reutilizando-os no trabalho para adaptá-los e transformá-los pelo e para o trabalho. A experiência de trabalho, portanto, é apenas um espaço onde o professor aplica saberes, *sendo ela mesma saber do trabalho sobre saberes*, em suma: *reflexividade*, retomada, reprodução, reiteração daquilo que se sabe naquilo que se sabe fazer, a fim de produzir sua própria prática profissional.

Saberes humanos a respeito de seres humanos

Outro dos meus fios condutores é a ideia de trabalho interativo, ou seja, um trabalho onde o trabalhador se relaciona com o seu objeto de trabalho fundamentalmente através da interação humana. Vem daí uma questão central que tem orientado as minhas pesquisas nos últimos anos: em que e como o fato de trabalhar seres humanos e com seres humanos repercute no trabalhador, em seus conhecimentos, suas técnicas, sua identidade, sua vivência profissional? Minha hipótese é que o trabalho interativo e, por conseguinte, os saberes mobilizados pelos trabalhadores da interação não podem se deixar pensar a partir dos modelos dominantes do trabalho material, sejam eles oriundos da tradição marxista ou da economia liberal. De fato, até agora, foi o trabalho produtor de bens materiais que serviu de paradigma para o estudo do trabalho interativo. A organização escolar foi idealizada a partir das organizações industriais (tratamento de massa e em série, divisão extrema do trabalho, especialização, etc.) e o ensino, como uma forma de trabalho técnico susceptível de ser racionalizado por meio de abordagens técnico-industriais típicas, como o behaviorismo clássico, por exemplo, mas também, atualmente, através de concepções tecnológicas da comunicação que servem de suporte às novas tecnologias da informação.

Com essa ideia de trabalho interativo, procuro compreender as características da interação humana que marcam o saber dos atores que atuam juntos, como os professores com seus alunos numa sala de aula. A questão do saber está ligada, assim, à dos poderes e regras mobilizados pelos atores sociais na interação concreta. Ela também está ligada a interrogações relativas aos valores, à ética e às tecnologias da interação. Essas diferentes ideias são abordadas em diversas partes do livro e de maneira mais específica no capítulo 6.

Saberes e formação de professores

Finalmente, chegamos ao último fio condutor, decorrente dos anteriores: a necessidade de repensar, agora, a formação para o magistério, levando em conta os saberes dos professores e as realidades específicas de seu trabalho cotidiano. Essa é a ideia de base das reformas que vêm sendo realizadas na formação dos professores em muitos países nos últimos dez anos. Ela expressa a vontade de encontrar, nos cursos de formação de professores, uma nova articulação e um novo equilíbrio entre os conhecimentos produzidos pelas universidades *a respeito* do ensino e os saberes desenvolvidos pelos professores *em* suas práticas cotidianas. Até agora, a formação para o magistério esteve dominada sobretudo pelos conhecimentos disciplinares, conhecimentos esses produzidos geralmente numa redoma de vidro, sem nenhuma conexão com a ação profissional, devendo, em seguida, serem aplicados na prática por meio de estágios ou de outras atividades do gênero. Essa visão disciplinar e aplicacionista da formação profissional não tem mais sentido hoje em dia, não somente no campo do ensino, mas também nos outros setores profissionais. É essa ideia que defendo, desenvolvo e ilustro nos três últimos capítulos. Procuro mostrar como o conhecimento do trabalho dos professores e o fato de levar em consideração os seus saberes cotidianos permite renovar nossa concepção não só a respeito da formação deles, mas também de suas identidades, contribuições e papéis profissionais.

*

São estas, substancialmente, as principais ideias que norteiam e alimentam os capítulos deste livro, o qual está dividido em duas partes. A primeira contém cinco capítulos que tratam mais especificamente do saber dos professores posto em relação com seu trabalho e com suas atividades profissionais; a segunda possui três capítulos que abordam muito mais as relações entre a formação profissional dos professores e seus saberes.

Na primeira parte, os capítulos 1 e 2 formam um todo e discutem o mesmo problema com oito anos de intervalo. O capítulo 1 ("Os professores diante do saber: esboço de uma problemática do saber docente") já é bem conhecido no Brasil e apresenta, pela primeira vez, os elementos e etapas de um programa de pesquisa sociológica sobre os saberes dos professores em relação com sua profissão e situação social. Ele propõe uma primeira tipologia dos saberes dos professores baseada em sua origem social e em seus modos de integração no magistério. Fornece também elementos conceituais para compreender melhor a posição socialmente desvalorizada do saber docente em relação aos outros conhecimentos sociais, escolares e universitários. Finalmente, destaca o papel primordial da experiência de trabalho cotidiana na constituição do sentimento de competência entre os professores de profissão e na aquisição do saber experiencial, considerado, pelos próprios professores, como a base do saber-ensinar.

O capítulo 2 retoma os mesmos temas, situando-os num contexto interpretativo mais rico que incorpora as dimensões temporais do saber dos professores, ou seja, sua inscrição numa história de vida e seu desenvolvimento ao longo da carreira profissional. O fato de levar em conta essas dimensões temporais permite dinamizar o saber experiencial, mostrando como ele é modelado no decorrer da história pessoal, escolar e profissional dos professores.

O capítulo 3, de maneira deliberada, situa a questão do saber no campo do estudo do trabalho docente, de suas características e condicionantes objetivos. Ele parte dos grandes componentes clássicos da análise do trabalho (seu objeto, seu objetivo, suas tecnologias, seus resultados, etc.) e mostra em que sentido o trabalho dos professores é profundamente diferente do trabalho com a matéria inerte (trabalho industrial, tecnológico, etc.) e como essa diferença permite repensar toda a questão do saber do trabalhador e de sua identidade.

Os capítulos 4 e 5 levam a discussão sobre o saber dos professores para um plano muito mais teórico. O capítulo 4 representa uma contribuição às teorias contemporâneas da ação, mas também à história das concepções da atividade educacional. Historicamente, a atividade educacional foi considerada uma arte (*arte, technè*) durante muito tempo; nos tempos modernos, passou a ser considerada como uma espécie de técnica e de ação moral, ao mesmo tempo; mais recentemente, tornou-se interação. Ora, cada uma dessas concepções atribui ao saber uma certa definição e um certo *status* cujos fundamentos conceituais precisam ser identificados, se quisermos compreender bem a natureza do saber que serve de base ao ensino.

O capítulo 5, finalmente, fecha essa primeira parte do livro, apresentando uma reflexão ao mesmo tempo epistemológica e crítica sobre a própria noção de "saber dos professores". A multiplicação das pesquisas sobre o saber dos professores gerou uma série de problemas teóricos e conceituais a respeito do sentido a ser dado a essa noção, em virtude dos diversos significados que lhe foram atribuídos por pesquisadores de linhas teóricas diferentes. Esse capítulo propõe, assim, uma linha conceitual para pensar e, sobretudo, delimitar melhor todo esse campo de pesquisa, ao mesmo tempo em que oferece perspectivas metodológicas aos pesquisadores e alunos que se interessam pela questão.

A segunda parte do livro é mais prática e está muito mais voltada para a discussão dos problemas concretos levantados atualmente pela formação de professores. Ela retoma, essencialmente, os resultados da parte anterior e mostra como podem originar novas concepções da formação profissional no campo do ensino e quais os papéis que os professores de profissão poderiam nela desempenhar. Também propõe uma reavaliação crítica das relações entre os pesquisadores universitários e os professores, assim como entre os conhecimentos universitários e os saberes docentes.

O capítulo 6 apresenta uma breve síntese das concepções atuais relativas à subjetividade e ao seu papel no ensino. A partir daí, propõe diversas pistas de reflexão para que sejam repensadas de outra maneira as relações entre a teoria e a prática na formação de professores.

O capítulo 7 trata de um dos nós górdios de todas as reformas realizadas na formação de professores nos últimos vinte anos: as relações entre os conhecimentos produzidos pelos pesquisadores universitários das ciências da educação e os saberes mobilizados pelos práticos do ensino. Com base nos meus recentes trabalhos sobre o estudo do trabalho docente, esse capítulo tenta lançar as bases de uma verdadeira epistemologia da prática profissional dos professores, ao mesmo tempo em que procura especificar as consequências dessa epistemologia para as concepções e práticas de formação no magistério.

Finalmente, sempre tomando a questão do saber como fio condutor, o capítulo 8 apresenta um balanço das reformas realizadas nos dez últimos anos em matéria de formação de professores. Depois de apresentar, de maneira sucinta, o modelo atual de formação profissional decantado pelas reformas, ele analisa os obstáculos e dificuldades ligados a essa reforma, relacionando-os com os problemas suscitados pela nossa compreensão atual do saber docente.

No Brasil, esses capítulos foram, em sua maioria, publicados inicialmente em revistas ou apresentados e discutidos de maneira crítica em cursos, conferências ou comunicações diversas. Esta edição me deu a oportunidade de revisar todos os textos, aos quais, em alguns casos, acrescentei elementos inéditos, além de possibilitar a eliminação de determinados erros, entre os quais os tipográficos, e a atualização das referências bibliográficas. A tradução em português também foi revista e corrigida.

Eu não poderia concluir esta apresentação sem apresentar os meus sinceros agradecimentos aos membros do grupo de pesquisa (Grupo de Pesquisa Interuniversitário sobre os Saberes e a Escola-GRISÉ) que há dez anos tenho a honra e o prazer de dirigir, no Canadá, e cujos membros – colegas e assistentes – participaram da elaboração ou da discussão de certas partes dos capítulos deste livro. Quero agradecer de modo mais específico aos meus colegas e amigos, o professor Claude Lessard, da Universidade de Montreal, o professor Clermont Gauthier, da Universidade Laval, e a professora Danielle Raymond, da Universidade de Sherbrooke, pela ajuda constante que me proporcionaram em meus trabalhos sobre a profissão docente. Também quero agradecer às professoras Menga Lüdke e Isabel Lélis, da Pontifícia Universidade Católica do Rio de Janeiro, por me terem incentivado a divulgar os meus trabalhos no Brasil. Agradeço também, sinceramente, ao meu tradutor e amigo Francisco Pereira de Lima, que assumiu a delicada missão de traduzir a grande maioria dos capítulos deste livro do francês para o português do Brasil. Finalmente, gostaria de expressar toda a minha gratidão à professora Cecília Borges, da Universidade Federal de Pelotas, por sua paciência e compreensão, bem como pelo apoio constante que me deu durante os diferentes momentos em que estive no Brasil.

PARTE I

O SABER DOS PROFESSORES EM SEU TRABALHO

1
Os professores diante do saber: esboço de uma problemática do saber docente*

SE chamamos de "saberes sociais" o conjunto de saberes de que dispõe uma sociedade e de "educação" o conjunto dos processos de formação e de aprendizagem elaborados socialmente e destinados a instruir os membros da sociedade com base nesses saberes, então é evidente que os grupos de educadores, os corpos docentes que realizam efetivamente esses processos educativos no âmbito do sistema de formação em vigor, são chamados, de uma maneira ou de outra, a definir sua prática em relação aos saberes que possuem e transmitem. Parece banal, mas um professor[1] é, antes de tudo, alguém que sabe alguma coisa e cuja função consiste em transmitir esse saber a outros. No entanto, como tentaremos demonstrar, essa banalidade se transforma em interrogação e em problema a partir do momento em que é preciso especificar a natureza das relações que os professores do ensino fundamental e do ensino médio estabelecem

---

* Este capítulo foi publicado inicialmente em: TARDIF, M., LESSARD, C. & LAHAYE, L. (1991). Esboço de uma problemática do saber docente. *Teoria & Educação*. Brasil, v. 1, n. 4, p. 215-233.
1. Entenda-se: um professor ou uma professora.

com os saberes, assim como a natureza dos saberes desses mesmos professores.

Os professores sabem decerto alguma coisa, mas o que, exatamente? Que saber é esse? São eles apenas "transmissores" de saberes produzidos por outros grupos? Produzem eles um ou mais saberes, no âmbito de sua profissão? Qual é o seu papel na definição e na seleção dos saberes transmitidos pela instituição escolar? Qual a sua função na produção dos saberes pedagógicos? As chamadas ciências da educação, elaboradas pelos pesquisadores e formadores universitários, ou os saberes e doutrinas pedagógicas, elaborados pelos ideólogos da educação, constituiriam todo o saber dos professores?

Estas perguntas, cujas respostas não são nada evidentes, parecem indicar a existência de uma relação problemática entre os professores e os saberes. É preciso ressaltar que há poucos estudos ou obras consagrados aos saberes dos professores. Trata-se, de fato, de um campo de pesquisa novo e, por isso, relativamente inexplorado, inclusive pelas próprias ciências da educação. Além do mais, como veremos, essa noção nos deixa facilmente confusos, pois se aplica indiferentemente aos diversos saberes incorporados à prática docente. Considerando as questões levantadas anteriormente e o estado atual da pesquisa nesse campo, o nosso objetivo neste capítulo será de apresentar, em linhas gerais, o esboço de uma problemática do saber docente. Assim, sem pretender fornecer respostas completas e definitivas a cada uma dessas questões, poderemos, pelo menos, oferecer elementos para a resposta e indicar perspectivas de pesquisa para trabalhos futuros sobre a questão.

Nas linhas que seguem, após a introdução de algumas considerações gerais sobre a situação do corpo docente em relação aos saberes, procuraremos identificar e definir os diferentes saberes presentes na prática docente, bem como as relações estabelecidas entre eles e os professores. Trataremos de mostrar, então:

- Que *o saber docente se compõe, na verdade, de vários saberes provenientes de diferentes fontes*. Esses saberes são os saberes disciplinares, curriculares, profissionais (incluindo os das ciências da educação e da pedagogia) e experienciais. Abordaremos, nesse momento, as relações que o corpo docente estabelece com esses diferentes saberes.

- Que, embora os seus saberes ocupem uma posição estratégica entre os saberes sociais, *o corpo docente é desvalorizado em relação aos saberes que possui e transmite*. Tentaremos compreender esse fenômeno utilizando diversos elementos explicativos.

- Finalmente, baseando-nos em material de nossa pesquisa, dedicaremos a última parte deste capítulo à discussão sobre o *status* particular que os professores conferem aos saberes experienciais, já que, como veremos, estes últimos constituem, para eles, os fundamentos da prática e da competência profissional.

1. O saber docente: um saber plural, estratégico e desvalorizado

Considerações preliminares

Comecemos por um fato incontestável: enquanto grupo social, e em virtude das próprias funções que exercem, os professores ocupam uma posição estratégica no interior das relações complexas que unem as sociedades contemporâneas aos saberes que elas produzem e mobilizam com diversos fins. No âmbito da modernidade ocidental, o extraordinário desenvolvimento quantitativo e qualitativo dos saberes teria sido e seria ainda inconcebível sem um desenvolvimento correspondente dos recursos educativos e, notadamente, de corpos docentes e de formadores capazes de assumir, dentro dos sistemas de educação, os processos de aprendizagem individuais e coletivos que constituem a base da cultura intelectual e científica moderna. Nas sociedades contemporâneas, a pesquisa científica e erudita, enquanto sistema socialmente organizado de produção de conhecimentos, está inter-relacionada com o sistema de formação e de educação em vigor. Essa inter-relação se expressa concretamente pela existência de instituições que, como as universidades, assumem tradicional e conjuntamente as missões de pesquisa, de ensino, de produção de conhecimentos e de formação com base nesses conhecimentos. Ela se expressa, de forma mais ampla, pela existência de toda uma rede de instituições e de práticas sociais e educativas destinadas a assegurar o acesso sistemático e contínuo aos saberes sociais disponíveis. A existência de tal rede mostra muito bem que os sistemas sociais de formação e de educação, a começar pela escola, estão enraizados numa necessidade de cunho estrutural inerente ao modelo de cultura da modernidade. Os processos de produção dos saberes sociais e os processos sociais de formação podem, então, ser considerados como dois fenômenos complementares no âmbito da cultura moderna e contemporânea.

Entretanto, na medida em que a produção de novos conhecimentos tende a se impor como um fim em si mesmo e um imperativo social indiscutível, e é o que parece ocorrer hoje em dia, as atividades de formação e de educação parecem passar progressivamente para o segundo plano. Com efeito, o valor social, cultural e epistemológico dos saberes reside em sua capacidade de renovação constante, e a formação com base nos saberes estabelecidos não passa de uma introdução às tarefas cognitivas consideradas essenciais e assumidas pela comunidade científica em exercício. Os processos de aquisição e aprendizagem dos saberes ficam, assim, subordinados material e ideologicamente às atividades de produção de novos conhecimentos. Essa lógica da produção parece reger também os saberes técnicos, bastante voltados, atualmente, para a pesquisa e para a produção de artefatos e de novos procedimentos. Nessa perspectiva, os saberes são, de um certo modo, comparáveis a "estoques" de informações tecnicamente disponíveis, renovados e produzidos pela comunidade científica em exercício e passíveis de serem mobilizados nas diferentes práticas sociais, econômicas, técnicas, culturais, etc.

Por isso mesmo, aquilo que se poderia chamar de dimensão formadora dos saberes, dimensão essa que tradicionalmente os assemelhava a uma Cultura (*Paideia, Bildung, Lumières*) e cuja aquisição implicava uma *transformação* positiva das formas de pensar, de agir e de ser, é lançado para fora do círculo relativamente limitado dos problemas e questões cientificamente pertinentes e tecnicamente solucionáveis. Os educadores e os pesquisadores, o corpo docente e a comunidade científica tornam-se dois grupos cada vez mais distintos, destinados a tarefas especializadas de transmissão e de produção dos saberes sem nenhuma relação entre si. Ora, é exatamente tal fenômeno que parece caracterizar a evolução atual das instituições universitárias, que caminham em direção a uma crescente separação das missões de pesquisa e de ensino. Nos outros níveis do sistema escolar, essa separação já foi concretizada há muito tempo, uma vez que o saber dos professores que aí atuam parece residir unicamente na competência técnica e pedagógica para transmitir saberes elaborados por outros grupos.

Em oposição a essa visão fabril dos saberes, que dá ênfase somente à dimensão da produção, e para evidenciar a posição estratégica do saber docente em meio aos saberes sociais, é necessário dizer que todo saber, mesmo o "novo", insere-se numa duração temporal que remete à história de sua formação e de sua aquisição. Todo saber implica um processo de aprendizagem e de formação; e, quanto mais desenvolvido, formalizado e sistematizado é um saber, como acontece com as ciências e os saberes contemporâneos, mais longo e complexo se torna o processo de aprendizagem, o qual, por sua vez, exige uma formalização e uma sistematização adequadas. De fato, nas sociedades atuais, assim que atingem um certo grau de desenvolvimento e de sistematização, os saberes são geralmente integrados a processos de formação institucionalizados coordenados por agentes educacionais. Por outro lado, apesar de ocupar hoje uma posição de destaque no cenário social e econômico, bem como nos meios de comunicação, a produção de novos conhecimentos é apenas uma das dimensões dos saberes e da atividade científica ou de pesquisa. Ela pressupõe, sempre e logicamente, um processo de formação baseado nos conhecimentos atuais: o novo surge e pode surgir do antigo exatamente porque o antigo é reatualizado constantemente por meio dos processos de aprendizagem. Formações com base nos saberes e produção de saberes constituem, por conseguinte, dois polos complementares e inseparáveis. Nesse sentido, e mesmo limitando sua relação com os saberes a uma função improdutiva de transmissão de conhecimentos, pode-se admitir, se não de fato pelo menos em princípio, que o corpo docente tem uma função social estrategicamente tão importante quanto a da comunidade científica e dos grupos produtores de saberes.

Os saberes docentes

Entretanto a relação dos docentes com os saberes não se reduz a uma função de transmissão dos conhecimentos já constituídos. Sua prática integra diferentes saberes, com os quais o corpo docente mantém diferentes relações. Pode-se definir o saber docente como um saber plural, formado pelo amálgama, mais ou menos coerente, de saberes oriundos da formação profissional e de saberes disciplinares, curriculares e experienciais. Descrevamo-los sucintamente para, em seguida, abordar as relações que os professores estabelecem com esses saberes.

Os saberes da formação profissional (das ciências da educação e da ideologia pedagógica)

Pode-se chamar de saberes profissionais o conjunto de saberes transmitidos pelas instituições de formação de professores (escolas normais ou faculdades de ciências da educação). O professor e o ensino constituem objetos de saber para as ciências humanas e para as ciências da educação.

Ora, essas ciências, ou pelo menos algumas dentre elas, não se limitam a produzir conhecimentos, mas procuram também incorporá-los à prática do professor. Nessa perspectiva, esses conhecimentos se transformam em saberes destinados à formação científica ou erudita dos professores, e, caso sejam incorporados à prática docente, esta pode transformar-se em prática científica, em tecnologia da aprendizagem, por exemplo. No plano institucional, a articulação entre essas ciências e a prática docente se estabelece, concretamente, através da formação inicial ou contínua dos professores. Com efeito, é sobretudo no decorrer de sua formação que os professores entram em contato com as ciências da educação. É bastante raro ver os teóricos e pesquisadores das ciências da educação atuarem diretamente no meio escolar, em contato com os professores. Veremos mais adiante que a relação entre esses dois grupos obedece, de forma global, a uma lógica da divisão do trabalho entre produtores de saber e executores ou técnicos.

Mas a prática docente não é apenas um objeto de saber das ciências da educação, ela é também uma atividade que mobiliza diversos saberes que podem ser chamados de pedagógicos. Os saberes pedagógicos apresentam-se como doutrinas ou concepções provenientes de reflexões sobre a prática educativa no sentido amplo do termo, reflexões racionais e normativas que conduzem a sistemas mais ou menos coerentes de representação e de orientação da atividade educativa. É o caso, por exemplo, das doutrinas pedagógicas centradas na ideologia da "escola nova". Essas doutrinas (ou melhor, as dominantes) são incorporadas à formação profissional dos professores, fornecendo, por um lado, um arcabouço ideológico à profissão e, por outro, algumas formas de saber-fazer e algumas técnicas. Os saberes pedagógicos articulam-se com as ciências da educação (e, frequentemente, é até mesmo bastante difícil distingui-los), na medida em que eles tentam, de modo cada vez mais sistemático, integrar os resultados da pesquisa às concepções que propõem, a fim de legitimá-las "cientificamente". Por exemplo, a pedagogia chamada de "ativa" apoiou-se na psicologia da aprendizagem e do desenvolvimento para justificar suas asserções normativas.

Os saberes disciplinares

Além dos saberes produzidos pelas ciências da educação e dos saberes pedagógicos, a prática docente incorpora ainda saberes sociais definidos e selecionados pela instituição universitária. Estes saberes integram-se igualmente à prática docente através da formação (inicial e contínua) dos professores nas diversas disciplinas oferecidas pela universidade. Podemos chamá-los de saberes disciplinares. São saberes que correspondem aos diversos campos do conhecimento, aos saberes de que dispõe a nossa sociedade, tais como se encontram hoje integrados nas universidades, sob a forma de disciplinas, no interior de faculdades e de cursos distintos. Os saberes disciplinares (por exemplo, matemática, história, literatura, etc.) são transmitidos nos cursos e departamentos universitários independentemente das faculdades de educação e dos cursos de formação de professores. Os saberes das disciplinas emergem da tradição cultural e dos grupos sociais produtores de saberes.

Os saberes curriculares

Ao longo de suas carreiras, os professores devem também apropriar-se de saberes que podemos chamar de curriculares. Estes saberes correspondem aos discursos, objetivos, conteúdos e métodos a partir dos quais a instituição escolar categoriza e apresenta os saberes sociais por ela definidos e selecionados como modelos da cultura erudita e de formação para a cultura erudita. Apresentam-se concretamente sob a forma de programas escolares (objetivos, conteúdos, métodos) que os professores devem aprender a aplicar.

Os saberes experienciais

Finalmente, os próprios professores, no exercício de suas funções e na prática de sua profissão, desenvolvem saberes específicos, baseados em seu trabalho cotidiano e no conhecimento de seu meio. Esses saberes brotam da experiência e são por ela validados. Eles incorporam-se à experiência individual e coletiva sob a forma de *habitus* e de habilidades, de saber-fazer e de saber-ser. Podemos chamá-los de saberes experienciais ou práticos. Por enquanto, fiquemos por aqui, pois dedicaremos a segunda parte do presente capítulo a esses saberes e às relações que eles mantêm com os demais saberes.

Até agora, tentamos mostrar que os saberes são elementos constitutivos da prática docente. Essa dimensão da profissão docente lhe confere o *status* de prática erudita que se articula, simultaneamente, com diferentes saberes: os saberes sociais, transformados em saberes escolares através dos saberes disciplinares e dos saberes curriculares, os saberes oriundos das ciências da educação, os saberes pedagógicos e os saberes experienciais. Em suma, o professor ideal é alguém que deve conhecer sua matéria, sua disciplina e seu programa, além de possuir certos conhecimentos relativos às ciências da educação e à pedagogia e desenvolver um saber prático baseado em sua experiência cotidiana com os alunos.

Essas múltiplas articulações entre a prática docente e os saberes fazem dos professores um grupo social e profissional cuja existência depende, em grande parte, de sua capacidade de dominar, integrar e mobilizar tais saberes enquanto condições para a sua prática. Consequentemente, seria de se esperar, pelo menos na ótica tradicional da sociologia das profissões, que os professores, como grupo social e categoria profissional, procurassem se impor como uma das instâncias de definição e controle dos saberes efetivamente integrados à sua prática. Nessa mesma perspectiva, também seria de se esperar que ocorresse um certo reconhecimento social positivo do papel desempenhado pelos professores no processo de formação-produção dos saberes sociais. Se admitirmos, por exemplo, que os professores ocupam, no campo dos saberes, um espaço estrategicamente tão importante quanto aquele ocupado pela comunidade científica, não deveriam eles então gozar de um prestígio análogo? Ora, isso não acontece.

As relações dos professores com seus próprios saberes

De modo geral, pode-se dizer que os professores ocupam uma posição estratégica, porém socialmente desvalorizada, entre os diferentes grupos que atuam, de uma maneira ou de outra, no campo dos saberes. De fato, os saberes da formação profissional, os saberes disciplinares e os saberes curriculares dos professores parecem sempre ser mais ou menos de segunda mão. Eles se incorporam efetivamente à prática docente, sem serem, porém, produzidos ou legitimados por ela. A relação que os professores mantêm com os saberes é a de "transmissores", de "portadores" ou de "objetos" de saber, mas não de produtores de um saber ou de saberes que poderiam impor como instância de legitimação social de sua função e como espaço de verdade de sua prática. Noutras palavras, a função docente se define em relação aos saberes, mas parece incapaz de definir um saber produzido ou controlado pelos que a exercem.

Os saberes das disciplinas e os saberes curriculares que os professores possuem e transmitem não são o saber dos professores nem o saber docente. De fato, o corpo docente não é responsável pela definição nem pela seleção dos saberes que a escola e a universidade transmitem. Ele não controla diretamente, e nem mesmo indiretamente, o processo de definição e de seleção dos saberes sociais que são transformados em saberes escolares (disciplinares e curriculares) através das categorias, programas, matérias e disciplinas que a instituição escolar gera e impõe como modelo da cultura erudita. Nesse sentido, os saberes disciplinares e curriculares que os professores transmitem situam-se numa posição de exterioridade em relação à prática docente: eles aparecem como produtos que já se encontram consideravelmente determinados em sua forma e conteúdo, produtos oriundos da tradição cultural e dos grupos produtores de saberes sociais e incorporados à prática docente através das disciplinas, programas escolares, matérias e conteúdos a serem transmitidos. Nessa perspectiva, os professores poderiam ser comparados a técnicos e executores destinados à tarefa de transmissão de saberes. Seu saber específico estaria relacionado com os procedimentos pedagógicos de transmissão dos saberes escolares. Em resumo, seria um saber da pedagogia ou pedagógico.

Mas é realmente isso que ocorre? Os saberes relativos à formação profissional dos professores (ciências da educação e ideologias pedagógicas) dependem, por sua vez, da universidade e de seu corpo de formadores, bem como do Estado e de seu corpo de agentes de decisão e de execução. Além de não controlarem nem a definição nem a seleção dos saberes curriculares e disciplinares, os professores não controlam nem a definição nem a seleção dos saberes pedagógicos transmitidos pelas instituições de formação (universidades e escolas normais). Mais uma vez, a relação que os professores estabelecem com os saberes da formação profissional se manifesta como uma relação de exterioridade: as universidades e os formadores universitários assumem as tarefas de produção e de legitimação dos saberes científicos e pedagógicos, ao passo que aos professores compete apropriar-se desses saberes, no decorrer de sua formação, como normas e elementos de sua competência profissional, competência essa sancionada pela universidade e pelo Estado. Os saberes científicos e pedagógicos integrados à formação dos professores precedem e dominam a prática da profissão, mas não provêm dela. Veremos mais adiante que, entre os professores, essa relação de exterioridade se manifesta através de uma nítida tendência a desvalorizar sua própria formação profissional, associando-a à "pedagogia e às teorias abstratas dos formadores universitários".

Em suma, pode-se dizer que as diferentes articulações identificadas anteriormente entre a prática docente e os saberes constituem mediações e mecanismos que submetem essa prática a saberes que ela não produz nem controla. Levando isso ao extremo, poderíamos falar aqui de uma relação de alienação entre os docentes e os saberes. De fato, se as relações dos professores com os saberes parecem problemáticas, como dizíamos anteriormente, não será porque essas mesmas relações sempre implicam, no fundo, uma certa distância – social, institucional, epistemológica – que os separa e os desapropria desses saberes produzidos, controlados e legitimados por outros?

Alguns elementos explicativos

Saber socialmente estratégico e ao mesmo tempo desvalorizado, prática erudita e ao mesmo tempo aparentemente desprovida de um saber específico baseado na atividade dos professores e por ela produzido, a relação dos professores com os saberes parece, no mínimo, ambígua. Como explicar essa situação? A conjugação de efeitos decorrentes de fenômenos de natureza diversa deve ser considerada.

1. Numa perspectiva mais ampla e de caráter histórico, podemos inicialmente citar, como foi feito anteriormente, a divisão do trabalho aparentemente inerente ao modelo erudito de cultura da modernidade. Nas sociedades ocidentais pré-modernas, a comunidade intelectual assumia, em geral, as tarefas de formação e de conhecimento no âmbito de instituições elitistas. Era assim nas universidades medievais. Por outro lado, os saberes técnicos e o saber-fazer necessários à renovação das diferentes funções ligadas ao trabalho eram integrados à prática de vários grupos sociais que assumiam essas mesmas funções e cuidavam, consequentemente, da formação de seus membros. Era o que ocorria nas antigas corporações de artesãos e de operários.

Ora, com a modernização das sociedades ocidentais, esse modelo de cultura que integrava produção de saberes e formação baseada nesses mesmos saberes, através de grupos sociais específicos, vai sendo progressivamente eliminado em benefício de uma divisão social e intelectual das funções de pesquisa, assumidas a partir de então pela comunidade científica ou por corpos de especialistas, e das funções de formação, assumidas por um corpo docente distanciado das instâncias de produção dos saberes. Já os saberes técnicos e o saber-fazer vão sendo progressivamente sistematizados em corpos de conhecimentos abstratos, separados dos grupos sociais – que se tornam executores atomizados no universo do trabalho capitalista – para serem monopolizados por grupos de especialistas e de profissionais, e integrados a sistemas públicos de formação. No século XX, as ciências e as técnicas, enquanto núcleo fundamental da cultura erudita contemporânea, foram consideravelmente transformadas em forças produtivas e integradas à economia. A comunidade científica se divide em grupos e subgrupos dedicados a tarefas especializadas de produção restrita de conhecimentos. A formação não é mais de sua competência: tornou-se incumbência de corpos profissionais improdutivos do ponto de vista cognitivo e destinados às tarefas técnico-pedagógicas de formação.

2. Mais uma vez, numa perspectiva mais ampla e de cunho cultural, podemos também citar a transformação moderna da relação entre saber e formação, conhecimento e educação. Na longa tradição intelectual ocidental, ou melhor, segundo essa tradição, os saberes fundamentados em exigências de racionalidade possuíam uma dimensão formadora decorrente de sua natureza intrínseca. A apropriação e a posse do saber garantiam sua virtude pedagógica e sua "ensinabilidade". Isso acontecia, por exemplo, com os saberes filosóficos tradicionais e com a doutrina cristã (que representavam, como se sabe, os saberes científicos de sua época). Filosofias e doutrina cristã equivaliam a saberes-mestres cujo conhecimento garantia o valor pedagógico do mestre e a legitimidade de seu ensino e de seus métodos como um todo.

Tais saberes-mestres não existem mais. Nenhum saber é por si mesmo formador. Os mestres não possuem mais saberes-mestres (filosofia, ciência positiva, doutrina religiosa, sistema de normas e de princípios, etc.) cuja posse venha garantir sua mestria: saber alguma coisa não é mais suficiente, é preciso também saber ensinar. O saber transmitido não possui, em si mesmo, nenhum valor formador; somente a atividade de transmissão lhe confere esse valor. Em outras palavras, os mestres assistem a uma mudança na natureza da sua mestria: ela se desloca dos saberes para os procedimentos de transmissão dos saberes.

3. Um terceiro fenômeno se manifesta com a emergência das ciências da educação e a consequente transformação das categorias do discurso pedagógico. Dois aspectos devem ser considerados. Em primeiro lugar, o enraizamento progressivo da pedagogia moderna nos saberes psicológicos e psicopedagógicos. No decorrer do século XX, a psicologia se torna o paradigma de referência para a pedagogia. Ela se integra à formação dos professores, aos quais fornece saberes positivos pretensamente científicos, bem como meios e técnicas de intervenção e de controle. A antiga pedagogia geral vai sendo progressivamente substituída por uma pedagogia dividida em subdomínios especializados cada vez mais autônomos, alimentados pelas ciências da educação nascentes. A formação dos professores perde, simultaneamente, sua característica de formação geral para se transformar em formação profissional especializada. Esses fenômenos se manifestam, em seu conjunto, através de uma "racionalização" da formação e da prática docentes, racionalização essa baseada, por um lado, na monopolização dos saberes pedagógicos pelos corpos de formadores de professores, que estão sujeitos às exigências da produção universitária e formam, efetivamente, um grupo desligado do universo dos professores e da prática docente, e, por outro lado, na associação da prática docente a modelos de intervenção técnica, metodológica e profissional. "Cientifização" e "tecnologização" da pedagogia são os dois polos da divisão do trabalho intelectual e profissional estabelecida entre os corpos de formadores das escolas normais e das universidades, os quais monopolizam o polo de produção e legitimação dos saberes científicos e pedagógicos, e o corpo docente, destinado às tarefas de execução e de aplicação dos saberes.

Em segundo lugar, a emergência e o desenvolvimento das ciências da educação fazem parte de um fenômeno ideológico mais amplo (escola nova, pedagogia reformista, etc.) marcado por uma transformação radical da relação entre educador e educando. Resumidamente, digamos que o saber que o educador deve transmitir deixa de ser o centro de gravidade do ato pedagógico; é o educando, a criança, essencialmente, que se torna o modelo e o princípio da aprendizagem. De forma um pouco caricatural, poder-se-ia dizer que o ato de aprender se torna mais importante que o fato de saber. O saber dos professores passa, então, para o segundo plano; fica subordinado a uma relação pedagógica centrada nas necessidades e interesses da criança e do educando, podendo chegar até a confundir-se totalmente com um saber-fazer, um "saber-lidar" e um saber-estar com as crianças. Esses próprios saberes são legitimados pelas psicologias do desenvolvimento e da personalidade, notadamente as psicologias humanistas e pós-rousseaunianas (Carl Rogers e cia.).

4. Um outro fenômeno surge com a constituição das instituições escolares modernas. No decorrer dos séculos XIX e XX, a educação e a infância tornam-se espaço e problema públicos e campo de uma ação social racionalizada e planejada pelo Estado. Os sistemas escolares são concebidos como instituições de massa que dispensam a toda a população a ser instruída um tratamento uniforme, garantido por um sistema jurídico e um planejamento centralizado. O modelo canônico de referência é o modelo fabril da produção industrial. A integração sistemática da população em idade escolar (idade essa que vai se dilatando) à escola, legitimada pelas políticas de democratização e pela ampliação da demanda social por educação, traduz-se na formação rápida de corpos de agentes e especialistas escolares. A formação de um corpo docente laico, formado com base nas ciências profanas e na nova pedagogia, manifesta-se como uma exigência interna do desenvolvimento do sistema escolar moderno. As instituições privadas (religiosas) de formação de mestres e a ideologia da vocação são substituídas por instituições públicas (escolas normais e universidades) e por uma ideologia de caráter profissional centrada na profissão

e em suas condições. Histórica e socialmente, o corpo docente aproveitou essa situação para formular várias reivindicações e obter diversas melhorias econômicas e profissionais, o que se fez, entre outras coisas, por intermédio da sindicalização e da valorização social da profissão.

Ora, quando se considera retrospectivamente a lógica global dessa evolução, pode-se sem dúvida constatar que a melhoria da situação econômica e social dos professores não se traduziu numa transformação correspondente de seu papel nem de seu peso relativo nos mecanismos e entre as instâncias que determinam os conteúdos da cultura e dos saberes escolares e as modalidades do trabalho e da organização pedagógicos. Corpo eclesial ou corpo estatal, o corpo docente parece continuar sendo um corpo de executores.

No interior da escola-fábrica, esse corpo de executores parece evoluir, nos últimos trinta anos, rumo a uma diferenciação técnica e pedagógica de suas tarefas e funções. Através dos controles administrativos e das racionalizações sucessivas efetuadas no sistema escolar, a massa dos educandos transformou-se, primeiro, em populações escolares e, em seguida, em clientelas diversificadas, alvos da intervenção de profissionais mais ou menos especializados. O professor generalista viu seu campo de atuação restringir-se e especializar-se com o aparecimento de novas categorias de docentes e de especialistas (escola maternal, ortopedagogia, orientação escolar, psicologia, etc.). Seu saber, sua competência, sua pedagogia, no interior da instituição escolar, foram por isso mesmo restringidos e contestados no tocante à sua capacidade de atenderem às necessidades de clientelas diversificadas. Seu campo de intervenção se restringiu e sua competência diminuiu. O saber docente pluralizou-se e diferenciou-se com o surgimento de subgrupos de especialistas e de docentes portadores e reivindicadores de saberes específicos (ortopedagogia, ensino pré-escolar). A ideia tradicional do docente enquanto educador parece ultrapassada. O docente cuida da instrução dos alunos; a formação integral da personalidade não é mais da sua competência.

5. Enfim, um último fenômeno parece também estar agindo de uns dez anos para cá, mais particularmente nos níveis superiores do sistema escolar. Trata-se da erosão do capital de confiança dos diferentes grupos sociais nos saberes transmitidos pela escola e pelos professores. Essa erosão teria começado, grosso modo, com a grave crise econômica que, no início dos anos 1980, afetou todos os países industrializados. Essa crise parece ter causado a destruição da crença – crença essa alimentada pela ideologia da democratização escolar – na existência de uma conexão lógica ou necessária entre os saberes escolares e os saberes necessários à renovação das funções sociais, técnicas e econômicas. Os saberes transmitidos pela escola não parecem mais corresponder, senão de forma muito inadequada, aos saberes socialmente úteis no mercado de trabalho. Essa inadequação levaria, talvez, a uma desvalorização dos saberes transmitidos pelos professores ("para que servem exatamente?") e dos saberes escolares em geral, cuja pertinência social não é mais tida como óbvia. A escolarização, enquanto estratégia global que possibilita o acesso a funções sociais cobiçadas, não seria mais suficiente. Surge então a necessidade de microestratégias cujo desafio consistiria em determinar quais são os saberes socialmente pertinentes dentre os saberes escolares.

Tal situação pode ou poderia conduzir (se isso já não ocorreu) ao desenvolvimento de uma lógica de consumo dos saberes escolares. A instituição escolar deixaria de ser um lugar de formação para tornar-se um mercado onde seriam oferecidos, aos consumidores (alunos e pais, adultos em processo de reciclagem, educação permanente), saberes-instrumentos, saberes-meios, um capital de informações mais ou menos úteis para o seu futuro "posicionamento" no mercado de trabalho e sua adaptação à vida social. As clientelas escolares se transformariam então em clientes. A definição e a seleção dos saberes escolares dependeriam então das pressões dos consumidores e da evolução mais ou menos tortuosa do mercado dos saberes sociais. A função dos professores não consistiria mais em formar indivíduos, mas em equipá-los tendo em vista a concorrência implacável que rege o mercado de trabalho. Ao invés de formadores, eles seriam muito mais informadores ou transmissores de informações potencialmente utilizáveis pelos clientes escolares.

2. O docente diante de seus saberes: as certezas da prática e a importância crítica da experiência

Como os professores reagem a tais fenômenos? Nossa pesquisa indica que o corpo docente, na impossibilidade de controlar os saberes disciplinares, curriculares e da formação profissional, produz ou tenta produzir saberes através dos quais ele compreende e domina sua prática. Esses saberes lhe permitem, em contrapartida, distanciar-se dos saberes adquiridos fora dessa prática.

De fato, quando interrogamos os professores sobre os seus saberes e sobre a sua relação com os saberes, eles apontam, a partir das categorias de seu próprio discurso, saberes que denominam de práticos ou experienciais. O que caracteriza os saberes práticos ou experienciais, de um modo geral, é o fato de se originarem da prática cotidiana da profissão e serem por ela validados. Ora, nossas pesquisas indicam que, para os professores, os saberes adquiridos através da experiência profissional constituem os fundamentos de sua competência. É a partir deles que os professores julgam sua formação anterior ou sua formação ao longo da carreira. É igualmente a partir deles que julgam a pertinência ou o realismo das reformas introduzidas nos programas ou nos métodos. Enfim, é ainda a partir dos saberes experienciais que os professores concebem os modelos de excelência profissional dentro de sua profissão. Tentemos ver então rapidamente em que consistem.

Os saberes experienciais

Pode-se chamar de saberes experienciais o conjunto de saberes atualizados, adquiridos e necessários no âmbito da prática da profissão docente e que não provêm das instituições de formação nem dos currículos. Estes saberes não se encontram sistematizados em doutrinas ou teorias. São saberes práticos (e não da prática: eles não se superpõem à prática para melhor conhecê-la, mas se integram a ela e dela são partes constituintes enquanto prática docente) e formam um conjunto de representações a partir das quais os professores interpretam, compreendem e orientam sua profissão e sua prática cotidiana em todas as suas dimensões. Eles constituem, por assim dizer, a cultura docente em ação.

Os saberes experienciais estão enraizados no seguinte fato mais amplo: o ensino se desenvolve num contexto de múltiplas interações que representam condicionantes diversos para a atuação do professor. Esses condicionantes não são problemas abstratos como aqueles encontrados pelo cientista, nem problemas técnicos, como aqueles com os quais se deparam os técnicos e tecnólogos. O cientista e o técnico trabalham a partir de modelos e seus condicionantes resultam da aplicação ou da elaboração desses modelos. Com o docente é diferente. No exercício cotidiano de sua função, os condicionantes aparecem relacionados a situações concretas que não são passíveis de definições acabadas e que exigem improvisação e habilidade pessoal, bem como a capacidade de enfrentar situações mais ou menos transitórias e variáveis. Ora, lidar com condicionantes e situações é formador: somente isso permite ao docente desenvolver os *habitus* (isto é, certas disposições adquiridas na e pela prática real), que lhe permitirão justamente enfrentar os condicionantes e imponderáveis da profissão. Os *habitus* podem transformar-se num estilo de ensino, em "macetes" da profissão e até mesmo em traços da "personalidade profissional": eles se manifestam, então, através de um saber-ser e de um saber-fazer pessoais e profissionais validados pelo trabalho cotidiano.

O docente raramente atua sozinho. Ele se encontra em interação com outras pessoas, a começar pelos alunos. A atividade docente não é exercida sobre um objeto, sobre um fenômeno a ser conhecido ou uma obra a ser produzida. Ela é realizada concretamente numa rede de interações com outras pessoas, num contexto onde o elemento humano é determinante e dominante e onde estão presentes símbolos, valores, sentimentos, atitudes, que são passíveis de interpretação e decisão, interpretação e decisão que possuem, geralmente, um caráter de urgência. Essas interações são mediadas por diversos canais: discurso, comportamentos, maneiras de ser, etc. Elas exigem, portanto, dos professores, não um saber sobre um objeto de conhecimento nem um saber sobre uma prática e destinado principalmente a objetivá-la, mas a capacidade de se comportarem como sujeitos, como atores e de serem pessoas em interação com pessoas. Tal capacidade é geradora de certezas particulares, a mais importante das quais consiste na confirmação, pelo docente, de sua própria capacidade de ensinar e de atingir um bom desempenho na prática da profissão. Além disso, essas interações ocorrem num determinado meio, num universo institucional que os professores descobrem progressivamente, tentando adaptar-se e integrar-se a ele. Esse meio – a escola – é um meio social constituído por relações sociais, hierarquias, etc. Por fim, as interações ocorrem também em meio a normas, obrigações, prescrições que os professores devem conhecer e respeitar em graus diversos (por exemplo, os programas). Os saberes experienciais fornecem aos professores certezas relativas a seu contexto de trabalho na escola, de modo a facilitar sua integração. Os saberes experienciais possuem, portanto, três "objetos": a) as relações e interações que os professores estabelecem e desenvolvem com os demais atores no campo de sua prática; b) as diversas obrigações e normas às quais seu trabalho deve submeter-se; c) a instituição enquanto meio organizado e composto de funções diversificadas. Estes objetos não são objetos de conhecimento, mas objetos que constituem a própria prática docente e que só se revelam através dela. Em outras palavras, eles não são nada mais do que as condições da profissão. Três observações importantes decorrem daí:

A) É exatamente em relação a estes objetos-condições que se estabelece uma defasagem, uma distância crítica entre os saberes experienciais e os saberes adquiridos na formação. Alguns docentes vivem essa distância como um choque (o choque da "dura realidade" das turmas e das salas de aula) quando de seus primeiros anos de ensino. Ao se tornarem professores, descobrem os limites de seus saberes pedagógicos. Em alguns, essa descoberta provoca a rejeição pura e simples de sua formação anterior e a certeza de que o professor é o único responsável pelo seu sucesso. Em outros, ela provoca uma reavaliação (alguns cursos foram úteis, outros não). E, finalmente, em outros, ela suscita julgamentos mais relativos (por exemplo: "minha formação me serviu na organização dos cursos, na apresentação do material pedagógico" ou então "não se pode pedir à universidade para realizar uma missão impossível").

B) Na medida em que assegura a prática da profissão, o conhecimento destes objetos-condições insere-se necessariamente num processo de aprendizagem rápida: é no início da carreira (de 1 a 5 anos) que os professores acumulam, ao que parece, sua experiência fundamental. A aprendizagem rápida tem valor de confirmação: mergulhados na prática, tendo que aprender fazendo, os professores devem provar a si próprios e aos outros que são capazes de ensinar. A experiência fundamental tende a se transformar, em seguida, numa maneira pessoal de ensinar, em macetes da profissão, em *habitus*, em traços da personalidade profissional.

C) Os objetos-condições não têm o mesmo valor para a prática da profissão: saber reger uma sala de aula é mais importante do que conhecer os mecanismos da secretaria de educação; saber estabelecer uma relação com os alunos é mais importante do que saber estabelecer uma relação com os especialistas. Os saberes docentes obedecem, portanto, a uma hierarquia: seu valor depende das dificuldades que apresentam em relação à prática. Ora, no discurso docente, as relações com os alunos constituem o espaço onde são validados, em última instância, sua competência e seus saberes. A sala de aula e a interação cotidiana com as turmas de alunos constituem, de um certo modo, um teste referente tanto ao "eu profissional" quanto aos saberes veiculados e transmitidos pelo docente. Isso aparece claramente nas entrevistas que realizamos com professores: "É impossível mentir ou fazer de conta diante de uma turma de alunos: não se pode esconder nada deles, é preciso envolver-se completamente".

A objetivação parcial dos saberes experienciais

Os saberes experienciais têm origem, portanto, na prática cotidiana dos professores em confronto com as condições da profissão. Isso significa que eles residem totalmente nas certezas subjetivas acumuladas individualmente ao longo da carreira de cada docente? Não, pois essas certezas também são partilhadas e partilháveis nas relações com os pares. É através das relações com os pares e, portanto, através do confronto entre os saberes produzidos pela experiência coletiva dos professores, que os saberes experienciais adquirem uma certa objetividade: as certezas subjetivas devem ser, então, sistematizadas a fim de se transformarem num discurso da experiência capaz de informar ou de formar outros docentes e de fornecer uma resposta a seus problemas. O relacionamento dos jovens professores com os professores experientes, os colegas com os quais trabalhamos diariamente ou no contexto de projetos pedagógicos de duração mais longa, o treinamento e a formação de estagiários e de professores iniciantes, todas essas são situações que permitem objetivar os saberes da experiência. Em tais situações, os professores são levados a tomar consciência de seus próprios saberes experienciais, uma vez que devem transmiti-los e, portanto, objetivá-los em parte, seja para si mesmos, seja para seus colegas. Nesse sentido, o docente é não apenas um prático mas também um formador.

O papel dos professores na transmissão de saberes a seus pares não é exercido apenas no contexto formal das tarefas de animação de grupos. Cotidianamente, os professores partilham seus saberes uns com os outros através do material didático, dos "macetes", dos modos de fazer, dos modos de organizar a sala de aula, etc. Além disso, eles também trocam informações sobre os alunos. Em suma, eles dividem uns com os outros um saber prático sobre sua atuação. A colaboração entre professores de um mesmo nível de ensino que constroem um material ou elaboram provas juntos e as experiências de *team-teaching* também fazem parte da prática de partilha dos saberes entre os professores. Ainda que as atividades de partilha dos saberes não sejam consideradas como obrigação ou responsabilidade profissional pelos professores, a maior parte deles expressa a necessidade de partilhar sua experiência. As reuniões pedagógicas, assim como os congressos realizados pelas diversas associações profissionais, são mencionados pelos professores como sendo também espaços privilegiados para trocas.

Os saberes experienciais adquirem também uma certa objetividade em sua relação crítica com os saberes disciplinares, curriculares e da formação profissional. A prática cotidiana da profissão não favorece apenas o desenvolvimento de certezas "experienciais", mas permite também uma avaliação dos outros saberes, através da sua retradução em função das condições limitadoras da experiência. Os professores não rejeitam os outros saberes totalmente, pelo contrário, eles os incorporam à sua prática, retraduzindo-os porém em categorias de seu próprio discurso. Nesse sentido, a prática pode ser vista como um processo de aprendizagem através do qual os professores retraduzem sua formação e a adaptam à profissão, eliminando o que lhes parece inutilmente abstrato ou sem relação com a realidade vivida e conservando o que pode servir-lhes de uma maneira ou de outra. A experiência provoca, assim, um efeito de retomada crítica (*retroalimentaçao*) dos saberes adquiridos antes ou fora da prática profissional. Ela filtra e seleciona os outros saberes, permitindo assim aos professores reverem seus saberes, julgá-los e avaliá-los e, portanto, objetivar um saber formado de todos os saberes retraduzidos e submetidos ao processo de validação constituído pela prática cotidiana.

3. Conclusão: o saber docente e a condição de um novo profissionalismo

Saber plural, saber formado de diversos saberes provenientes das instituições de formação, da formação profissional, dos currículos e da prática cotidiana, o saber docente é, portanto, essencialmente heterogêneo. Mas essa heterogeneidade não se deve apenas à natureza dos saberes presentes; ela decorre também da situação do corpo docente diante dos demais grupos produtores e portadores de saberes e das instituições de formação. Na primeira parte deste capítulo tentamos evidenciar as relações de exterioridade que associam os professores aos saberes curriculares, disciplinares e da formação profissional. Essas relações de exterioridade inserem-se, hoje, numa divisão social do trabalho intelectual entre os produtores de saberes e os formadores, entre os grupos e instituições responsáveis pelas nobres tarefas de produção e legitimação dos saberes e os grupos e instituições responsáveis pelas tarefas de formação, concebidas nos moldes desvalorizados da execução, da aplicação de técnicas pedagógicas, do saber-fazer.

Diante dessa situação, os saberes experienciais surgem como núcleo vital do saber docente, núcleo a partir do qual os professores tentam transformar suas relações de exterioridade com os saberes em relações de interioridade com sua própria prática. Neste sentido, os saberes experienciais não são saberes como os demais; são, ao contrário, formados de todos os demais, mas retraduzidos, "polidos" e submetidos às certezas construídas na prática e na experiência. Entretanto, para concluir, caberia perguntar se o corpo docente não lucraria em liberar os seus saberes da prática cotidiana e da experiência vivida, de modo a levá-los a serem reconhecidos por outros grupos produtores de saberes e impor-se, desse modo, enquanto grupo produtor de um saber oriundo de sua prática e sobre o qual poderia reivindicar um controle socialmente legítimo.

Tal empreendimento parece-nos ser a condição básica para a criação de uma nova profissionalidade entre os professores dos níveis primário e secundário. Entretanto, seria ilusório acreditar que os professores poderiam atingi-la limitando-se apenas ao plano específico dos saberes. Este empreendimento, enquanto estratégia de profissionalização do corpo docente, exige a instituição de uma verdadeira parceria entre professores, corpos universitários de formadores e responsáveis pelo sistema educacional. Os saberes experienciais passarão a ser reconhecidos a partir do momento em que os professores manifestarem suas próprias ideias a respeito dos saberes curriculares e disciplinares e, sobretudo, a respeito de sua própria formação profissional. Será preciso uma outra reforma do ensino para finalmente vermos os responsáveis pelas faculdades de educação e os formadores universitários dirigirem-se à escola dos professores de profissão para aprenderem como ensinar e o que é o ensino?

2

Saberes, tempo e aprendizagem do trabalho no magistério*

TAL como Marx já havia enunciado, toda *práxis* social é, de uma certa maneira, um *trabalho* cujo processo de realização desencadeia uma transformação real no trabalhador. Trabalhar não é exclusivamente transformar um objeto ou situação numa outra coisa, é também transformar a si mesmo no e pelo trabalho (DUBAR, 1992; 1994)[1]. Em termos sociológicos, pode-se dizer que o trabalho modifica a identidade do trabalhador, pois trabalhar não é somente fazer alguma coisa, mas fazer alguma coisa de si mesmo, consigo mesmo. Como lembra Schwartz (1997: 7), a experiência viva do trabalho ocasiona sempre "um 'drama do uso de si mesmo', uma problemática negociação entre o uso de si por si mesmo e o uso de si pelo(s) outro(s)". Se uma pessoa ensina durante trinta anos, ela não faz simplesmente alguma coisa, ela faz também alguma coisa de si mesma: sua identidade carrega as marcas de sua própria atividade, e uma boa parte de

---

* Uma versão um pouco diferente deste texto foi publicada em: TARDIF, M. & RAYMOND, D. (2000). Saberes, tempo e aprendizagem do trabalho no magistério. *Revista Educação e Sociedade*, n. 73, p. 209-244.

1. É importante lembrar que, para Dubar, o aspecto determinante da socialização profissional, principalmente durante o período particularmente marcante da inserção no ambiente de trabalho, consiste na negociação de formas identitárias que possibilitem a coordenação da identidade para si e da identidade para o outro.

sua existência é caracterizada por sua atuação profissional. Em suma, *com o passar do tempo*, ela vai-se tornando – aos seus próprios olhos e aos olhos dos outros – um professor, com sua cultura, seu e*thos*, suas ideias, suas funções, seus interesses, etc.

Ora, se o trabalho modifica o trabalhador e sua identidade, modifica também, *sempre com o passar do tempo*, o seu "saber trabalhar". De fato, em toda ocupação, o tempo surge como um fator importante para compreender os saberes dos trabalhadores, *uma vez que trabalhar remete a aprender a trabalhar, ou seja, a dominar progressivamente os saberes necessários à realização do trabalho*: "a vida é breve, a arte é longa", diz o provérbio. Em certos ofícios tradicionais (por exemplo, os ofícios ligados à terra e ao mar: agricultura, salicultura, pesca, etc.), o tempo de aprendizagem do trabalho confunde-se muitas vezes com o tempo da vida: o trabalho é aprendido através da imersão no ambiente familiar e social, no contato direto e cotidiano com as tarefas dos adultos para cuja realização as crianças e os jovens são formados pouco a pouco, muitas vezes por imitação, repetição e experiência direta do *lebenwelt* do labor (JORION & DELBOS, 1990). Em várias outras ocupações – e esse é o caso do magistério – a aprendizagem do trabalho passa por uma escolarização mais ou menos longa, cuja função é fornecer aos futuros trabalhadores conhecimentos teóricos e técnicos que os preparem para o trabalho. Mas, mesmo assim, acontece raramente que a formação teórica não tenha de ser completada com uma formação prática, isto é, com uma experiência direta do trabalho, experiência essa de duração variável e graças à qual o trabalhador se familiariza com seu ambiente e assimila progressivamente os saberes necessários à realização de suas tarefas. Noutros ofícios, a aprendizagem concreta do trabalho assume a forma de uma relação entre um aprendiz e um trabalhador experiente, como vem ocorrendo agora cada vez mais desde a implantação dos novos dispositivos de formação para o magistério (RAYMOND & LENOIR, 1998). Essa relação de companheirismo não se limita a uma transmissão de informações, mas desencadeia um verdadeiro processo de formação onde o aprendiz aprende, durante um período mais ou menos longo, a assimilar as rotinas e práticas do trabalho, ao mesmo tempo em que recebe uma formação referente às regras e valores de sua organização e ao seu significado para as pessoas que praticam o mesmo ofício, por exemplo, no âmbito dos estabelecimentos escolares.

Em suma, pode-se dizer que os saberes ligados ao trabalho são temporais, pois são construídos e dominados progressivamente durante um período de aprendizagem variável, de acordo com cada ocupação. Essa dimensão temporal decorre do fato de que as situações de trabalho exigem dos trabalhadores conhecimentos, competências, aptidões e atitudes específicas que só podem ser adquiridas e dominadas em contato com essas mesmas situações (DURAND, 1996; MONTMOLLIN, 1996; TERSSAC, 1996). Noutras palavras, as situações de trabalho parecem irredutíveis do ponto de vista da racionalidade técnica do saber (SCHÖN, 1983), segundo a qual a prática profissional consiste numa resolução instrumental de problemas baseada na aplicação de teorias e técnicas científicas construídas noutros campos (por exemplo, através da pesquisa, em laboratórios, etc.). Essas situações exigem, ao contrário, que os trabalhadores desenvolvam, progressivamente, saberes gerados e baseados no próprio processo de trabalho. Ora, são exatamente esses saberes que exigem tempo, prática, experiência, hábito, etc.

O que nos interessa, justamente, aqui, são as relações entre tempo, trabalho e aprendizagem dos *saberes profissionais* dos professores de profissão que atuam no ensino primário e secundário, isto é, dos *saberes mobilizados e empregados na prática cotidiana, saberes esses que dela provêm, de uma maneira ou de outra, e servem para resolver os problemas dos professores em exercício, dando sentido às situações de trabalho que lhes são próprias*. Este capítulo está dividido em três partes:

- Inicialmente, mostraremos em que aspectos o estudo dessas relações pode ser pertinente para melhor compreender a natureza dos saberes profissionais dos professores; ao mesmo tempo, procuraremos situar-nos no campo mais amplo da literatura sobre os saberes que servem de fundamento para o ensino, precisando brevemente nossa perspectiva teórica.

- Em seguida, estudaremos algumas das relações existentes entre os saberes, o tempo e o trabalho, tais como se expressam nos fenômenos da história da vida, da aprendizagem pré-profissional do trabalho e da carreira dos professores.

- Finalmente, para concluir, proporemos uma reflexão e algumas pistas teóricas sobre as diversas relações existentes entre o tempo e os saberes profissionais, associando tudo isso com as questões da cognição, da identidade do trabalhador e do trabalho[2].

1. Por que esse interesse pelo tempo na construção dos saberes?

Abordar a questão dos saberes dos professores do ponto de vista de sua relação com o tempo não é tarefa fácil em si mesma. De fato, raros são os autores que trataram diretamente dessa questão como estamos fazendo agora. Tratemos então de justificá-la e de mostrar onde reside o seu interesse.

Nos últimos vinte anos, uma grande parte da literatura norte-americana sobre a formação dos professores, bem como sobre a profissão docente, tem tratado dos saberes que servem de base para o ensino e que os pesquisadores anglo-sa-

---

[2]. No que se refere aos aspectos empírico e metodológico, este capítulo se apoia nas pesquisas de Lessard & Tardif (1996) e Tardif & Lessard (2000), baseadas em entrevistas com 150 professoras e professores de profissão, bem como em observações feitas em sala de aula e nos estabelecimentos de ensino; também foram utilizados os dados coligidos por Raymond, Butt & Yamagishi (1993) e por Mukamurera (1998). Consultar esses trabalhos para obter maiores esclarecimentos com relação aos procedimentos metodológicos e ao quadro teórico. Salvo indicação contrária, os trechos do discurso dos professores citados neste texto são provenientes dessas pesquisas.

xões designam muitas vezes pela expressão *knowledge base*[3]. A expressão *knowledge base* pode ser entendida de duas maneiras: num sentido restrito, ela designa os saberes mobilizados pelos "professores eficientes" durante a ação em sala de aula (por exemplo, nas atividades de gestão da classe e de gestão da matéria), saberes esses que foram validados pela pesquisa e que deveriam ser incorporados aos programas de formação de professores (cf. GAUTHIER et al., 1998); num sentido amplo, designa o conjunto dos saberes que fundamentam o ato de ensinar no ambiente escolar (TARDIF & LESSARD, 2000). Esses saberes provêm de fontes diversas (formação inicial e contínua dos professores, currículo e socialização escolar, conhecimento das disciplinas a serem ensinadas, experiência na profissão, cultura pessoal e profissional, aprendizagem com os pares, etc.). É a este segundo significado que está ligada a nossa própria concepção.

É necessário especificar também que atribuímos à noção de "saber" um sentido amplo que engloba os conhecimentos, as competências, as habilidades (ou aptidões) e as atitudes dos docentes, ou seja, aquilo que foi muitas vezes chamado de saber, de saber-fazer e de saber-ser. *Essa nossa posição não é fortuita, pois reflete o que os próprios professores dizem a respeito de seus saberes.* De fato, os professores que consultamos e observamos ao longo dos anos falam de vários conhecimentos, habilidades, competências, talentos, formas de saber-fazer, etc., relativos a diferentes fenômenos ligados ao seu trabalho. Falam, por exemplo, do conhecimento da matéria e do conhecimento relativo ao planejamento das aulas e à sua organização. Tratam igualmente do conhecimento dos grandes princípios educacionais e do sistema de ensino, tecendo comentários sobre os programas e livros didáticos, seu valor e sua utilidade. Salientam diversas habilidades e atitudes: gostar de trabalhar com jovens e crianças, ser capaz de seduzir a turma, dar provas de imaginação, partir da experiência dos alunos, ter uma personalidade atraente, de-

---

3. Do lado francófono, fala-se muito mais de "referenciais de competência" (cf. PAQUAY, ALTET, CHARLIER & PERRENOUD, 1996).

sempenhar o seu papel de forma profissional sem deixar de ser autêntico, ser capaz de questionar a si mesmo. Enfim, os professores destacam a sua experiência na profissão como fonte primeira de sua competência, de seu "saber-ensinar".

Em resumo, como vemos, os saberes que servem de base para o ensino, tais como são vistos pelos professores, não se limitam a conteúdos bem circunscritos que dependem de um conhecimento especializado. Eles abrangem uma grande diversidade de objetos, de questões, de problemas *que estão todos relacionados com seu trabalho*. Além disso, não correspondem, ou pelo menos muito pouco, aos conhecimentos teóricos obtidos na universidade e produzidos pela pesquisa na área da Educação: para os professores de profissão, a experiência de trabalho parece ser a fonte privilegiada de seu saber-ensinar. Notemos também a importância que atribuem a fatores cognitivos: sua personalidade, talentos diversos, o entusiasmo, a vivacidade, o amor às crianças, etc. Finalmente, os professores se referem também a conhecimentos sociais partilhados, conhecimentos esses que possuem em comum com os alunos enquanto membros de um mesmo mundo social, pelo menos no âmbito da sala de aula. Nesse mesmo sentido, sua integração e sua participação na vida cotidiana da escola e dos colegas de trabalho colocam igualmente em evidência conhecimentos e maneiras de ser coletivos, assim como diversos conhecimentos do trabalho partilhados entre os pares, notadamente a respeito dos alunos e dos pais, mas também no que se refere a atividades pedagógicas, material didático, programas de ensino, etc.

Os *saberes profissionais dos professores parecem ser, portanto, plurais, compósitos, heterogêneos*, pois trazem à tona, no próprio exercício do trabalho, conhecimentos e manifestações do saber-fazer e do saber-ser bastante diversificados e provenientes de fontes variadas, as quais podemos supor também que sejam de natureza diferente. Vários autores tentaram organizar essa diversidade, propondo classificações ou tipologias relativas ao saber dos professores: Bourdoncle (1994), Doyle (1977), Gage (1978), Gauthier et al. (1998), Martin (1993), Martineau (1997), Mellouki & Tardif (1995),

Paquay (1993), Raymond (1993), Raymond, Butt & Yamagishi (1993), Shulman (1986). Todavia, essas numerosas tipologias apresentam dois problemas primordiais: por um lado, seu número e sua diversidade dão mostras do mesmo desmembramento da noção de "saber"; por outro, quando as comparamos, percebemos que se baseiam em elementos incomparáveis entre si. Por exemplo, algumas tratam de fenômenos sociais (BOURDONCLE, 1994), outras de princípios epistemológicos (SHULMAN, 1986; MARTINEAU, 1997), outras de correntes de pesquisas (MARTIN, 1993; RAYMOND, 1993; GAUTHIER et al., 1997) ou de modelos ideais (Paquay, 1993). Em suma, a proliferação dessas tipologias simplesmente desloca o problema e torna impossível uma visão mais "compreensível" dos saberes dos professores como um todo.

Há alguns anos, propusemos uma primeira tentativa de solução para essa questão do "pluralismo epistemológico" dos saberes do professor (capítulo 1), através de um modelo de análise baseado na origem social. Essa interpretação procurava associar a questão da natureza e da diversidade dos saberes do professor à de suas fontes, ou seja, de sua proveniência social. Tal abordagem nos parece válida ainda hoje. A nosso ver, ela abrange melhor a diversidade dos saberes dos professores do que as diferentes tipologias propostas pelos autores precedentes. Ela permite evitar a utilização de critérios epistemológicos dissonantes que reflitam os postulados teóricos dos autores, propondo, ao mesmo tempo, um modelo construído a partir de categorias relacionadas com a trajetória percorrida pelos professores ao edificarem os saberes que utilizam efetivamente em sua prática profissional cotidiana (RAYMOND et al., 1993).

O quadro seguinte propõe um modelo tipológico para identificar e classificar os saberes dos professores. Ao invés de tentar propor critérios internos que permitam discriminar e compartimentar os saberes em categorias disciplinares ou cognitivas diferentes (por exemplo: conhecimentos pedagógicos e conhecimento da matéria; saberes teóricos e procedimentais, etc.), ele tenta dar conta do pluralismo do saber profissional, relacionando-o com os lugares nos quais os próprios professores atuam, com as organizações que os formam e/ou nas quais trabalham, com seus instrumentos de trabalho e, enfim, com sua experiência de trabalho. Também coloca em evidência as fontes de aquisição desse saber e seus modos de integração no trabalho docente.

Quadro 1 – Os saberes dos professores

Saberes dos professores	Fontes sociais de aquisição	Modos de integração no trabalho docente
Saberes pessoais dos professores	A família, o ambiente de vida, a educação no sentido lato, etc.	Pela história de vida e pela socialização primária
Saberes provenientes da formação escolar anterior	A escola primária e secundária, os estudos pós-secundários não especializados, etc.	Pela formação e pela socialização pré-profissionais
Saberes provenientes da formação profissional para o magistério	Os estabelecimentos de formação de professores, os estágios, os cursos de reciclagem, etc.	Pela formação e pela socialização profissionais nas instituições de formação de professores
Saberes provenientes dos programas e livros didáticos usados no trabalho	A utilização das "ferramentas" dos professores: programas, livros didáticos, cadernos de exercícios, fichas, etc.	Pela utilização das "ferramentas" de trabalho, sua adaptação às tarefas
Saberes provenientes de sua própria experiência na profissão, na sala de aula e na escola	A prática do ofício na escola e na sala de aula, a experiência dos pares, etc.	Pela prática do trabalho e pela socialização profissional

Este quadro coloca em evidência vários fenômenos importantes. Em primeiro lugar, todos os saberes nele identificados são realmente utilizados pelos professores no contexto de sua profissão e da sala de aula. De fato, os professores utilizam constantemente seus conhecimentos pessoais e um saber-fazer personalizado, trabalham com os programas e livros didáticos, baseiam-se em saberes escolares relativos às matérias ensinadas, fiam-se em sua experiência e retêm certos elementos de sua formação profissional. Além disso, o quadro acima registra a natureza social do saber profissional: pode-se constatar que os diversos saberes dos professores estão longe de serem todos produzidos diretamente por eles, que vários deles são de um certo modo "exteriores" ao ofício de ensinar, pois provêm de lugares sociais anteriores à carreira propriamente dita ou situados fora do trabalho cotidiano. Por exemplo, alguns provêm da família do professor, da escola que o formou e de sua cultura pessoal; outros procedem das universidades; outros são oriundos da instituição ou do estabelecimento de ensino (programas, regras, princípios pedagógicos, objetivos, finalidades, etc.); outros, ainda, provêm dos pares, dos cursos de reciclagem, etc. *Nesse sentido, o saber profissional está, de um certo modo, na confluência entre várias fontes de saberes provenientes da história de vida individual, da sociedade, da instituição escolar, dos outros atores educativos, dos lugares de formação, etc.* Ora, quando estes saberes são mobilizados nas interações diárias em sala de aula, é impossível identificar imediatamente suas origens: os gestos são fluidos e os pensamentos, pouco importam as fontes, convergem para a realização da intenção educativa do momento.

Os saberes que servem de base para o ensino são, aparentemente, caracterizados por aquilo que se pode chamar de sincretismo:

Sincretismo significa, em primeiro lugar, que seria vão, a nosso ver, procurar uma unidade teórica, ainda que superficial, nesse conjunto de conhecimentos, de saber-fazer, de atitudes e de intenções. Se é verdade que os professores possuem certas concepções a respeito do aluno, da educação, da instrução, dos programas, da gestão da classe, etc., tais concepções não resultam, todavia, num esforço de totalização e de unificação baseadas, por exemplo, em critérios de coerência interna, de validade, etc. Noutros termos, um professor não possui habitualmente uma só e única "concepção" de sua prática, mas várias concepções que utiliza em sua prática, em função, ao mesmo tempo, de sua realidade cotidiana e biográfica e de suas necessidades, recursos e limitações. Se os saberes dos professores possuem uma certa coerência, não se trata de uma coerência teórica nem conceitual, mas pragmática e biográfica: assim como as diferentes ferramentas de um artesão, eles fazem parte da mesma caixa de ferramentas, pois o artesão que os adotou ou adaptou pode precisar deles em seu trabalho. A associação existente entre todas as ferramentas e a relação do artesão com todas as suas ferramentas não é teórica ou conceitual, mas pragmática: elas estão todas lá porque podem servir para alguma coisa ou ser solicitadas no processo de trabalho. Ocorre o mesmo com os saberes que fundamentam o trabalho dos professores de profissão[4].

Sincretismo significa, em segundo lugar, que a relação entre os saberes e o trabalho docente não pode ser pensada segundo o modelo aplicacionista da racionalidade técnica utilizado nas maneiras de conceber a formação dos profissionais e no qual os saberes antecedem a prática, formando uma espécie de repertório de conhecimentos prévios que são, em seguida, aplicados na ação. Os saberes dos professores não são oriundos sobretudo da pesquisa, nem de saberes codificados que poderiam fornecer soluções totalmente prontas para os problemas concretos da ação cotidiana, problemas esses que se apresentam, aliás, com frequência, como casos únicos e instáveis, tornando assim impossível a aplicação de eventuais técnicas demasiadamente padronizadas (PERRENOUD, 1996).

---

[4]. Isso, entretanto, não quer dizer que, aos olhos do professor, esses saberes tenham todos o mesmo valor e utilidade. Alguns saberes serão mais importantes ou mais centrais que outros, conforme as situações (cf. capítulo 1).

Enfim, em terceiro lugar, por sincretismo deve-se entender que o ensino exige do trabalhador a capacidade de utilizar, na ação cotidiana, um vasto leque de saberes compósitos. Ao agir, o professor se baseia em vários tipos de juízos práticos para estruturar e orientar sua atividade profissional. Por exemplo, para tomar uma decisão, ele se baseia com frequência em valores morais ou normas sociais; aliás, uma grande parte das práticas disciplinares do professor se baseia em juízos normativos relativos às diferenças entre o que é permitido e o que é proibido. Para atingir fins pedagógicos, o professor também se baseia em juízos provenientes de tradições escolares, pedagógicas e profissionais que ele mesmo assimilou e interiorizou. Ele se baseia, enfim, em sua "experiência vivida" enquanto fonte viva de sentidos a partir da qual o próprio passado lhe possibilita esclarecer o presente e antecipar o futuro. Valores, normas tradições, experiência vivida são elementos e critérios a partir dos quais o professor emite juízos profissionais. Desse ponto de vista, os saberes do professor, quando vistos como "saberes-na-ação" (*knowing-in-action*) (SCHÖN, 1983), parecem ser fundamentalmente caracterizados pelo "polimorfismo do raciocínio" (GEORGE, 1997), isto é, pelo uso de raciocínios, de conhecimentos, de regras, de normas e de procedimentos variados, decorrentes dos tipos de ação nas quais o ator está concretamente envolvido juntamente com os outros, no caso, os alunos. Esse polimorfismo do raciocínio revela o fato de que, durante a ação, os saberes do professor são, a um só tempo, construídos e utilizados em função de diferentes tipos de raciocínio (indução, dedução, abdução, analogia, etc.) que expressam a flexibilidade da atividade docente diante de fenômenos (normas, regras, afetos, comportamentos, objetivos, papéis sociais) irredutíveis a uma racionalidade única, como por exemplo a da ciência empírica ou a da lógica binária clássica.

Todavia, apesar de seu interesse, uma abordagem tipológica baseada na proveniência social dos saberes parece ser relativamente simplificadora, pois dá a impressão de que todos os saberes são, de um certo modo, contemporâneos uns dos outros e imóveis e encontram-se igualmente disponíveis na memória do professor, o qual buscaria nesse "reservatório de conhecimentos" aqueles que lhe são necessários no momento presente da ação. Mas as coisas não são tão simples assim. O que essa abordagem negligencia são as dimensões temporais do saber profissional, ou seja, sua inscrição na história de vida do professor e sua construção ao longo de uma carreira.

Essa inscrição no tempo[5] é particularmente importante para compreender a genealogia dos saberes docentes. De fato, as experiências formadoras vividas na família e na escola se dão antes mesmo que a pessoa tenha desenvolvido um aparelho cognitivo aprimorado para nomear e indicar o que ela retém dessas experiências. Além de marcadores afetivos globais conservados sob a forma de preferências ou de repulsões, o indivíduo dispõe, antes de mais nada, de referenciais de tempo e de lugares para indexar e fixar essas experiências na memória. Os vestígios da socialização primária e da socialização escolar do professor são, portanto, fortemente marcados por referenciais de ordem temporal. Ao evocar qualidades desejáveis ou indesejáveis que quer encarnar ou evitar como professor, ele se lembrará da personalidade marcante de uma professora do quinto ano, de uma injustiça pessoal vivida na pré-escola ou das intermináveis equações que o professor de Química obrigava a fazer no fim do segundo grau. A temporalidade estruturou, portanto, a memorização de experiências educativas marcantes para a construção do Eu profissional, e constitui o meio privilegiado de chegar a isso. Além do mais, tal como indicam Berger & Luckman (1980), a temporalidade é uma estrutura intrínseca da consciência, ela é coercitiva. Uma sequência de experiências de vida não pode ser invertida. Não há operação lógica que possa fazer com que se volte ao pon-

---

[5]. Trata-se, é claro, do tempo tal como é vivido e não do tempo cronológico expresso em termos de datas precisas. A reconstituição do desenvolvimento dos saberes docentes não pode ser confundida com a composição de crônicas ou com o estabelecimento de uma cronologia de experiências.

to de partida e com que tudo recomece[6]. A estrutura temporal da consciência proporciona a historicidade que define a situação de uma pessoa em sua vida cotidiana como um todo e lhe permite atribuir, muitas vezes a posteriori, um significado e uma direção à sua própria trajetória de vida. O professor que busca definir seu estilo e negociar, em meio a solicitações múltiplas e contraditórias, formas identitárias aceitáveis para si e para os outros (DUBAR, 1992; 1994) utilizará referenciais espaço-temporais que considera válidos para alicerçar a legitimidade das certezas experienciais que reivindica.

O desenvolvimento do saber profissional é associado *tanto às suas fontes e lugares de aquisição quanto aos seus momentos e fases de construção*. Este quadro dá também exemplos de diferentes fatores que poderiam ser levados em consideração para uma análise exaustiva do assunto.

Num único capítulo, é evidentemente impossível comentar todos os elementos identificados nesse quadro ou mesmo estudar um só deles em seus pormenores. Em relação à temática deste livro, porém, dois fenômenos merecem uma atenção particular:

Em primeiro lugar, o que chamamos de trajetória profissional. De acordo com uma abundante literatura (cf. sínteses em CARTER & DOYLE, 1996; RAYMOND, 1998 e 1998a; WIDEEN, MAYER-SMITH & MOON, 1998), uma boa parte do que os professores sabem sobre o ensino, sobre os papéis do professor e sobre como ensinar provém de sua própria história de vida, principalmente de sua socialização enquanto alunos. Os professores são trabalhadores que ficaram imersos em seu lugar de trabalho durante aproximadamente 16 anos (em torno de 15.000 horas), antes mesmo de começarem a trabalhar. Essa imersão se expressa em toda uma bagagem de conhecimentos anteriores, de crenças, de representações e de certezas sobre a prática docente. Ora, o que se

---

6. É óbvio que a constituição dos saberes docentes não segue a lógica operatória piagetiana.

sabe hoje é que esse legado da socialização escolar permanece forte e estável através do tempo. Na América do Norte, percebe-se que a maioria dos dispositivos introduzidos na formação inicial dos professores não consegue mudá-los nem abalá-los. Os alunos passam através da formação inicial para o magistério sem modificar substancialmente suas crenças anteriores a respeito do ensino. E tão logo começam a trabalhar como professores, sobretudo no contexto de urgência e de adaptação intensa que vivem quando começam a ensinar, são essas mesmas crenças e maneiras de fazer que reativam para solucionar seus problemas profissionais, tendências que são muitas e muitas vezes reforçadas pelos professores de profissão.

Em suma, tudo leva a crer que os saberes adquiridos durante a trajetória pré-profissional, isto é, quando da socialização primária e sobretudo quando da socialização escolar, têm um peso importante na compreensão da natureza dos saberes, do saber-fazer e do saber-ser que serão mobilizados e utilizados em seguida quando da socialização profissional e no próprio exercício do magistério. Desta forma, pode-se dizer que uma parte importante da competência profissional dos professores tem raízes em sua história de vida, pois, em cada ator, a competência se confunde enormemente com a sedimentação temporal e progressiva, ao longo da história de vida, de crenças, de representações, mas também de hábitos práticos e de rotinas de ação (RAYMOND et al., 1993). Todavia, essa sedimentação não deve ser concebida como uma simples superposição de camadas de saberes independentes umas das outras em termos de conteúdo e de qualidade. Há um efeito cumulativo e seletivo das experiências anteriores em relação às experiências subsequentes. Assim, o que foi retido das experiências familiares ou escolares dimensiona, ou pelo menos orienta, os investimentos e as ações durante a formação inicial universitária. Por exemplo, por ocasião dos estágios de formação prática[7], os professoran-

---

7. O estágio dura 800 horas e é realizado ao longo dos quatro anos de formação inicial para o magistério.

dos tendem a prestar atenção nos fenômenos da sala de aula em relação aos quais eles possuem expectativas ou representações fortes. Para que os professorandos prestem atenção em fenômenos menos familiares, os formadores afirmam ter que duplicar os seus esforços, multiplicar as demonstrações, destacar os comportamentos de alunos que foram ignorados e, finalmente, argumentar incessantemente contra o caráter parcial e limitado da eficácia das crenças anteriores possuídas pelos alunos-professores (HOLT-REYNOLDS, 1992; MCDIARMID, 1990; MCDIARMID, BALL & ANDERSON, 1989; MAESTRE, 1996; MOUSSALLY, 1992).

Em segundo lugar, merece atenção aquilo que, no quadro 2, chamamos de trajetória profissional. Os saberes dos professores são temporais, pois são utilizados e se desenvolvem no âmbito de uma carreira, isto é, ao longo de um processo temporal de vida profissional de longa duração no qual estão presentes dimensões identitárias e dimensões de socialização profissional, além de fases e mudanças. A carreira é também um processo de socialização, isto é, um processo de marcação e de incorporação dos indivíduos às práticas e rotinas institucionalizadas das equipes de trabalho. Ora, essas equipes de trabalho exigem que os indivíduos se adaptem a essas práticas e rotinas, e não o inverso. Do ponto de vista profissional e do ponto de vista da carreira, saber como viver numa escola é tão importante quanto saber ensinar na sala de aula. Nesse sentido, a inserção numa carreira e o seu desenrolar exigem que os professores assimilem também saberes práticos específicos aos lugares de trabalho, com suas rotinas, valores, regras, etc.

É portanto nos dois fenômenos essencialmente temporais – a trajetória pré-profissional e a carreira – que desejamos demorar-nos nas páginas seguintes. Começaremos pelo estudo das fontes pessoais (ou pré-profissionais) do saber-ensinar e, em seguida, abordaremos as relações entre os saberes e a carreira. Na conclusão, tentaremos destacar, a partir desses fenômenos, certas relações entre os saberes, o tempo e o trabalho.

2. As fontes pré-profissionais do saber-ensinar: uma história pessoal e social

A socialização é um processo de formação do indivíduo que se estende por toda a história de vida e comporta rupturas e continuidades. Nesta seção, vamos tratar da socialização pré-profissional, que compreende as experiências familiares e escolares dos professores.

Em sociologia, não existe consenso em relação à natureza dos saberes adquiridos através da socialização. Schütz (1987) fala de "tipos" cognitivos que permitem incorporar as experiências cotidianas num reservatório (*stock*) de categorias cognitivas e linguísticas. Depois de Schütz, Berger e Luckman (1980), retomados por Dubar (1991), falam de saberes de base pré-reflexivos e pré-dados que funcionam como evidências e como uma reserva de categorias graças às quais a criança tipifica, ordena e objetiva seu mundo. Bourdieu (1972; 1980) os associa a esquemas interiorizados (*habitus*) que organizam as experiências sociais e permitem gerá-las. Os etnometodologistas (COULON, 1990) os comparam a regras pré-reflexivas que estruturam as interações cotidianas. Giddens (1987) designa-os pelo termo de "competência", que estrutura a consciência prática dos atores sociais. Os cognitivistas falam dos conhecimentos anteriores estocados na memória a longo prazo sob a forma de figuras ou de esquemas; outros autores falam de "preconcepções", de teorias implícitas, de crenças, etc. De qualquer modo, trata-se de representar os *desempenhos* e as *capacidades* sociais e culturais dos indivíduos, que são ricas, variadas e variegadas, graças a um conjunto mais restrito de saberes subjacentes que permitem compreender como esses desempenhos são gerados. A ideia de base é que esses "saberes" (esquemas, regras, hábitos, procedimentos, tipos, categorias, etc.) *não são inatos, mas produzidos pela socialização, isto é, através do processo de imersão dos indivíduos nos diversos mundos socializados (famílias, grupos, amigos, escolas, etc.), nos quais eles constroem, em interação com os outros, sua identidade pessoal e social.*

No campo do ensino, os trabalhos referentes às histórias de vida de professores remontam aos anos 1980, e os que tratam da socialização pré-profissional datam somente de uma década. Esses trabalhos defendem a ideia de que a prática profissional dos professores coloca em evidência saberes oriundos da socialização anterior à preparação profissional formal para o ensino. Eles mostram (CARTER & DOYLE, 1996; RAYMOND et al., 1993; RAYMOND, 1998 e 1998a) que há muito mais continuidade do que ruptura entre o conhecimento profissional do professor e as experiências pré-profissionais, especialmente aquelas que marcam a socialização primária (família e ambiente de vida), assim como a socialização escolar enquanto aluno.

Ao longo de sua história de vida pessoal e escolar, supõe-se que o futuro professor interioriza um certo número de conhecimentos, de competências, de crenças, de valores, etc., os quais estruturam a sua personalidade e suas relações com os outros (especialmente com as crianças) e são reatualizados e reutilizados, de maneira não reflexiva mas com grande convicção, na prática de seu ofício. Nessa perspectiva, os saberes experienciais do professor de profissão, longe de serem baseados unicamente no trabalho em sala de aula, decorreriam em grande parte de preconcepções do ensino e da aprendizagem herdadas da história escolar.

Todavia, a maioria dos trabalhos empíricos dedicados a essa questão são de origem anglo-saxônica. Não é certo, portanto, que os seus resultados sejam diretamente aplicáveis ao grupo de professores que estudamos (professores francófonos do Quebec). As únicas pesquisas que tratam explicitamente dos professores do Quebec são aquelas realizadas por Raymond et al. (1993)[8] e por Lessard & Tardif (1996). São, portanto, os resultados dessas pesquisas que vamos apresentar e discutir brevemente.

---

8. Os autores estudaram 80 documentos autobiográficos de futuros professores e 10 histórias de vida de professores experientes (p. 151). No caso dos professores experientes, foi dada uma atenção particular às experiências anteriores à preparação formal para o magistério citadas espontaneamente pelos mesmos.

A pesquisa de Raymond, Butt e Yamagishi (1993)

Ao mesmo tempo em que propõem uma síntese teórica de outros trabalhos, estes autores apresentam assim seus resultados:

> Todas as autobiografias mencionam que experiências realizadas antes da preparação formal para o magistério levam não somente a compreender o sentido da escolha da profissão, mas influem na orientação e nas práticas pedagógicas atuais dos professores e professoras (p. 149).

Eles identificam, então, vários fenômenos que confirmam essa constatação. Por exemplo, a vida familiar e as pessoas significativas na família aparecem como uma fonte de influência muito importante que modela a postura da pessoa toda em relação ao ensino. As experiências escolares anteriores e as relações determinantes com professores contribuem também para modelar a identidade pessoal dos professores e seu conhecimento prático. Acrescentam-se também a isso experiências marcantes com outros adultos, no âmbito de atividades extraescolares ou outras (atividades coletivas: esportes, teatro, etc.). Os autores notam também, nos alunos em formação, "a persistência dos saberes sobre a adolescência expressos em termos de impressões, de percepções globais e de juízos indiferenciados, fortemente impregnados de afetos. Tais saberes comportam padrões de atribuição, explicações, teorias psicológicas implícitas referentes a diversas características dos adolescentes" (p. 159). Além disso, os escritos autobiográficos "fazem referência, com mais freqüência e de forma mais explícita, aos amigos, a experiências vividas com grupos de pares ou às relações amorosas dos futuros professores a fim de identificar as fontes de suas representações" (p. 160 161).

Diversos trabalhos biográficos, a maioria das vezes realizados por formadores no âmbito das disciplinas da formação inicial, permitem identificar experiências familiares, escolares ou sociais, citadas pelos alunos-professores como fontes de suas convicções, crenças ou representações e apresentadas frequentemente como certezas, relacionadas com diversos aspectos do ofício de professor: papel do professor, aprendizagem, características dos alunos, estratégias pedagógicas, gestão da classe, etc[9]. Por exemplo, Clandinin (1985; 1989) e d'Elbaz (1983) ressaltam a contribuição das variáveis pessoais na organização cotidiana da sala de aula. No que diz respeito à socialização escolar, o estudo de Holt-Reynolds (1992, citado por Raymond, 1998a, b) sobre as concepções do ensino e da aprendizagem existentes entre futuros professores do secundário mostra que estes aderem "espontaneamente" a uma visão tradicionalista do ensino e do aluno. Eles resistem aos esforços de um formador que argumente em favor de uma concepção ativa do estudo e da compreensão de textos, a qual, no tangente às práticas pedagógicas, supõe que os alunos sejam levados a trabalhar o mais rápido possível em tarefas que exijam a manipulação e o processamento de informações. Os futuros professores rejeitam a ideia de que os alunos estejam sendo passivos quando ouvem o professor. O que conta é que o professor apresente os conhecimentos de maneira interessante para os alunos. De acordo com esses futuros professores, "a aprendizagem dos alunos depende do interesse; se um aluno não está interessado, não aprende; certas matérias devem ser ensinadas de maneira expositiva; a aula expositiva estimula o desenvolvimento do interesse pela literatura" (RAYMOND, 1998a).

Outros pesquisadores também se interessaram por essa questão. Em sínteses de pesquisas que tratam dos conhecimentos, crenças e predisposições dos alunos-professores, Borko & Putnam (1996), Calderhead (1996), Carter & Anders (1996), Carter & Doyle (1995, 1996), Richardson (1996) e Wideen et al (1998) colocam em evidência o fato de que as crenças dos professores que se encontram em formação inicial remetem a esquemas de ação e de interpretação implícitos, estáveis e resistentes através do tempo. Pode-se formular a

---

9. Cf. as sínteses de pesquisas de Borko & Putnam (1996), Carter & Doyle (1996), Richardson (1996) e Wideen et al. (1998).

hipótese de que são esses esquemas que, em parte, dão origem à rotinização do ensino, na medida em que tendem a reproduzir os comportamentos e as atitudes que constituem a essência do papel institucionalizado do professor. É o que mostra particularmente a análise das entrevistas de Holt-Reynolds (1992), ou seja, que a visão tradicionalista do ensino tem raízes na história escolar anterior desses futuros professores, os quais concebem o ensino a partir de sua própria experiência como alunos no secundário. Eles dizem ter aprendido através de aulas expositivas em que o professor apresentava a matéria de tal maneira que despertava e mantinha o interesse dos alunos. Além disso, eles julgam, sempre a partir de suas experiências como alunos, que seus futuros alunos serão incapazes de compreender os livros didáticos ou os textos por si mesmos. De acordo com Raymond et al. (1993), esses esquemas de ação e essas teorias atributivas são, em grande parte, implícitos, fortemente impregnados de afetos e percebidos pelos jovens professores como certezas profundas. Eles resistem ao exame crítico durante a formação inicial e perduram muito além dos primeiros anos de atividade docente.

As pesquisas de Lessard & Tardif (1996) e Tardif & Lessard (2000)

Embora esta pesquisa não visasse reconstruir a história de vida dos professores a partir de uma metodologia narrativa, elementos similares à pesquisa anterior foram espontaneamente abordados pelos professores interrogados ou postos em evidência pela análise.

Vários professores falaram da origem infantil de sua paixão e de sua opção pelo ofício de professor.

> Eu era bem pequena e já sabia que ia ensinar. Era um sonho que eu queria realizar de qualquer jeito.
>
> Acho que era uma coisa visceral, que estava dentro de mim, e eu nunca pensei que poderia fazer outra coisa.

Muitos professores, especialmente mulheres, falaram da origem familiar da escolha de sua carreira, seja porque provinham de uma família de professores, seja porque essa profissão era valorizada no meio em que viviam. Encontra-se aqui a ideia de "mentalidade de serviço" peculiar a certas ocupações femininas. A esse respeito, Atkinson & Delamont (1985) apontam uma ideia interessante com relação ao "autorrecrutamento" para o magistério: eles notam que, embora a experiência pessoal na escola seja significativa na escolha do magistério, ela seria menos importante do que o fato de ter parentes próximos na área da educação, o que refletiria um recrutamento ligado à tradição oral dessa ocupação, aos efeitos da socialização por antecipação (LORTIE, 1975) no ofício de professor, efeitos esses induzidos pela observação, em casa, do *habitus familiar* e de um dos pais concentrado em tarefas ligadas ao ensino.

> Ih! Isso já está tão longe. Você está me fazendo viajar na minha história pessoal. Talvez seja porque minha mãe foi professora.
>
> Bom. Primeiro, minha mãe tinha ensinado antes de se casar – cinco anos. Depois, minhas duas irmãs mais velhas também estudavam para serem professoras. Então, acho que é muito uma história de família.

Outros professores também falaram da influência de seus antigos professores na escolha de sua carreira e na sua maneira de ensinar. Entre 1965 e 1980, embora o sistema de educação tivesse sofrido mudanças importantes, especialmente nas práticas pedagógicas e nos currículos, alguns professores nos disseram que continuavam aplicando o que haviam aprendido na Escola Normal, que era, na época, a instância de reprodução da pedagogia tradicional.

> Eu acho que são professores que encontrei e que eu achava que trabalhavam de maneira muito interessante com os alunos. É um retorno ao passado meio difícil, porque, naquele momento, esses professores que me marcaram, é provável que alguns deles nunca tenham sabido da influência

> que tiveram numa decisão que estava se formando pouco a pouco.
>
> Eu não queria fazer o primário. Depois, no secundário, sei lá, devo ter tido professores que me marcaram, que me fizeram gostar do estilo do ensino secundário.

Outros, ainda, falaram de experiências escolares importantes e positivas, como por exemplo o prazer que tinham em ajudar os outros alunos da sala sempre que havia oportunidade. Em certos casos, tais experiências são suficientemente importantes e gratificantes para ter determinado a escolha da carreira.

> Sim. Pra mim, foi uma coisa que veio tranquilamente. Eu não hesitei. Eu gostava de ajudar os outros. É preciso realmente querer ajudar os outros.

Observa-se também, em muitos professores, a persistência na profissão e uma importante relação afetiva com as crianças. Essa relação aparece bem antes de assumirem suas funções, aliás antes da formação inicial, e se mantém em seguida. Os professores dão também muita importância àquilo que são como "pessoas", e alguns chegam até a dizer "que foram feitos para isso, para ensinar". Um tal "sentimento" tende a naturalizar o saber-ensinar e a apresentá-lo como sendo inato:

> Ensinar é uma questão de personalidade. Uma pessoa que é capaz de tomar iniciativas, de se interessar pelos alunos, de dialogar com eles, de fazer projetos vai se dar bem no ensino.
>
> Eu estava no segundo ano primário. Tinha um garotinho na minha classe que não ia passar. Aí a professora veio me ver e me perguntou: você pode tomar conta dele? E eu recuperei o garotinho no segundo ano. Já nessa época eu tinha isso no sangue. O ensino é uma coisa inata em mim.

Nessa perspectiva, o ensino se assemelha a uma arte:

> Ensinar é uma arte. É possível tornar certas coisas científicas, mas, comunicar-se, mesmo que a gen-

te desenvolva certas habilidades, é sempre uma coisa emocional.

Quando os professores atribuem o seu saber-ensinar à sua própria "personalidade" ou à sua "arte", parecem estar se esquecendo justamente de que essa personalidade não é forçosamente "natural" ou "inata", mas é, ao contrário, modelada ao longo do tempo por sua própria história de vida e sua socialização. Além disso, essa naturalização e essa personalização do saber profissional são tão fortes que resultam em práticas as quais, muitas vezes, reproduzem os papéis e as rotinas institucionalizadas da escola. Vê-se aqui uma certa lógica circular peculiar à *naturalização das práticas sociais*: "sou um bom professor porque sou feito para esse trabalho, é uma coisa inata em mim, eu domino naturalmente a arte de ensinar; mas sou justamente um bom professor porque atendo adequadamente às expectativas sociais em relação aos comportamentos e às atitudes institucionalizadas que dão origem ao meu papel". Em última análise, o saber-ensinar seria a coincidência perfeita entre a personalidade do ator e o papel do agente, ambos jusficando-se assim mutuamente[10]. Em suma, o que essa lógica circular de justificação revela é essa função de mediação que a história de vida exerce entre os saberes do indivíduo e os papéis e atitudes das equipes de trabalho: a "personalidade", enquanto racionalização construída a partir do sucesso como aluno e como professor, mostra como o indivíduo responde às normas institucionalizadas e como a equipe de trabalho, em troca, seleciona e valoriza essas "personalidades" que se acham em conformidade com os papéis institucionalizados.

Os resultados obtidos nessas pesquisas (LESSARD & TARDIF, 1996; TARDIF & LESSARD, 2000; RAYMOND et al., 1993) sublinham a importância da história de vida dos professores, em particular a de sua socialização escolar, tan-

---

10. Este seria, então, um caso extremo, pois os professores negociam suas identidades profissionais e se afastam frequentemente das normas institucionais ou de papéis que a instituição parece veicular (DUBET, 1994; LACEY, 1977).

to no que diz respeito à escolha da carreira e ao estilo de ensino quanto no que se refere à relação afetiva e personalizada no trabalho. Eles mostram que o "saber-ensinar", na medida em que exige conhecimentos da vida, saberes personalizados e competências que dependem da personalidade dos atores, de seu saber-fazer pessoal, tem suas origens na história de vida familiar e escolar dos professores de profissão. Eles mostram também que a relação com a escola já se encontra firmemente estruturada no professor iniciante e que as etapas ulteriores de sua socialização profissional não ocorrem num terreno neutro. Eles indicam, finalmente, que o tempo de aprendizagem do trabalho não se limita à duração da vida profissional, mas inclui também a existência pessoal dos professores, *os quais, de um certo modo, aprenderam seu ofício antes de iniciá-lo*.

Todavia, por pertencerem ao tempo da vida anterior à formação profissional formal dos atores e à aprendizagem efetiva do ofício de professor, esses saberes sozinhos não permitem representar o saber profissional: eles tornam possível o fato de poder fazer carreira no magistério, mas não bastam para explicar o que também faz da experiência de trabalho uma fonte de conhecimentos e de aprendizagem, o que nos leva agora a considerar a construção dos saberes profissionais no próprio decorrer da carreira profissional.

3. A carreira e a edificação temporal dos saberes profissionais

Adotando o ponto de vista da Escola de Chicago, pode-se conceber a carreira como a trajetória dos indivíduos através da realidade social e organizacional das ocupações, pouco importa seu grau de estabilidade e sua identidade. A carreira consiste numa sequência de fases de integração numa ocupação e de socialização na subcultura que a caracteriza. O estudo da carreira procede, assim, tanto da análise da posição ocupada pelos indivíduos num dado momento do tempo quanto de sua trajetória ocupacional[11]. Na medida em que procura levar em consideração as interações entre os indivíduos e as realidades sociais representadas pelas ocupações, a análise da carreira deve apoiar-se no estudo de dois tipos de fenômenos interligados: a institucionalização da carreira e sua representação subjetiva entre os atores.

A institucionalização da carreira denota o fato de que se trata de uma realidade social e coletiva, e que os indivíduos que a exercem são membros de categorias coletivas de atores que os precederam e que seguiram a mesma trajetória, ou uma trajetória sensivelmente idêntica. Pertencer a uma ocupação significa, portanto, para os indivíduos, que os papéis profissionais que são chamados a desempenhar remetem a normas que devem adotar no tocante a essa ocupação. Essas normas não se limitam a exigências formais relativas às qualificações dos membros de uma ocupação, mas abrangem também atitudes e comportamentos estabelecidos pela tradição ocupacional e por sua cultura. Além disso, são normas não necessariamente formalizadas; muitas delas são informais e devem ser aprendidas no âmbito da socialização profissional, no contato direto com os membros que atuam na escola e com a experiência de trabalho.

Quanto à dimensão subjetiva da carreira, ela remete ao fato de que os indivíduos dão sentido à sua vida profissional e se entregam a ela como atores cujas ações e projetos contribuem para definir e construir sua carreira. Desse ponto de vista, a modelação de uma carreira situa-se na confluência entre a ação dos indivíduos e as normas e papéis

---

11. Deve ficar claro, entretanto, que a carreira não corresponde, hoje, a um modelo único. Na verdade, com o desenvolvimento das ocupações modernas, constata-se que as carreiras se estendem muito além das profissões fortemente estratificadas e regidas por sistemas hierárquicos de recompensas e por papéis. Aliás, em nosso trabalho anterior (LESSARD & TARDIF, 1996), analisamos em que sentido a modernização do ensino coincidiu, historicamente, com a emergência das carreiras nessa ocupação. Por outro lado, no ensino ou noutras áreas, a precarização crescente do emprego e a multiplicação de novas relações com o trabalho indicam que a ideia de fases não corresponde de modo algum a um processo sequencial e linear, lógico ou natural (MUKAMURERA, 1999).

que decorrem da institucionalização das ocupações, papéis estes que os indivíduos devem "interiorizar" e dominar para fazerem parte de tais ocupações. Em contrapartida, a ação dos indivíduos contribui, por exemplo, para remodelar as normas e papéis institucionalizados, para alterá-los a fim de levar em conta a situação dos novos "insumos" ou das transformações das condições de trabalho. A carreira é, portanto, fruto das transações contínuas entre as interações dos indivíduos e as ocupações; essas transações são recorrentes, ou seja, elas modificam a trajetória dos indivíduos bem como as ocupações que eles assumem.

A maneira de abordar a carreira, situando-a na interface entre os atores e as ocupações, ou entre o "ator e o sistema", como diriam Crozier & Fiedberg (1981), e considerando-a, ao mesmo tempo, como um constructo psicossocial modelado pela interação entre os indivíduos e as categorias ocupacionais, permite perceber melhor o papel que o saber profissional desempenha nas transações entre o trabalhador e seu trabalho. De fato, concebida em conexão com a história de vida e com a socialização (pré-profissional e profissional), a carreira revela o caráter subjetivo, experiencial e idiossincrático do saber do professor (BUTT & RAYMOND, 1987, 1989; BUTT, RAYMOND & YAMAGISHI, 1988; BUTT, TOWNSEND & RAYMOND, 1990; CLANDININ, 1985; CONNELLY & CLANDININ, 1985). Ela permite, ao mesmo tempo, perceber melhor a dimensão historicamente construída dos saberes, do saber-fazer e do saber-ser do professor, na medida em que estes são incorporados às atitudes e comportamentos dele por intermédio de sua socialização profissional. Desse ponto de vista, ela permite fundamentar a prática do professor – o que ele é e faz – em sua história profissional.

Acreditamos que esses poucos elementos conceituais relativos à carreira sejam suficientes para demonstrar a necessidade de estudar os saberes profissionais dos professores, situando-os num quadro dinâmico, genético e diacrônico. A seguir, vamos tratar inicialmente da carreira dos professores regulares e permanentes, estudando, em seguida, o caso dos professores que vivem em situação precária, os quais representam, atualmente, uma parte importante da profissão docente e, contrariamente aos primeiros, vivem trajetórias profissionais mais complexas e "hachuradas", com repercussões na própria aprendizagem do magistério e na edificação dos saberes profissionais.

As fases iniciais da carreira e a experiência de trabalho

Uma constatação importante sobressai do nosso material e dos outros diferentes estudos: os saberes dos professores comportam uma forte dimensão temporal, remetendo aos processos através dos quais eles são adquiridos no âmbito de uma carreira no ensino.

Concretamente, entre os professores entrevistados que possuem um emprego estável no ensino, as bases dos saberes profissionais parecem construir-se no início da carreira, entre os três e cinco primeiros anos de trabalho. Por outro lado, o início da carreira representa também uma fase crítica em relação às experiências anteriores e aos reajustes a serem feitos em função das realidades do trabalho. Ora, este processo está ligado também à socialização profissional do professor e ao que muitos autores chamaram de "choque com a realidade", "choque de transição" ou ainda "choque cultural", noções que remetem ao confronto inicial com a dura e complexa realidade do exercício da profissão, à desilusão e ao desencanto dos primeiros tempos de profissão e, de maneira geral, à transição da vida de estudante para a vida mais exigente de trabalho. Porém, antes de apresentar nossos dados sobre essas questões, vejamos o que diz a literatura a esse respeito.

Eddy (1971) fez uma descrição do início da carreira que se tornou "clássica" para o ensino, distinguindo três fases ou etapas nesse processo:

> A primeira fase, na transição do idealismo para a realidade, é marcada pela reunião formal de ori-

entação que ocorre vários dias antes do início do ano letivo (p. 183) (tradução livre).

Num certo sentido, trata-se de um rito de passagem da condição de estudante à de professor. Os novatos descobrem, por exemplo, que discussões básicas sobre os princípios educacionais ou sobre as orientações pedagógicas não são realmente importantes na sala dos professores.

> A preocupação maior é de mostrar aos professores que o primeiro papel deles será o de ama-seca de um grupo de alunos cativos e turbulentos. Eles são iniciados numa burocracia que tenta regular e rotinizar tanto os alunos quanto os professores, a fim de que tudo funcione sem embaraços. Os professores devem conformar-se estritamente às regras impostas pela administração, a fim de poderem ser agentes eficientes da transmissão dessas regras aos alunos (EDDY, 1971, p. 185-186) (tradução livre).

A segunda fase corresponde à iniciação no sistema normativo informal e na hierarquia das posições ocupadas na escola.

> O grupo informal de professores inicia os novatos na cultura e no folclore da escola. Diz-se claramente aos novatos que devem interiorizar esse sistema de normas. Os novatos são também inteirados a respeito do sistema informal de hierarquia entre professores. Embora não sendo reconhecido pela administração, esse grupo, em particular aqueles que estão no topo dessa hierarquia, exerce uma profunda influência sobre o funcionamento cotidiano da escola. Os novos professores, principalmente os mais jovens, compreendem rapidamente que estão na parte mais baixa da hierarquia, sujeitos ao controle de diversos subgrupos acima deles. Em contato com esses grupos, eles ficam por dentro de elementos como a roupa apropriada, assuntos aceitáveis nas conversas e qual o comportamento adequado. Essas regras informais, que tratam essencialmente de assuntos não acadêmicos, representam um segun-

do choque com a realidade para os novos professores. É na famosa (ou infame) sala dos professores que essas normas são inculcadas e mantidas (EDDY, 1971: 186) (tradução livre).

Finalmente, a terceira fase está ligada à descoberta dos alunos "reais" pelos professores. Os alunos não correspondem à imagem esperada ou desejada: estudiosos, dependentes, sensíveis às recompensas e punições, desejosos de aprender (EDDY, 1971: 186).

Outros autores (HUBERMAN, 1989; VONK, 1988; VONK & SCHRAS, 1987; GRIFFIN, 1985; FEIMAN-NEMSER & REMILLARD, 1996; RYAN et al., 1980) consideram que os cinco ou sete primeiros anos da carreira representam um período crítico de aprendizagem intensa da profissão, período esse que suscita expectativas e sentimentos fortes, e às vezes contraditórios, nos novos professores. Esses anos constituem, segundo os autores, um período realmente importante da história profissional do professor, determinando inclusive seu futuro e sua relação com o trabalho. Nesse sentido, os autores interessados pela socialização profissional dos professores falam de um segundo fenômeno de marcação[12] que caracterizaria a evolução da carreira docente (LORTIE, 1975; GOLD, 1996; ZEICHNER & GORE, 1990). Haveria duas fases durante os primeiros anos de carreira:

1) Uma fase de exploração (de um a três anos), na qual o professor escolhe provisoriamente a sua profissão, inicia-se através de tentativas e erros, sente a necessidade de ser aceito por seu círculo profissional (alunos, colegas, diretores de escolas, pais de alunos, etc.) e experimenta diferentes papéis. Essa fase varia de acordo com os professores, pois pode ser fácil ou difícil, entusiasmadora ou decepcionante, e é condicionada pelas limitações da instituição. Essa fase é tão crucial que leva uma porcentagem importante (GOLD, 1996, fala de 33%, baseando-se em dados americanos) de inician-

---

12. Como vimos anteriormente, o primeiro fenômeno de marcação ocorreria durante a socialização pré-profissional, por ocasião da socialização escolar.

tes a abandonar a profissão, ou simplesmente a se questionar sobre a escolha da profissão e sobre a continuidade da carreira, conforme a importância do "choque com a realidade". É o que observa Veenman (1984: 144) ao dizer:

> Na verdade, o choque com o real se refere à assimilação de uma realidade complexa que se apresenta incessantemente diante do novo professor, todos os dias que Deus dá. Essa realidade deve ser constantemente dominada, particularmente no momento em que se está começando a assumir suas funções no ensino (tradução livre).

2) A fase de estabilização e de consolidação (de três a sete anos), em que o professor investe a longo prazo na sua profissão e os outros membros da instituição reconhecem as suas capacidades. Além disso, essa fase se caracteriza por uma confiança maior do professor em si mesmo (e também dos outros agentes no professor) e pelo domínio dos diversos aspectos do trabalho, principalmente os pedagógicos (gestão da classe, planejamento do ensino, apropriação pessoal dos programas, etc.), o que se manifesta através de um melhor equilíbrio profissional e, segundo Wheer (1992), de um interesse maior pelos problemas de aprendizagem dos alunos, ou seja, o professor está menos centrado em si mesmo e na matéria e mais nos alunos.

Entretanto, é preciso compreender que a estabilização e a consolidação não ocorrem naturalmente, apenas em função do tempo cronológico decorrido desde o início da carreira, mas em função também dos acontecimentos constitutivos que marcam a trajetória profissional, incluindo as condições de exercício da profissão. Por exemplo, as pesquisas sobre os professores suíços de Genebra e do cantão de Vaud (HUBERMAN, 1989; HUBERMAN et al., 1989) indicam que certas condições são necessárias para que a "estreia" na profissão seja mais fácil e para que haja consolidação da profissão e estabilização na carreira, entre as quais: ter turmas com as quais seja fácil lidar, um volume de trabalho que não consuma todas as energias do professor, o apoio da direção ao invés de um controle "policial", um vínculo definitivo com a instituição (conseguir um emprego regular, estável), colegas de trabalho "acessíveis" e com os quais se pode colaborar, etc.

O que acontece quando aplicamos essas ideias ao nosso material empírico? É possível aplicar a ele as fases e etapas propostas pela literatura e fazer uma associação entre "saber, tempo e carreira"?

No material que recolhemos junto a professores regulares, as relações entre o desenvolvimento do saber profissional e a carreira parecem bastante claras em vários casos.

Como dizíamos, é no início da carreira que a estruturação do saber experiencial é mais forte e importante, estando ligada à experiência de trabalho. A experiência inicial vai dando progressivamente aos professores certezas em relação ao contexto de trabalho, possibilitando assim a sua integração no ambiente de trabalho, ou seja, a escola e a sala de aula. Ela vem também confirmar a sua capacidade de ensinar. Os saberes não poderiam desempenhar seu papel predominante sem um elemento integrador, o conhecimento do eu profissional nesse ofício de relações humanas, conhecimento esse que vai dar ao professor experiente uma coloração idiossincrática. A tomada de consciência dos diferentes elementos que fundamentam a profissão e a integração na situação de trabalho levam à construção gradual de uma identidade profissional.

O início da carreira é acompanhado também de uma fase crítica, pois é a partir das certezas e dos condicionantes da experiência prática que os professores julgam sua formação universitária anterior. Segundo eles, muita coisa da profissão se aprende com a prática, pela experiência, tateando e descobrindo, em suma, no próprio trabalho. Ao estrearem em sua profissão, muitos professores se lembram de que estavam mal preparados, sobretudo para enfrentar condições de trabalho difíceis, notadamente no que se refere a elementos como o interesse pelas funções, a turma de alunos, a carga de trabalho, etc. Foi, então, através da prática e da experiência que eles se desenvolveram em termos profissionais.

>A formação teórica, pouco que ela tenha sido adquirida na Universidade ou na Escola Normal, não é completamente inútil, mas não pode substituir a experiência.
>
>Eu tenho a impressão de que isso é um princípio, na pedagogia: você aprende quando faz.

Finalmente, uma outra fonte de aprendizagem do trabalho é a experiência dos outros, dos pares, dos colegas que dão conselhos:

>Foi a cabeça que mergulhei primeiro no ensino. E vi que há uma desproporção entre o que se faz nos cursos universitários e o que se vive na realidade. [...] Há muita idealização. A gente é obrigada a abandonar muita coisa. [...] Eu não sei se tenho ideias preconcebidas. No que se refere realmente à sala de aula, quem me ensinou realmente as coisas foram os colegas à minha volta. Meus melhores professores são eles.

Essa fase crítica e de distanciamento dos conhecimentos acadêmicos anteriores provoca também um reajuste nas expectativas e nas percepções anteriores. É necessário rever a concepção anterior de "professor ideal". Com o passar do tempo, os professores aprendem a compreender melhor os alunos, suas necessidades, suas carências, etc. Com efeito, o "choque com a realidade" força a questionar essa visão idealista partilhada pelos professores novatos, visão essa que, por uma questão de sobrevivência, deve ser apagada:

>Quando a gente começa a ensinar, pensa que tem todos os poderes. Estamos persuadidas de que, com a gente, a criança vai aprender tudo direitinho. E que a gente vai ser paciente, gentil... e aí não funciona. A gente vai ficando com menos expectativas. A gente consegue fazer coisas interessantes, mas não faz milagres...

Também se observa uma delimitação dos territórios de competência e de atuação do professor. As mudanças não se limitam a uma questão de eficiência, "mas à maneira de viver as coisas e de compreender seu ambiente de trabalho", no momento em que o professor consegue especificar e separar o seu papel e as suas responsabilidades do papel e das responsabilidades dos outros, principalmente no que diz respeito aos pais. Aí ele consegue chegar a assumir apenas aquilo que lhe compete enquanto professor:

> Não é tanto o que eu vivo; isso não mudou tanto assim. Continua havendo alunos, um professor e um programa. Nessa história também tem coisas imutáveis. Mas a minha maneira de viver isso mudou. Eu sei muito mais o que me compete e o que compete aos outros, e aí consigo dormir melhor.

Ele também sabe separar as coisas, no que diz respeito ao seu papel na aprendizagem dos alunos:

> Todos os meus anos de experiência me permitiram compreender que se pode aprender tudo com o tempo e que o meu papel consiste muitas vezes em colocar o aluno na pista de uma aprendizagem possível. Certas aprendizagens são longas e, em um ano, nenhum aluno e nenhum professor podem fazer milagres. Mas se um pedaço do caminho já tiver sido feito, minha missão está cumprida.

Com o tempo, os professores aprendem a conhecer e a aceitar seus próprios limites. Esse conhecimento torna-os mais flexíveis. Eles se distanciam mais dos programas, das diretrizes e das rotinas, embora respeitando-os em termos gerais:

> Mas se não deu certo uma vez, eu não recomeço. Não faço a mesma coisa de novo. Apresento outra coisa. Vamos fazer outra coisa hoje. E aí começo uma nova atividade.

O domínio progressivo do trabalho provoca uma abertura em relação à construção de suas próprias aprendizagens, de suas próprias experiências, abertura essa ligada a uma maior segurança e ao sentimento de estar dominando bem suas funções. Esse domínio está relacionado, inicialmente, com a matéria ensinada, com a didática ou com a preparação da aula. Mas são sobretudo as competências ligadas à própria ação pedagógica que têm mais importância para os professores. Eles mencionam competências de liderança, de gerenciamento, de motivação.

> Não se deve estar sempre empurrando as pessoas e dizendo: "Vamos, façam isso." Deve-se ir na frente, puxando as pessoas e dizendo: "Façam como eu, sigam-me." Essa é a minha maneira de ver as coisas.

Tais competências são adquiridas com o tempo e com a experiência de trabalho:

> Recebo estagiários com frequência na minha classe e, para eles, é sempre uma descoberta quando colocam o pé na minha sala de aula. Eles cursaram muitas disciplinas, mas eles mesmos dizem: quando você coloca o pé numa sala de aula com 30 crianças, as disciplinas que você cursou ficam longe demais. São as crianças de oito e meia às três horas... É a linha de tiro... Você tem que mantê-los ocupados e se ocupar também.

Em suma, constata-se que a evolução da carreira é acompanhada geralmente de um domínio maior do trabalho e do bem-estar pessoal no tocante aos alunos e às exigências da profissão.

Os professores em situação precária

Entretanto, é preciso relativizar esse modelo de carreira, pois ele vale sobretudo para os professores regulares e permanentes[13]. Os professores que estão em situação precária vivem outra coisa e sua experiência relativa à aprendiza-

---

13. No Quebec, os anos 1980 e o início dos anos 1990 foram marcados por crises econômicas e uma onda de contenção de despesas importante, diminuição do corpo docente das escolas públicas, excesso de professores, diminuição das necessidades de contratação, etc. (LESSARD & TARDIF, 1996; BOUSQUET, 1990; CONSEILS DES UNIVERSITÉS, 1986). Esta situação provocou, entre outras coisas, uma redução na contratação de jovens professores, a precarização do trabalho, particularmente entre os mais jovens, e, finalmente, a constituição de um importante exército de reserva estimado em aproximadamente 50.000 professores temporários ou subempregados (BOUSQUET, 1990), ou seja, por volta de 45% dos docentes.

gem da profissão é mais complexa e mais difícil, pois comporta sempre uma certa distância em relação à identidade e à situação profissional bem definida dos professores regulares. É difícil pensar na consolidação de competências pedagógicas enquanto os professores com serviços prestados não tiverem adquirido um mínimo de estabilidade. Uma grande flutuação nas funções ocupadas, de um ano para o outro, pode até provocar, segundo Nault (1994), a erosão das competências. Por exemplo, os professores em situação precária levam mais tempo para dominar as condições peculiares ao trabalho em sala de aula, pois mudam frequentemente de turma e defrontam-se com as turmas mais difíceis. Nesse sentido, sua busca de um bem-estar pessoal na realização desse trabalho é muitas vezes contrariada por inúmeras tensões decorrentes de sua situação precária. Mukamurera (1999) estudou com profundidade as trajetórias de inserção de vinte professores novatos, do primário e do secundário, em situação precária. Ela mostra que a precariedade tem consequências psicológicas, afetivas, relacionais e pedagógicas provocadas pelas mudanças profissionais vividas por esses professores. Seu estudo indica também que a carreira deles não segue o mesmo modelo que a dos professores que obtiveram rapidamente a permanência no emprego, como ocorria nas décadas de 1950 a 1970. Vejamos como a precariedade afeta a aprendizagem da profissão e a aquisição dos saberes profissionais. O fenômeno principal aqui é, essencialmente, o da instabilidade da carreira, caracterizada por mudanças frequentes e de natureza diferente (turma, escola, Comissão Escolar[14], etc.). Essas numerosas mudanças tornam difícil a edificação do saber experiencial no início da carreira.

Uma primeira dificuldade vivida pelos professores em situação precária diz respeito à impossibilidade de viver uma relação seguida com os mesmos alunos. Este problema ocorre particularmente com os suplentes ocasionais ou ainda com os professores em situação precária que obtêm vá-

---

14. Unidade administrativa que engloba várias escolas de um determinado território.

rios contratos sucessivos num mesmo ano letivo. Os professores ensinam aqui e acolá, perdem "suas turmas" para irem assumir outras e sentem-se frustrados por perderem turmas com as quais se haviam habituado e com as quais tudo estava indo bem.

> Aí, no mês de fevereiro, "tchau, tchau". Às vezes dói perder certas turmas com as quais as coisas estavam indo tão bem.

Certos professores chegam a ficar numa mesma escola mais de um ano consecutivo. Outros, no entanto, mudam de escola várias vezes, praticamente no fim de cada contrato, especialmente nos primeiros anos de trabalho. A instabilidade é uma dura realidade para os jovens professores em situação precária, pois o fim do contrato representa muitas vezes, segundo eles, uma ruptura com a escola e com os alunos aos quais eles se haviam apegado.

> É muito triste (o fim de um contrato), porque a gente deixa a escola à qual a gente se apegou, as crianças a quem a gente ficou apegada. [...].

Por outro lado, embora a mudança da área de ensino principal seja pouco frequente, observa-se que os jovens professores em situação precária assumem, paralelamente, de modo parcial, carga horária em outras disciplinas, as quais mudam de um ano para outro à medida que eles mudam de escola. O resultado disso é que eles não somente percorrem várias escolas, mas "passam" também por mais de uma área de ensino e por várias disciplinas e matérias. As implicações no trabalho cotidiano são consideráveis: é preciso recomeçar sempre, ou quase sempre, do zero, e, com o tempo, isso se torna fastidioso e difícil de suportar. Diante dessas mudanças, os jovens professores dizem estar sempre num perpétuo recomeço, tanto no que diz respeito à preparação do material e das aulas quanto em relação à compreensão da matéria, ou do próprio programa, e à aprendizagem que isso implica, o que exige deles um grande investimento de tempo e energia para poderem cumprir com suas tarefas.

> O que você faz, quando passa de uma matéria pra outra? Você passa um fim de semana nisso, suas noites naquilo. E aí você fica correndo atrás dos professores para lhe explicarem uma noção que não entendeu. Sempre com um certo receio de aparecer diante dos alunos, porque eles sabem que você tem um ponto fraco. Os alunos são bonzinhos, mas também podem ser malandros quando estão num grupinho. Só estou querendo mostrar o quanto já trabalhei, e ainda hoje trabalho, à noite, em casa, regularmente.

Os dados de que dispomos nos mostram que os professores entrevistados mudaram muito de série e trabalham muitas vezes em várias séries paralelamente. Mesmo sendo na mesma disciplina e no mesmo nível de ensino, a mudança de série representa toda uma adaptação para esses professores, porque nenhuma série é realmente como a outra. Por exemplo, "o terceiro ano do secundário não é exatamente como o quinto ano"[15], observa um professor. Em suma, de uma série para outra, há todo um esforço a ser feito para reorganizar os conteúdos, adaptar a matéria e torná-la interessante em função da nova clientela.

É também uma questão de atitude e de adaptação à linguagem, pois cada faixa etária possui suas próprias características às quais o professor, em seu ensino, não pode ficar indiferente. Segundo as palavras de um professor, passar de uma série para a outra exige toda uma mudança de atitude e de linguagem: ora é preciso ser muito severo e ora um pouco mais tolerante, conforme a série (e, por conseguinte, conforme a idade) dos alunos.

> Isso (a passagem do 3° ao 4° ou 5° ano do secundário) representa uma adaptação. Acho que é preciso ser capaz de se adaptar, porque a gente não fala da mesma maneira com os alunos do 3° e com os alunos do 5° ano, e a gente também não age da mesma

---

[15]. No sistema escolar quebequense, o primário tem seis anos e o secundário, cinco (N.T.).

maneira com os alunos do 3° e do 5°. Acho que é principalmente uma questão de linguagem. Não é a mesma linguagem que você usa com os alunos do 3° e com os alunos do 5°. A gente acaba sendo um pouco mais permissivo com os alunos do 3° ano porque eles são mais jovens.

As mudanças de série exigem, portanto, uma grande adaptação e uma flexibilidade que nem sempre são fáceis, principalmente quando o professor tem várias séries ao mesmo tempo (paralelamente) e/ou trabalha com ciclos de ensino diferentes e se depara, assim, constantemente, com mudanças instantâneas ou quase instantâneas. O trecho seguinte resume muito bem essa experiência:

> No primeiro ano que eu fiz isso (ensinar em séries diferentes), foi difícil. Francês na sexta série e, depois, francês na primeira. Não é fácil. A gente não tem gavetinhas na cabeça nem computadores onde basta a gente "teclar", como dizem os alunos, para dizer: aqui terminam os objetivos da sexta série, agora são os objetivos da primeira. É difícil. É preciso mudar de linguagem. Você precisa falar com os grandes da sexta série como se fossem adultos; com os pequenos da primeira, como crianças de seis anos. Então, dentro de menos de cinco minutos [...] É instantâneo. Você passa da sexta para a primeira série em 5 segundos. É um hábito que você tem de desenvolver.

Quanto à mudança de Comissão Escolar, ela ocorre sobretudo durante os quatro a cinco primeiros anos de chegada dos professores no mercado de trabalho. Enquanto os professores tentam permanecer numa mesma Comissão Escolar, estas procuram conservar o mesmo pessoal experiente, dando-lhes novos contratos, pelo menos quando isso é bom para elas. O que é mais frequente e susceptível de acontecer são as mudanças de escola, principalmente durante o período de emprego precário, pois as pessoas "em situação precária" não possuem um cargo estável e têm que andar de escola em escola, conforme as necessidades da Comissão Escolar à qual pertencem.

Na prática diária da profissão, a experiência de mudança de Comissão Escolar e de escola é uma experiência de aprendizagem e de adaptação ao novo ambiente físico e humano, a uma nova maneira de funcionar, a uma nova cultura organizacional. Mudar frequentemente de Comissão Escolar ou de escola é, praticamente, recomeçar de novo a cada vez, pois é preciso, entre outras coisas, conhecer a nova equipe da escola, conhecer a clientela (os alunos), conhecer as expectativas de uma nova direção, conhecer o funcionamento e o regulamento da escola, saber onde solicitar serviços e material, iniciar contatos, novas relações, etc. Noutras palavras, mudar de escola ou de Comissão Escolar exige toda uma adaptação, significa "estar sempre no início da escada", o que em si mesmo já representa um excesso de trabalho e um certo estresse, principalmente quando não se recebe um apoio adequado no ambiente de trabalho.

> Também tem isso (mudança de escolas). O fato de mudar de escola, de matéria, de Comissão Escolar. Você está sempre recomeçando. Há inconvenientes e há vantagens também em tudo isso: você está sempre recomeçando, está sempre no início da escada.

Diante dessas inúmeras mudanças e da instabilidade profissional por elas provocada, as palavras de certos professores denotam um sentimento de frustração e um certo desencanto, pois estão decepcionados por terem de viver durante tanto tempo essa precariedade de emprego, por serem avaliados pela escola todos os anos, por serem desvalorizados e prejudicados em muitos aspectos.

O sentimento de frustração diante da precariedade de emprego está ligado, em primeiro lugar, à insegurança com a qual devem lidar durante anos, a sempre estarem procurando emprego de um ano para outro, ao fato de serem jogados de lá para cá ao bel-prazer das Comissões Escolares. Essa frustração ligada à ausência de emprego é acompanhada, por outro lado, do sentimento de ser desvalorizado (em particular durante os primeiros anos de trabalho, antes que o princípio da prioridade de chamada passe a valer ou antes de se estar numa posição de chamada competitiva), sentimento esse motivado por situações de indiferença e de ingratidão para com eles, por parte dos administradores (das Comissões Escolares ou das escolas, conforme o caso), sobretudo quando chega o momento das demissões, de conceder contratos ou carga horária, de empregar professores regulares. Eles têm, então, a impressão de que as comissões escolares fazem pouco caso deles e de seus problemas, que elas não assumem nenhuma responsabilidade para com eles e não realizam uma verdadeira gestão do pessoal ao fazê-los entrar e sair impiedosamente, preocupando-se apenas com seus interesses e "manipulando" simplesmente listas de candidatos sem nenhum outro reconhecimento. Nessas condições, os professores têm a sensação de não serem mais do que "tapa-buracos" e números no fim das listas de candidatos, e temem ser substituídos ou excluídos apesar da dedicação e da competência profissional de que deram provas durante o ano inteiro (ou durante anos).

> E aí, você chega lá, diante dos funcionários, você é um número no final de uma lista. Eu já gostava de dizer assim nas escolas: "Tão bonitinho, tão bonzinho um professor de ciências físicas ou de matemática, quando chega o outono; eles acham a gente capaz de ensinar qualquer coisa; no outono, a gente é acolhido como salvadores da pátria. Aí, quando chega o mês de abril, a gente volta a ser nomes e números no final de uma lista!"

Outro motivo de frustração e dessa sensação de estar sendo desvalorizado reside na "avaliação dos professores em situação precária" realizada pelas comissões escolares através das direções de escolas e considerada por esses mesmos professores como um sinal de desconfiança em relação às suas competências. Os professores entrevistados lamentam o fato de terem de ser avaliados todos os anos com fins seletivos (contrariamente aos professores permanentes), como se sua competência estivesse sendo continuamente colocada em dúvida e tivesse sempre de ser provada. É como se houvesse dois corpos docentes, dizem os entrevistados: os professores permanentes, que são, consequentemente, "bons" (pois eles possuem a permanência) e não precisam provar nada, e os professores em situação precária, que possuem a responsabilidade de provar que são "bons", e até melhores, para merecer outros contratos, e isso mesmo após anos de prática do magistério.

> Como professora contratada, a gente tem que provar que um dia vai ser boa. É como se as pessoas fossem contratadas porque não são boas. Os bons são permanentes, os outros são contratados. É como se tivessem feito dois compartimentos.

Noutros professores, a frustração decorre do fato de não gozarem de certos benefícios sociais e de estarem à mercê da direção da escola ou da Comissão Escolar enquanto pessoa contratada. Nesse caso, certos professores admitem terem se sentido desrespeitados no tocante aos seus direitos, por exemplo no que diz respeito às licenças por motivo de doença e às licenças-maternidade, coisas que os professores regulares conseguem sem que isso lhes cause problemas. Mas eles correm o risco de serem catalogados como "não disponíveis", e isso pode ter más consequências por ocasião da próxima concessão de contratos. Daí o sentimento de estarem sempre no banco dos réus, mesmo após anos de serviço na Comissão Escolar.

Com o tempo, a precariedade de emprego pode tornar-se cansativa e desanimadora e alimentar um certo desencanto que, sem necessariamente afetar o amor pelo ensino, afeta, até um certo ponto, o ardor do professor, mergulhando-o na amargura.

> Do ponto de vista da segurança no emprego, foi a minha grande frustração, e vejo que há professores que ainda vivem de contrato após 15 anos de trabalho. E vejo que, depois de 7 anos, eu já estava começando a ficar amargurada por causa disso. Estava começando a achar isso injusto. Não sei se teria aguentado 15 anos me sentindo assim. Com a minha experiência em Vanier, a dire-

> tora era tão formidável, era tão próxima das pessoas que eu voltei a confiar em mim e isso me estimulou a continuar.

Outros professores indicam, entretanto, que a precariedade de emprego pode provocar um questionamento sobre a pertinência de continuar ou não na carreira, e às vezes até um descomprometimento pessoal em relação à profissão. Mas é sobretudo quando ela é associada direta ou indiretamente a outros problemas, tais como a insegurança em relação ao emprego, a instabilidade da função, a substituição, a atribuição de contratos menos bons (carga horária parcial, trabalho difícil e árduo), alunos difíceis, práticas de atribuição de contratos que deixam a desejar e a falta de apoio e de valorização do professor contratado, que os jovens professores perdem progressivamente o entusiasmo e pensam às vezes em abandonar o magistério.

> Eu quase larguei tudo, num determinado momento. Mesmo quando eu estava na Cidade de Quebec, quando fazia parte do comitê dos professores contratados da CECQ, eu me lembro que era um verdadeiro horror: não há realmente nada de estimulante em ensinar no Quebec. Vão acabar direitinho com a profissão, se continuarem assim...

Contudo, apesar das diferenças entre os professores que possuem estabilidade no emprego e os professores contratados, os últimos partilham também com os primeiros várias convicções importantes no que diz respeito à natureza da aprendizagem da profissão e a avaliação de sua formação inicial. Por exemplo, os professores encontrados por Mukamurera acusam a sua formação, ao dizerem que estavam mal preparados, de maneira geral, para enfrentar as dificuldades do ofício:

> Eu me achava uma ignorante. Eu achava que não sabia muita coisa. Como já disse no início, eu achava que, quando eu comecei, e eu ouvia todos os outros professores falarem, me parecia que eu não sabia muita coisa. Eu tinha um bacharelado, mas não achava que sabia muita coisa.

> Quando a gente começa a ensinar, é como se estivesse vivendo uma nova aventura num mundo desconhecido: a gente não tem todas as soluções para os problemas, o relacionamento com os alunos é difícil, principalmente com os meninos (questão de autoridade). Alguns períodos são até traumatizantes. Se a direção não tivesse me apoiado, eu provavelmente já teria deixado o ensino.

Além disso, os professores contratados também veem a experiência como a fonte de seus saberes profissionais:

> Veja um mecânico, por exemplo: assim que ele termina o curso e chega na oficina, nas primeiras vezes, com um carro importado, tem sempre alguma coisa... Precisa sempre de prática pra ser um bom professor! É claro que isso vem com o decorrer dos anos.

> As dificuldades são muito mais transitórias: quando você aprende a trabalhar, descobre maneiras de fazer.

> Eu não acredito que se possa ensinar a ensinar. Acho que se pode aprender técnicas, que se pode saber como elaborar um plano de aula. Mas o ato de estar numa sala de aula, o ato de ensinar, você não pode aprender isso em lugar nenhum, a não ser na própria sala de aula.

Os dados das entrevistas sobre a precariedade devem nos levar a relativizar a evolução "normal" das carreiras, tal como vimos acima em relação aos professores regulares. Atualmente, as carreiras no magistério não seguem necessariamente um modelo temporal uniforme com fases claramente definidas.

Por outro lado, como Huberman (1989: 28) menciona:

> É muitas vezes a organização da vida profissional que cria, arbitrariamente, as condições de ingresso, de contratação e de promoção que dão sentido a tais fases. [...] Da mesma forma, a organização arbitrária da vida social cria expectativas que são interiorizadas e às quais respondemos como se se

tratasse de fatores psicológicos. [...] Pode também haver acontecimentos sociais marcantes (crise, guerra, epidemia, desastre natural) que modificam uma sequência "normal" durante uma ou várias gerações.

É preciso, portanto, desconfiar de uma divisão falsamente natural da carreira em fases distintas e lineares. A esse respeito, é preciso dizer que nem os poucos professores regulares (em termos de emprego) que encontramos viveram um modelo de carreira estável caracterizado pelo domínio progressivo das situações de trabalho e por um justo equilíbrio entre as diversas exigências da profissão. Certos professores passaram por muitas mudanças de carreira que impediram a consolidação de suas competências num determinado campo de ensino. Outros viveram conflitos difíceis, seja com a direção, seja com colegas ou alunos, e esses conflitos provocaram certos desequilíbrios pessoais (esgotamento, seqüência desenfreada de mudanças, etc.). Enfim, devido a uma conjuntura de emprego muito difícil no início dos anos 1980 e no início dos anos 1990, certos professores perseveraram numa profissão pela qual não sentiam mais ou nenhum interesse.

Em síntese, tanto na literatura consultada quanto nas entrevistas que recolhemos, constata-se que a relação entre os saberes profissionais e a carreira comporta diferentes facetas e que essa relação está fundamentalmente associada ao tempo.

Entre os professores regulares encontra-se, em primeiro lugar, a ideia de domínio *progressivo* das situações de trabalho. Esse domínio abrange os aspectos didáticos e pedagógicos, o ambiente da organização escolar e as relações com os pares e com os outros atores educativos. Entre os professores contratados encontra-se a mesma ideia, mas o domínio do trabalho demora mais a ocorrer por causa das inúmeras mudanças pelas quais eles passam.

O saber profissional possui também uma dimensão identitária, pois contribui para que o professor regular assuma um compromisso *durável* com a profissão e aceite todas as suas consequências, inclusive as menos fáceis (turmas difíceis, relações às vezes tensas com os pais, etc.). No caso do professor contratado, essa dimensão identitária é menos forte, pois ele é arrastado de lá para cá; seu compromisso com a profissão decerto existe, mas as condições de frustração nas quais ele está continuamente mergulhado colocam-no numa situação mais difícil em relação a esse aspecto: ele também quer se comprometer, mas as condições de emprego o repelem constantemente.

O saber profissional encerra também aspectos psicológicos e psicossociológicos, uma vez que exige um certo conhecimento de si mesmo por parte do professor (por exemplo, conhecimento de seus limites, de seus objetivos, de seus valores, etc.) e um reconhecimento por parte dos outros, que veem o professor tornar-se, *pouco a pouco*, um de seus colegas, alguém em quem podem confiar e que não precisa ser vigiado nem guiado. Ainda assim, esse conhecimento de si mesmo e esse reconhecimento por parte dos outros representam um desafio importante para os professores contratados, pois a situação na qual eles vivem dificulta a sua obtenção.

Tanto no que se refere aos professores regulares quanto em relação aos contratados, o saber profissional comporta também uma dimensão crítica que se manifesta por meio de uma crise de distanciamento em relação aos conhecimentos adquiridos *anteriormente*, especialmente durante a formação universitária. Outros distanciamentos críticos ocorrem também em relação aos instrumentos de trabalho (programas, livros didáticos, diretivas, regras do estabelecimento, etc.), que o professor adapta pouco a pouco às suas necessidades. Essa dimensão crítica parece desempenhar um papel importante na busca da autonomia profissional, pois, graças a ela, como disse um professor entrevistado, "o professor não se sente mais observado e julgado, mas torna-se aquele que observa e que julga". Para entender as transformações e os objetos dessa dimensão crítica dos saberes experienciais, devemos levar em consideração o momento da carreira no qual ela ocorre.

Entre os professores regulares, o desenvolvimento da carreira parece também levar a uma certa superposição entre os conhecimentos do professor e a cultura profissional da equipe de trabalho e do estabelecimento. O professor tende, com frequência, a aderir aos valores do grupo; ele partilha com outros membros sua vivência profissional e troca com eles conhecimentos sobre diversos assuntos. Em suma, torna-se um membro familiarizado com a cultura de sua profissão.

Em relação a esses diferentes elementos de análise, Giddens (1987) propõe um conceito interessante, o de *rotinização*, que nos parece pertinente para estabelecer uma associação entre os saberes, o tempo e o trabalho. Este conceito se aplica a um número muito grande de pesquisas que colocaram em evidência o caráter rotineiro do ensino e a importância das rotinas para entender a vida na sala de aula e o trabalho do professor. A ideia geral dessas pesquisas é que as rotinas são meios de gerir a complexidade das situações de interação e diminuir o investimento cognitivo do professor no controle dos acontecimentos. À semelhança dos modelos cognitivos simplificados da realidade, as rotinas são modelos simplificados da ação: elas envolvem os atos numa estrutura estável, uniforme e repetitiva, dando assim, ao professor, a possibilidade de reduzir as mais diversas situações a esquemas regulares de ação, o que lhe permite, ao mesmo tempo, se concentrar em outras coisas.

Todavia, não acreditamos que a rotinização do ensino seja apenas uma maneira de controlar os acontecimentos na sala de aula. Enquanto fenômeno básico da vida social, a rotinização *indica que os atores agem através do tempo, fazendo das suas próprias atividades recursos para reproduzir (e às vezes modificar) essas mesmas atividades.* No nosso caso, ela demonstra a forte dimensão sociotemporal do ensino, na medida em que as rotinas se tornam parte integrante da atividade profissional, constituindo, desse modo, "maneiras de ser" do professor, seu "estilo", sua "personalidade profissional". No entanto, a menos que o ator se torne um autômato, a rotinização de uma atividade, *isto é, sua estabilização e sua regulação, que possibilitam sua divisão e sua reprodução no tempo*, repousa num controle da ação por parte do professor, controle esse baseado na aprendizagem e na aquisição temporal de competências práticas. Ora, a força e a estabilidade desse controle não podem depender de decisões voluntárias, de escolhas, de projetos, *mas sim da interiorização de regras implícitas de ação adquiridas com e na experiência*. É aqui, a nosso ver, que os saberes da história de vida e os saberes do trabalho construídos nos primeiros anos da prática profissional assumem todo o seu sentido, pois formam, justamente, o alicerce das rotinas de ação e são, ao mesmo tempo, os fundamentos da personalidade do trabalhador. A organização do tempo escolar em etapas, ciclos e anos, e a da vida na sala de aula em função das estações do ano ou das festas do calendário religioso ou civil marcam também, como pontos de referência coletivos, os saberes dos professores sobre sua prática, as aprendizagens que os alunos realizam na escola e as relações com os pais e a comunidade em torno da escola. O estudo de tais regularidades é, portanto, fundamental para entender a natureza social e a evolução do trabalho docente, pois elas não se reduzem a formas exteriores ou a simples hábitos, mas estruturam o significado que os atores atribuem às suas atividades e às relações sociais que elas desencadeiam.

4. À guisa de conclusão: Saberes, identidade e trabalho na linha do tempo

O objetivo deste capítulo era estudar as relações entre os saberes profissionais dos professores, o tempo e o aprendizado do trabalho. Partimos da ideia de que o tempo é um fator importante na edificação dos saberes que servem de base ao trabalho docente. Com base nos trabalhos de Raymond et al. (1993), de Lessard & Tardif (1996) e de Tardif & Lessard (2000), afirmamos que os saberes profissionais dos professores eram plurais, mas também temporais, ou seja, adquiridos através de certos processos de aprendizagem e de socialização que atravessam tanto a história de vida quanto a carreira. Para concluir, tentaremos identificar algumas pistas de reflexão, de análise teórica e de pesquisa para estudos posteriores sobre esse tema do tempo. Vamos nos deter, considerando sempre a questão do tempo, nos dois elementos centrais deste capítulo: os saberes profissionais e a identidade do professor.

Tempo e saberes profissionais

Uma constatação geral sobressai das análises precedentes: os saberes que servem de base para o ensino, isto é, os fundamentos do saber-ensinar, não se reduzem a um "sistema cognitivo" que, como um computador, processa as informações a partir de um programa anteriormente definido e independente tanto do contexto da ação no qual ele se insere quanto da sua história anterior. Na realidade, os fundamentos do ensino são, a um só tempo, *existenciais, sociais* e *pragmáticos*.

São *existenciais*, no sentido de que um professor "não pensa somente com a cabeça", mas "com a vida", com o que foi, com o que viveu, com aquilo que acumulou em termos de experiência de vida, em termos de lastro de certezas. Em suma, ele pensa a partir de sua história de vida não somente intelectual, no sentido rigoroso do termo, mas também emocional, afetiva, pessoal e interpessoal. Desse ponto de vista, convém ultrapassar a visão epistemológica canônica do "sujeito e do objeto", se quisermos compreender os saberes do professor. O professor não é somente um "sujeito epistêmico" que se coloca diante do mundo numa relação estrita de conhecimento, que "processa" informações extraídas do "objeto" (um contexto, uma situação, pessoas, etc.) através de seu sistema cognitivo, indo buscar em sua memória, por exemplo, esquemas, procedimentos, representações a partir dos quais organiza as novas informações. Ele é um "sujeito existencial" no verdadeiro sentido da tradição fenomenológica e hermenêutica, isto é, um "ser-no-mundo", um *Dasein* (HEIDEGGER, 1927), uma pessoa completa com seu corpo, suas emoções, sua linguagem, seu relacionamento com os outros e consigo mesmo. Ele é uma pessoa comprometida com e por sua própria história – pessoal, familiar, escolar, social – que lhe proporciona um lastro de certezas a partir das quais ele compreende e interpreta as novas situações que o afetam e constrói, por meio de suas próprias ações, a continuação de sua história.

As pesquisas citadas anteriormente mostram, justamente, como esse lastro de certezas se constrói ao longo dos múltiplos processos de socialização por que passa o professor e como elas se sedimentam, assumindo o papel de filtros interpretativos e compreensivos graças aos quais o professor compreende e realiza seu próprio trabalho e sua própria identidade. Nessa perspectiva, a cognição do professor parece ser largamente interpretativa e linguística, e não "computacional": ela é menos um sistema cognitivo de processamento da informação do que um processo *discursivo* e *narrativo* enraizado na história de vida da pessoa, história essa portadora de sentido, de linguagens, de significados oriundos de experiências formadoras. Diferentes pesquisadores (ELBAZ, 1993; CARTER, 1993) colocaram em evidência justamente o caráter *narrativo* do saber docente, do qual fazem parte metáforas e imagens centrais que descrevem a relação com as crianças, a relação com a autoridade, o sentimento de *caring* (a solicitude), etc. Nas pesquisas de campo ou nas atividades de formação realizadas em parceria, fazer perguntas aos professores sobre seus saberes equivale, de uma certa maneira, a levá-los a contar a história de seu saber-ensinar, através das experiências pessoais e profissionais que foram significativas para eles do ponto de vista da identidade pessoal.

Os fundamentos do ensino são *sociais* porque, como vimos, os saberes profissionais são plurais, provêm de fontes sociais diversas (família, escola, universidade, etc.) e *são adquiridos em tempos sociais diferentes*: tempo da infância, da escola, da formação profissional, do ingresso na profissão, da carreira... São sociais também porque, em certos casos, são explicitamente produzidos e legitimados por grupos sociais, como os pesquisadores universitários, por exemplo, as autoridades curriculares, etc. Nesse sentido, pode-se dizer que a relação do professor com os seus próprios saberes é acompanhada de uma relação social: a consciência profissional do professor não é um reservatório de conhecimentos no qual ele se abastece conforme as circunstâncias; ela nos parece ser amplamente marcada por processos de avaliação e de crítica em relação aos saberes situados fora do processo de socialização anterior e da prática da profissão, por exemplo, os saberes das ciências da educação transmitidos durante a formação profissional, os saberes curriculares produzidos pelos funcionários do Ministério da Educação, os saberes dos outros atores escolares (pais, orientadores educacionais, etc.) que, de uma maneira ou de outra, são exteriores ao trabalho docente. O uso desses saberes pelo professor implica, portanto, uma relação social com esses mesmos saberes bem como com os grupos, instâncias e indivíduos que os produzem. Essas diversas relações deveriam ser abordadas por pesquisas mais profundas, a fim de conhecer melhor, conforme os grupos sociais que produzem saberes sobre o ensino, os critérios de legitimação ou de invalidação utilizados pelos professores.

Finalmente, são *pragmáticos*, pois os saberes que servem de base ao ensino estão intimamente ligados tanto ao trabalho quanto à pessoa do trabalhador. Trata-se de saberes ligados ao labor, de saberes sobre o trabalho, ligados às funções dos professores. E é através do cumprimento dessas funções que eles são mobilizados, modelados, adquiridos, como tão bem o demonstram as rotinas e a importância que os professores dão à experiência. Trata-se, portanto, de saberes práticos ou operativos e normativos, o que significa dizer que a sua utilização depende de sua adequação às funções, aos problemas e às situações do trabalho, assim como aos objetivos educacionais que possuem um valor social. A cognição do professor é condicionada, portanto, por sua atividade; "ela está a serviço da ação" (DURAND, 1996). Esses saberes também são interativos, pois são mobilizados e modelados no âmbito de interações entre o professor e os outros atores educacionais e possuem, portanto, as marcas dessas interações tais como elas se estruturam nas relações de trabalho. Estão, por exemplo, impregnados de normatividade e de afetividade e fazem uso de procedimentos de interpretação de situações rápidas, instáveis, complexas, etc.

Ora, de modo essencial, essa tripla caracterização – existenciais, sociais e pragmáticos – expressa a dimensão temporal dos saberes do professor, saberes esses que não somente são adquiridos no e com o tempo, mas são também temporais, pois são abertos, porosos, permeáveis e incorporam, ao longo do processo de socialização e da carreira, experiências novas, conhecimentos adquiridos durante esse processo e um saber-fazer remodelado em função das mudanças de prática e de situações de trabalho. Compreender os saberes dos professores é compreender, portanto, sua evolução e suas transformações e sedimentações sucessivas ao longo da história de vida e da carreira, história e carreira essas que remetem a várias camadas de socialização e de recomeços.

Tempo e identidade profissional

Poder-se-ia dizer, de maneira banal, que ensinar é fazer carreira no magistério, ou seja, entrar numa categoria profissional, nela assumir um papel e desempenhar uma função, e procurar atingir objetivos particulares definidos por essa categoria. O ensino é, portanto, uma questão de estatuto. Como explica Coster (1994: 23), "a noção de estatuto não deve ser confundida com o regime jurídico ou contratual que define legalmente a situação do trabalhador. Embora susceptível de ser visto como um conjunto de direitos e de obrigações socialmente determinados, o estatuto representa, no fundo, o aspecto normativo do papel ou o processo de institucionalização que modela esse aspecto". Noutros termos, o estatuto remete à questão da identidade do trabalhador tanto na organização do trabalho quanto na organização social, na medida em que estas funcionam de acordo com uma imposição das normas e de regras que definem os papéis e posições dos atores. Ora, essa identidade não é simplesmente um "dado", mas também um "constructo" que remete "aos atos" de agentes ativos capazes de justificar suas práticas e de dar coerência às suas escolhas (DUBAR, 1991: 14). Segundo o autor, uma visão sociológica da identidade deve articular dois processos heterogêneos: "aquele pelo qual os indivíduos antecipam seu futuro a partir de seu passado, e aquele pelo qual eles entram em interação com os atores significativos de uma área específica" (1991: 14).

Neste capítulo, interessamo-nos muito mais pelo primeiro processo, relacionado com a carreira e a socialização profissional. De acordo com nossas análises, é impossível compreender a questão da identidade dos professores sem inseri-la imediatamente na história dos próprios atores, de suas ações, projetos e desenvolvimento profissional. Nossas análises indicam que a socialização e a carreira dos professores não são somente o desenrolar de uma série de acontecimentos objetivos. Ao contrário, sua trajetória social e profissional ocasiona-lhes custos existenciais (formação profissional, inserção na profissão, choque com a realidade, aprendizagem na prática, descoberta de seus limites, negociação com os outros, etc.) e é graças aos seus recursos pessoais que podem encarar esses custos e assumi-los. Ora, é claro que esse processo modela a identidade pessoal e profissional deles, e é vivendo-o por dentro, por assim dizer, que podem tornar-se professores e considerar-se como tais aos seus próprios olhos.

Essa historicidade se expressa e se imprime nos saberes profissionais dos professores, e mais especificamente nos saberes experienciais adquiridos no início da carreira, que são, parcialmente, uma reativação, mas também uma transformação dos saberes adquiridos nos processos anteriores de socialização (familiar, escolar e universitária). Como vimos anteriormente, a dimensão temporal do trabalho, isto é, a experiência da prática da profissão numa carreira, é crucial na aquisição do sentimento de competência e na implantação das rotinas de trabalho, noutras palavras, na estruturação da prática. Ainda hoje, a maioria dos professores dizem que aprendem a trabalhar trabalhando. Esse aprendizado, muitas vezes difícil e ligado à fase de sobrevivência profissional, na qual o professor deve mostrar do que é capaz, leva à construção dos saberes experienciais que se transformam muito cedo em certezas profissionais, em truques do ofício, em rotinas, em modelos de gestão da classe e de transmissão da matéria. Esses repertórios de competências constituem o alicerce sobre o qual vão ser edificados os saberes profissionais durante o resto da carreira. Todavia, esses saberes não se limitam de modo algum a um domínio cognitivo e instrumental do trabalho docente. Eles abrangem igualmente aspectos como o bem-estar pessoal em trabalhar nessa profissão, a segurança emocional adquirida em relação aos alunos, o sentimento de estar no seu lugar, a confiança nas suas capacidades de enfrentar problemas e de poder resolvê-los (alunos difíceis, conflitos, etc.), o estabelecimento de relações positivas com os colegas e a direção, etc. Noutras palavras, se é verdade que a experiência do trabalho docente exige um domínio cognitivo e instrumental da função, ela também exige uma socialização na profissão e uma vivência profissional através das quais a identidade profissional vai sendo pouco a pouco construída e experimentada e onde entram em jogo elementos emocionais, relacionais e simbólicos que permitem que um indivíduo se considere e viva como um professor e assuma, assim, subjetivamente e objetivamente, o fato de fazer carreira no magistério.

O tempo não é somente um meio – no sentido de "meio marinho" ou "terrestre" – no qual se encontram mergulhados o trabalho, o trabalhador e seus saberes; também não é unicamente um dado objetivo caracterizado, por exemplo, pela duração administrativa das horas ou dos anos de trabalho. É também um dado subjetivo, no sentido de que contribui poderosamente para modelar a identidade do trabalhador. É apenas ao cabo de um certo tempo – tempo da vida profissional, tempo da carreira – que o *eu pessoal* vai se transformando pouco a pouco, em contato com o universo do trabalho, e se torna um *Eu profissional*. A própria noção de experiência, que está no cerne do *eu profissional* dos professores e de sua representação do saber ensinar, remete ao tempo, concebido como um processo de aquisição de um certo domínio do trabalho e de um certo conhecimento de si mesmo.

Características do saber experiencial

Para concluir, destaquemos as principais características do saber experiencial evidenciadas nas análises propostas nos capítulos 1 e 2:

- O saber experiencial é um saber ligado às funções dos professores, e é através da realização dessas funções que ele é mobilizado, modelado, adquirido, tal como mostram as rotinas, em especial, e a importância que os professores atribuem à experiência.

- É um saber prático, ou seja, sua utilização depende de sua adequação às funções, problemas e situações peculiares ao trabalho. A cognição do professor é, portanto, condicionada por sua atividade; "ela está a serviço da ação" (DURAND, 1996: 73).

- É um saber interativo, mobilizado e modelado no âmbito de interações entre o professor e os outros atores educativos. Ele traz, portanto, as marcas dessas interações analisadas anteriormente. Por exemplo, ele está impregnado de normatividade e de afetividade e recorre a procedimentos de interpretação de situações rápidas, instáveis, complexas, etc.

- É um saber sincrético e plural que repousa não sobre um repertório de conhecimentos unificado e coerente, mas sobre vários conhecimentos e sobre um saber-fazer que são mobilizados e utilizados em função dos contextos variáveis e contingentes da prática profissional.

- É um saber heterogêneo, pois mobiliza conhecimentos e formas de saber-fazer diferentes, adquiridos a partir de fontes diversas, em lugares variados, em momentos diferentes: história de vida, carreira, experiência de trabalho.

- É um saber complexo, não analítico, que impregna tanto os comportamentos do ator, suas regras e seus hábitos, quanto sua consciência discursiva.
- É um saber aberto, poroso, permeável, pois integra experiências novas, conhecimentos adquiridos ao longo do caminho e um saber-fazer que se remodela em função das mudanças na prática, nas situações de trabalho.
- Como a personalidade do professor constitui um elemento fundamental do processo de trabalho, seu saber experiencial é personalizado. Ele traz a marca do trabalhador, aproximando-se assim do conhecimento do artista ou do artesão. Por isso, é sempre difícil e um pouco artificial distinguir, na ação concreta, o que um professor sabe e diz daquilo que ele é e faz.
- É um saber existencial, pois está ligado não somente à experiência de trabalho, mas também à história de vida do professor, ao que ele foi e ao que é, o que significa que está incorporado à própria vivência do professor, à sua identidade, ao seu agir, às suas maneiras de ser.
- Por causa da própria natureza do trabalho, especialmente do trabalho na sala de aula com os alunos, e das características anteriores, o saber experiencial dos professores é pouco formalizado, inclusive pela consciência discursiva. Ele é muito mais consciência no trabalho do que consciência sobre o trabalho. Trata-se daquilo que poderíamos chamar de "saber experienciado", mas essa experiência não deve ser confundida com a ideia de *experimentação*, considerada numa perspectiva positivista e cumulativa do conhecimento, nem com a ideia de *experiencial*, referente, numa visão humanista, ao foro interior psicológico e aos valores pessoais. O saber é experienciado por ser experimentado no trabalho, ao mesmo tempo em que modela a identidade daquele que trabalha.
- É um saber temporal, evolutivo e dinâmico que se transforma e se constrói no âmbito de uma carreira, de uma

história de vida profissional, e implica uma socialização e uma aprendizagem da profissão.

- Por fim, é um saber social e construído pelo ator em interação com diversas fontes sociais de conhecimentos, de competências, de saber-ensinar provenientes da cultura circundante, da organização escolar, dos atores educativos, das universidades, etc. Enquanto saber social, ele leva o ator a posicionar-se diante dos outros conhecimentos e a hierarquizá-los em função de seu trabalho.

Tais características esboçam uma "epistemologia da prática docente" que tem pouca coisa a ver com os modelos dominantes do conhecimento inspirados na técnica, na ciência positiva e nas formas dominantes de trabalho material. Essa epistemologia corresponde, assim acreditamos, à de um trabalho que tem como objeto o ser humano e cujo processo de realização é fundamentalmente interativo, chamando assim o trabalhador a apresentar-se "pessoalmente" com tudo o que ele é, com sua história e sua personalidade, seus recursos e seus limites.

3
O trabalho docente, a pedagogia e o ensino

Interações humanas, tecnologias e dilemas

EXISTEM, atualmente, instrumentos conceituais e metodológicos bem elaborados que possibilitam analisar o trabalho de um modo geral e o trabalho docente em particular. Nos Estados Unidos, desde o início da década de 1980, milhares de pesquisas foram realizadas diretamente nos estabelecimentos escolares e nas salas de aula, no intuito de estudar *in loco* o processo concreto da atividade profissional dos professores. No Brasil, sobretudo a partir do início dos anos 1990, a pesquisa educacional passou a vislumbrar, na sala de aula, um espaço rico em possibilidades de investigação. Um número cada vez maior de pesquisadores da área da educação tem ido regularmente às instituições escolares observar e analisar as atividades cotidianas dos trabalhadores do ensino. Pode-se dizer que estamos muito longe das antigas abordagens normativas ou experimentais, e mesmo behavioristas, que confinavam o estudo do ensino às variáveis medidas em laboratório ou, ainda, a normas oriundas da pesquisa universitária desligada da prática da atividade docente. Na Europa, e também no Brasil, todo o campo da Ergonomia encontra-se atualmente em pleno desenvolvimento[1]. Esta disciplina fornece agora, aos pesquisadores, dispositivos de análise bastante apurados para estudar o trabalho dos atores na própria escola[2]. Por outro lado, a Sociologia do Trabalho, a Sociologia das Profissões e a Sociologia das Organizações já abandonaram há muito tempo o conforto de lidar apenas com o pensamento teórico e passaram a desenvolver também pesquisas de campo. Podem ser igualmente associados a essas contribuições vários trabalhos na área da Psicologia, consagrados ao estudo do "pensamento dos professores" (*teacher's thinking*)[3] e de suas crenças e saberes, bem como no campo da Antropologia e da Etnologia da Educação[4]. Em suma, existe hoje uma sólida base de conhecimentos para se estudar o trabalho dos diferentes agentes do meio escolar, de um modo geral, e mais especificamente dos professores.

O objetivo almejado aqui é usar os diferentes recursos conceituais e empíricos proporcionados por esses numerosos trabalhos para tentar repensar a natureza da pedagogia e, consequentemente, do ensino no ambiente escolar. Pretende-se mostrar como a análise do trabalho dos professores, considerado em seus diversos componentes, tensões e dilemas, permite compreender melhor a prática pedagógica na escola.

Este capítulo está dividido em quatro partes. A primeira propõe uma definição da pedagogia baseada na análise do trabalho docente, procurando ao mesmo tempo identificar certas conseqüências conceituais importantes. A segunda

---

[1]. Cf., por exemplo, os seguintes trabalhos: Amalberti et al., 1991; Cazamian, 1987; Leplat, 1992; Theureau, 1992; Terssac, 1996. No Brasil. Vidal, 1990; Vidal, 1994; Wisner, 1993.

[2]. Cf., por exemplo, os trabalhos recentes de Durand, 1996, e de Messing et al., 1994.

[3]. Cf. Calderhead, 1996; Tochon, 1993.

[4]. Uma síntese de trabalhos americanos, britânicos e franceses pode ser encontrada em Henriot, Agnès; Derouet, Jean-Louis; Sirota, Régine (1987). "Notes de synthèse. Approches ethnographique en sociologie de l'éducation: l'école et la communauté, l'établissement scolaire, la classe." *Revue française de pédagogie*. O texto abrange três números: janeiro, fevereiro e março de 1987.

aborda o estudo do processo de trabalho dos professores do ponto de vista das finalidades, do objeto e do produto do trabalho. A terceira parte tenta definir a natureza das tecnologias do ensino e o seu impacto sobre a pedagogia. Enfim, a quarta e última parte analisa o papel dos professores no processo de trabalho escolar e certas implicações de sua atividade profissional.

Por meio desses diferentes aspectos, propomos uma definição da pedagogia enquanto "tecnologia da interação humana", colocando em evidência, ao mesmo tempo, a questão das dimensões epistemológicas e éticas subjacentes ao trabalho com o ser humano. Pretendemos, assim, contribuir para a elaboração de uma teoria do trabalho docente e da pedagogia. Propomos uma análise do trabalho dos professores em função de um modelo interativo inspirado nas teorias da ação (HABERMAS, 1987; GIDDENS, 1987; RICOEUR, 1986), nas organizações do trabalho interativo (DEEBEN, 1970; HASENFELD, 1986; MINTZBERG, 1986) e na ergonomia do trabalho docente (DURAND, 1996).

1. A pedagogia do ponto de vista do trabalho dos professores

Na maioria dos países ocidentais, os sistemas escolares veem-se hoje diante de exigências, expectativas e desafios sem precedentes. É no pessoal escolar, e mais especificamente nos professores, que essa situação crítica repercute com mais força. As pessoas se interrogam cada vez mais sobre o valor do ensino e seus resultados. Enquanto as reformas anteriores enfatizavam muito mais as questões de sistema ou de organização curricular, constata-se, atualmente, uma ênfase maior na profissão docente, e também na formação dos professores e na organização do trabalho cotidiano. Exige-se, cada vez mais, que os professores se tornem profissionais da pedagogia, capazes de lidar com os inúmeros desafios suscitados pela escolarização de massa em todos os níveis do sistema de ensino.

O nosso objetivo, portanto, é mostrar como a análise do trabalho dos professores permite esclarecer, de modo fecundo e pertinente, a questão da pedagogia. Na verdade, noções tão vastas quanto as de Pedagogia, Didática, Aprendizagem, etc., não têm nenhuma utilidade se não fizermos o esforço de situá-las, isto é, de relacioná-las com as situações concretas do trabalho docente. Noutras palavras, aquilo que chamamos de pedagogia, de técnicas e de teorias pedagógicas, pouco importa a sua natureza, deve estar arrimado no processo concreto de trabalho dos professores, para que possa ter alguma utilidade.

O perigo que ameaça a pesquisa pedagógica e, de maneira mais ampla, toda a pesquisa na área da educação, é o da abstração: essas pesquisas se baseiam com demasiada frequência em abstrações, sem levar em consideração coisas tão simples, mas tão fundamentais, quanto o tempo de trabalho, o número de alunos, a matéria a ser dada e sua natureza, os recursos disponíveis, os condicionantes presentes, as relações com os pares e com os professores especialistas, os saberes dos agentes, o controle da administração escolar, etc. No fundo, o que a pesquisa esquece ou negligencia com frequência é que a escola, da mesma forma que a indústria, os bancos, o sistema hospitalar ou um serviço público qualquer, repousa, em última análise, sobre o trabalho realizado por diversas categorias de agentes. Para que essa organização exista e perdure, é preciso que esses agentes, apoiados em diversos saberes profissionais e em determinados recursos materiais e simbólicos, realizem tarefas precisas em função de condicionantes e de objetivos particulares. É, portanto, imperativo que o estudo da pedagogia seja sempre situado no contexto mais amplo da análise do trabalho dos professores. Omitir esse imperativo seria como falar de medicina, hoje, abstraindo o sistema de saúde, a indústria farmacêutica, as organizações de pesquisa subvencionada e as corporações médicas.

Por outro lado, a maioria dos discursos que hoje tratam do ensino e são veiculados pela classe política, pela mídia e pelos formadores de opinião – e frequentemente por vários professores universitários – questiona se os professores trabalham bastante, se trabalham corretamente ou se dão um bom acompanhamento aos seus alunos. Constata-se, portanto, que a maioria das pessoas que se interessam pelo ensino fala sobretudo, e até exclusivamente, daquilo que os professores deveriam ou não deveriam fazer, ao invés de se interessar pelo que fazem realmente. Todos esses discursos mostram que o ensino ainda é, no fundo, um "ofício moral", que serve sempre de lente de aumento para as angústias e inquietações da opinião pública.

Entretanto, se quisermos compreender a natureza do trabalho dos professores, é necessário ultrapassar esses pontos de vista normativos. Com efeito, como qualquer outra ocupação, o magistério merece ser descrito e interpretado em função das condições, condicionantes e recursos que determinam e circunscrevem a ação cotidiana dos profissionais. Ocorre o mesmo com a pedagogia: é importante situar melhor essa categoria em relação às situações de trabalho vividas pelos professores.

Por outro lado, é evidente que a "pedagogia" não é uma categoria inocente, uma noção neutra, uma prática estritamente utilitária: pelo contrário, ela é portadora de questões sociais importantes e ilustra, ao mesmo tempo, as tensões e os problemas de nossa época que se encontram vinculados à escolarização de massa e à profissionalização do magistério. Nesse sentido, não se trata de uma noção que pode ser definida científica ou logicamente. Trata-se, ao contrário, de uma noção social e culturalmente construída, noção essa na qual entram sempre ideologias, crenças, valores e interesses. É necessário, portanto, situar o lugar a partir do qual se fala da pedagogia e tentar defini-la pelo menos de maneira sucinta. A definição que propomos provém de uma reflexão sobre o nosso próprio material de pesquisa referente ao trabalho dos professores[5]. Ela pode ser enunciada nos seguintes termos:

A pedagogia é o conjunto de meios empregados pelo professor para atingir seus objetivos no âmbito das interações educativas com os alunos. Noutras palavras, do ponto de vista da análise do trabalho, a pedagogia é a "tecnologia" utilizada pelos professores em relação ao seu objeto de trabalho (os alunos), no processo de trabalho cotidiano, para obter um resultado (a socialização e a instrução).

Esta definição tem o mérito de ser simples, relativamente clara e bastante geral. Ela se aplica à situação instrucional no ambiente escolar, ou seja, a uma forma particular de trabalho humano existente em nossas sociedades contemporâneas.

Ela nos diz o seguinte: aquilo que se costuma chamar de "pedagogia", *na perspectiva da análise do trabalho docente*, é a *tecnologia* utilizada pelos professores. Mas, qual é a importância de associar assim a pedagogia a uma tecnologia do trabalho? Lembremos, em primeiro lugar, que o trabalho humano, qualquer que seja ele, corresponde a uma *atividade instrumental*, isto é, a uma atividade que se exerce sobre um objeto ou situação no intuito de transformá-los tendo em vista um resultado qualquer. Além disso, um processo de trabalho, qualquer que seja ele também, supõe a presença de uma tecnologia através da qual o objeto ou a situação são abordados, tratados e modificados. Noutras palavras, não existe trabalho sem técnica, não existe objeto do trabalho sem relação técnica do trabalhador com esse objeto. De fato, toda atividade humana comporta uma certa dimensão técnica (LAUGHLIN, 1989). É somente nas sociedades modernas que essa dimensão foi-se tornando progressivamente autônoma (HABERMAS, 1976; HOTTOIS, 1984). A "tecnicidade" é, portanto, inerente ao trabalho.

---

[5]. O que segue é uma tentativa de teorização baseada em 150 entrevistas com professoras e professores de profissão, bem como em observações em sala de aula e na análise do trabalho de professores por meio de vídeo. Uma síntese desse trabalho pode ser encontrada em: Tardif e Lessard (2000). *Le travail enseignant au quotidien. Contribution à l'étude du travail dans les métiers et professions d'interactions humaines.* Europa: DeBoeck.

Acontece o mesmo com a pedagogia: ensinar é utilizar, forçosamente, uma certa *tecnologia*, no sentido lato do termo. Noutras palavras, a pedagogia corresponde, na nossa opinião, à dimensão instrumental do ensino: ela é essa prática concreta, essa prática que está sempre situada num ambiente de trabalho, que consiste em coordenar diferentes meios para produzir resultados educativos, isto é, socializar e instruir os alunos em interação com eles, no interior de um determinado contexto, tendo em vista atingir determinados objetivos, finalidades, em suma, determinados resultados.

Todavia, como indica também essa definição, o campo próprio da pedagogia são as interações concretas entre os professores e os alunos. O ensino é uma atividade humana, um trabalho interativo, ou seja, um trabalho baseado em interações entre pessoas. *Concretamente, ensinar é desencadear um programa de interações com um grupo de alunos, a fim de atingir determinados objetivos educativos relativos à aprendizagem de conhecimentos e à socialização.* Consequentemente, a pedagogia, enquanto teoria do ensino e da aprendizagem, nunca pode colocar de lado as condições e as limitações inerentes à interação humana, notadamente as condições e as limitações normativas, afetivas, simbólicas e também, é claro, aquelas ligadas às relações de poder. Em suma, se o ensino é mesmo uma atividade instrumental, trata-se de uma atividade que se manifesta concretamente no âmbito de interações humanas e traz consigo, inevitavelmente, a marca das relações humanas que a constituem. Nesse caso, pode-se dizer que o professor é um "trabalhador interativo" (CHERRADI, 1990; MAHEU, 1996).

Ao entrar em sala de aula, o professor penetra em um ambiente de trabalho constituído de interações humanas. As interações com os alunos não representam, portanto, um aspecto secundário ou periférico do trabalho dos professores: elas constituem o núcleo e, por essa razão, determinam, ao nosso ver, a própria natureza dos procedimentos e, portanto, da pedagogia. Antes de ir mais adiante, porém, convém especificar um certo número de consequências importantes decorrentes da definição acima proposta.

O caráter incontornável da pedagogia

Em primeiro lugar, essa definição tem o mérito de colocar em evidência o caráter incontornável da pedagogia. Quer queira quer não, todo professor, ao escolher ou privilegiar determinados procedimentos para atingir seus objetivos em relação aos alunos, assume uma pedagogia, ou seja, uma teoria de ensino-aprendizagem. Assim como não existe trabalho sem técnica, também não existe processo de ensino-aprendizagem sem pedagogia, embora se manifeste com frequência uma pedagogia sem reflexão pedagógica. Essa simples constatação permite invalidar a crença de certos professores (principalmente na universidade!) que pensam não estarem fazendo uso da pedagogia simplesmente porque retomam rotinas repetidas há séculos. Uma pedagogia antiga e tão usada que parece natural não deixa de ser uma pedagogia no sentido instrumental do termo.

Pedagogia e técnicas materiais

Essa definição também mostra que a pedagogia não se confunde, de forma alguma, com a "maquinaria" (o "hardware"), isto é, com as técnicas materiais (vídeos, filmes, computadores, etc.). Também não se confunde com as técnicas específicas com as quais é tão frequentemente identificada: a aula expositiva, o estudo dirigido, procedimentos de ensino-aprendizagem socioindividualizantes, procedimentos de ensino-aprendizagem socializantes, etc. Esses meios são uma parte ou elementos do ensino, e não o todo. De fato, como veremos adiante, a pedagogia, vista sob a ótica do trabalho docente, através da dimensão instrumental que é o ensino, é muito mais uma tecnologia imaterial ou intangível, pois diz respeito sobretudo a coisas como a transposição didática, a gestão da matéria – conhecimento da matéria e conhecimento pedagógico da matéria (SHULMAN, 1987) –, a gestão da classe, a motivação dos alunos, a relação professor/aluno, etc.

Pedagogia e disciplina ministrada

A definição aqui proposta procura evitar também as distinções, e até mesmo as oposições tradicionais, entre a pedagogia e a disciplina ministrada, entre a gestão da classe e o conteúdo a ser ministrado. Na medida em que um dos objetivos do professor é criar condições que possibilitem a aprendizagem de conhecimentos pelos alunos, num contexto de interação com eles, a gestão da matéria torna-se um verdadeiro desafio pedagógico. A tarefa do professor *consiste, grosso modo, em transformar a matéria que ensina para que os alunos possam compreendê-la e assimilá-la*. Ora, essa tarefa é essencialmente pedagógica, considerando que ela submete o conhecimento à atividade de aprendizagem no intuito de produzir um resultado no outro ou, para ser mais exato, num "outro coletivo", conforme a expressão clássica de G.H. Mead (1982).

Os inúmeros estudos dedicados a essa questão (TOCHON, 1993) mostram que um professor, em plena ação com seus alunos na sala de aula, elabora estratégias e esquemas cognitivos, simbólicos, que o ajudam a transformar a matéria em função de condicionantes como o tempo, o programa, o projeto pedagógico da escola, a velocidade de assimilação dos alunos, os limites impostos pela avaliação, a motivação dos alunos, etc. É o que se pode chamar, segundo Shulman (1987), de conhecimento pedagógico do conteúdo (*pedagogical content knowledge*). É verdade que o conhecimento pedagógico do conteúdo a ser ensinado não pode ser separado do conhecimento desse conteúdo. Entretanto, conhecer bem a matéria que se deve ensinar é apenas uma condição necessária, e não uma condição suficiente, do trabalho pedagógico. Noutras palavras, o conteúdo ensinado em sala de aula nunca é transmitido simplesmente tal e qual: ele é "interatuado", transformado, ou seja, encenado para um público, adaptado, selecionado em função da compreensão do grupo de alunos e dos indivíduos que o compõem.

Pedagogia, ensino e arte

Essa definição da pedagogia permite, além do mais, que se pare de considerar o ensino como uma atividade totalmente singular, inefável, pertencente ao campo da arte no sentido romântico do termo, ou seja, dependente do talento ou de um dom pessoal. Ao contrário, ela dá uma nova perspectiva a essa atividade, integrando-a à esfera das outras formas de trabalho humano e, de forma mais abrangente, à esfera do trabalho em geral, das atividades que objetivam a produção de um resultado qualquer.

Ao identificar a pedagogia, e o ensino, consequentemente, à tecnologia do trabalho docente, essa definição tem o mérito de tornar possível a constituição de um repertório de conhecimentos pedagógicos próprios a essa profissão. Se existe realmente uma "arte de ensinar", essa arte se faz presente apenas quando as técnicas de base do trabalho são assimiladas e dominadas. Um professor perito é semelhante a um músico ou a um ator que improvisa: ele cria coisas novas a partir de rotinas e de maneiras de proceder já estabelecidas (BROPHY 1986; PERRENOUD, 1983; SHAVELSON, 1983; TOCHON, 1993). Os verdadeiros improvisadores, contudo, são pessoas que dominam necessariamente as bases de sua arte antes de improvisar e para improvisar. Em suma, não existe arte sem técnicas, e a arte atua a partir do domínio das técnicas próprias a um ofício. É assim em todas as ocupações e não há razão para que o ensino constitua um caso à parte. Infelizmente, ainda há muitas pessoas – professores do primário e do secundário, e mesmo professores universitários – que acreditam que basta entrar numa sala de aula e abrir a boca para saber ensinar, como se houvesse uma espécie de causalidade mágica entre ensinar e fazer aprender.

Pedagogia e racionalização do trabalho

Finalmente, essa definição sugere que pelo menos uma parte do trabalho dos professores é susceptível de ser *racionalizada* através da introdução de medidas de eficiência na organização do trabalho, graças, principalmente, ao desenvolvimento das pesquisas. Enfim, como todo trabalho humano, a pedagogia, enquanto dimensão instrumental do ensino, pode ser encarada sob o aspecto de uma melhor coordenação entre os meios e os fins. É assim que ocorre em todas as ocupações modernas e o ensino não foge à regra. Todavia, como em qualquer organização do trabalho, a própria racionalização é determinada por todo o ambiente organizacional, composto de relações humanas, bem como pelas finalidades e valores que orientam o ensino. Nesse sentido, não se pode negar que, dependendo de determinadas condições, certos modelos do trabalho docente possam tornar-se mais eficientes graças ao desenvolvimento dos conhecimentos e da pesquisa pedagógica (GAGE, 1985; GAUTHIER et al., 1997). No entanto, é preciso ter sempre presente a necessidade de explicitar a dimensão política e ética do que significa ser eficiente. Com efeito, uma pedagogia com base científica deve ser eficiente em relação a quê?

A definição de "pedagogia" que estamos propondo pode levar a crer que somos partidários de uma concepção puramente técnica do ensino. Na verdade, o que gostaríamos de definir aqui é exatamente o contrário: *se a pedagogia é a tecnologia do trabalho docente, a natureza e a função dessa tecnologia são inseparáveis das outras dimensões da atividade profissional dos professores*. Noutras palavras, se queremos compreender a pedagogia no ambiente escolar, precisamos articulá-la com os outros componentes do processo de trabalho docente.

Aliás, o trabalho pode ser analisado sob diversos aspectos (DE COSTER, 1994)[6]. Alguém pode se interessar, por

---

[6]. De Coster identifica as seguintes dimensões: a organização, a situação atual, a experiência, o tempo e o espaço. Contudo, as duas últimas não nos parecem estar no mesmo nível que as três primeiras, pois a atividade, a situação atual e a experiência também permitem a manifestação de fenômenos relativos ao tempo (carreiras, duração do trabalho, permanência ou flutuação da situação atual, etc.) e ao espaço (lugares de trabalho, movimentos ou mudanças na carreira, nas funções, etc.). Nesse sentido, tempo e espaço parecem ser muito mais categorias transversais. Seguindo a perspectiva de Giddens (1987), pode-se dizer que o tempo e o espaço remetem ao problema de manter e renovar as atividades humanas de acordo com uma determinada duração de tempo e em espaços diferentes.

exemplo, pela organização do trabalho, pela atual condição dos professores, por sua experiência de trabalho *e, enfim, pela atividade que desempenham*. Considerando os limites deste capítulo, somente essa última dimensão será estudada aqui. Além disso, ela pode ser analisada a partir de dois pontos de vista complementares: pode-se considerar a estruturação dessa atividade e ver, por exemplo, como ela é dividida, controlada e planejada; é possível também *se interessar pelo próprio processo de trabalho, com seus diferentes componentes*. É apenas esse último ponto de vista que pretendemos adotar nas páginas que seguem.

2. A pedagogia e o processo de trabalho docente

Como todo trabalho humano, o ensino é um processo de trabalho constituído de diferentes componentes que podem ser isolados abstratamente para fins de análise. Esses componentes são o objetivo do trabalho, o objeto de trabalho, as técnicas e os saberes dos trabalhadores, o produto do trabalho e, finalmente, os próprios trabalhadores e seu papel no processo de trabalho. A análise de tais componentes objetiva evidenciar seus impactos sobre as práticas pedagógicas.

Nesse sentido, uma boa maneira de compreender a natureza do trabalho dos professores é compará-lo com o trabalho industrial. Esta comparação permite colocar em evidência, de forma bastante clara, as características do ensino. Ela ilustra também, de maneira clara e precisa, as diferenças essenciais entre as tecnologias que encontramos no trabalho com os objetos materiais e as tecnologias da interação humana, como a pedagogia. Vamos tratar inicialmente dos fins, do objeto de trabalho (incluindo as relações do trabalhador com o objeto de seu trabalho) e de seus resultados. Estudaremos, na parte seguinte, as tecnologias e os saberes do ensino. Na última parte, teceremos considerações sobre os trabalhadores.

O quadro 1 apresenta uma comparação entre o trabalho industrial e o trabalho docente no que diz respeito aos fins, ao objeto e ao produto do trabalho. Analisaremos cada um desses pontos, detendo-nos um pouco mais no aspecto referente ao *objeto humano do trabalho docente*, pois ele representa o centro do nosso questionamento teórico.

Quadro 1 – Comparação entre o trabalho industrial e o trabalho docente no que diz respeito aos objetivos, ao objeto e ao produto do trabalho

	Trabalho na indústria com objetos materiais	Trabalho na escola com seres humanos
Objetivos do trabalho	Precisos	Ambíguos
	Operatórios e delimitados	Gerais e ambiciosos
	Coerentes	Heterogêneos
	A curto prazo	A longo prazo
Natureza do objeto do trabalho	Material	Humano
	Seriado	Individual e social
	Homogêneo	Heterogêneo
	Passivo	Ativo e capaz de oferecer resistência
	Determinado	Comporta uma parcela de indeterminação e de autodeterminação (liberdade)
	Simples (pode ser analisado e reduzido aos seus componentes funcionais)	Complexo (não pode ser analisado nem reduzido aos seus componentes funcionais)

Natureza e componentes típicos da relação do trabalhador com o objeto	Relação técnica com o objeto: manipulação, controle produção.	Relação multidimensional com o objeto: profissional, pessoal, intersubjetiva, jurídica, emocional, normativa, etc.
	O trabalhador controla diretamente o objeto	O trabalhador precisa da colaboração do objeto
	O trabalhador controla totalmente o objeto	O trabalhador nunca pode controlar totalmente o objeto
Produto do trabalho	O produto do trabalho é material e pode, assim, ser observado, medido, avaliado	O produto do trabalho é intangível e imaterial; pode dificilmente ser observado, medido
	O consumo do produto do trabalho é totalmente separável da atividade do trabalhador	O consumo do produto do trabalho pode dificilmente ser separado da atividade do trabalhador e do espaço de trabalho
	Independente do trabalhador	Dependente do trabalhador

Os fins do trabalho dos professores

Ensinar é perseguir fins, finalidades. Em linhas gerais, pode-se dizer que ensinar é empregar determinados meios para atingir certas finalidades. Mas, quais são exatamente os objetivos do ensino? No caso do trabalhador industrial – o operário da indústria automobilística, por exemplo – os objetivos do trabalho que ele realiza são, de maneira geral, precisos, operatórios, circunscritos e de curto prazo: ele executa uma determinada ação e pode observar o seu resultado de forma bastante rápida. Noutras palavras, o trabalhador industrial age em função de objetivos precisos e coerentes que ele sabe que pode atingir de forma concreta através de meios operatórios. Além disso, os objetivos de seu trabalho estão integrados num conjunto de objetivos relativamente coerente e hierarquizado que estrutura a tarefa coletiva na fábrica. Comparativamente, o que se pode dizer dos objetivos perseguidos pelos professores?

Os objetivos dos professores definem uma tarefa coletiva e temporal de efeitos incertos

Em primeiro lugar, o que chama a atenção, nos objetivos do ensino, é que eles exigem a ação coletiva de uma multidão de indivíduos (os professores), mais ou menos coordenados entre si, que agem sobre uma grande massa de pessoas (os alunos) durante vários anos (em torno de doze, ou seja, 15.000 horas nos países industrializados), a fim de obter resultados incertos e remotos que nenhum deles pode atingir sozinho e que a maioria deles não verá se realizarem completamente. Nesse sentido, os professores dificilmente podem avaliar seu próprio progresso em relação ao alcance desses objetivos, os quais, como aponta Durand (1996), têm "apenas uma função de focalização geral na tarefa real".

Os objetivos do ensino escolar são gerais e não operatórios

Outra característica dos objetivos do ensino escolar é seu caráter geral, e não operatório. Nesse sentido, eles exigem dos professores uma adaptação constante às circunstâncias particulares das situações de trabalho, especialmente em sala de aula com os alunos, como também durante a preparação das aulas e das avaliações. No caso dos programas escolares, mesmo os objetivos terminais – expressos com frequência em termos de competências a serem adquiridas – comportam inúmeras imprecisões, e muitos deles são não operacionalizáveis. O resultado disso é que os professores trabalham a partir de orientações de trabalho frequentemente imprecisas, que exigem não somente improvisação da parte deles, mas também escolhas e decisões quanto à maneira de compreender e realizar seus objetivos de trabalho.

Os objetivos escolares são numerosos e variados, heterogêneos e pouco coerentes

Os objetivos do ensino são numerosos e variados. O número deles cresce, também, de forma desmesurada, se levarmos em conta os objetivos dos programas, os objetivos das disciplinas e os objetivos dos outros serviços escolares, sem falar dos objetivos dos próprios professores. Esse número e essa variedade ocasionam, necessariamente, problemas de heterogeneidade e de compatibilidade entre os objetivos. Desse modo, eles sobrecarregam consideravelmente a atividade profissional, exigindo que os professores se concentrem em vários objetivos ao mesmo tempo, objetivos esses que são muito pouco hierarquizados.

Consequências dos objetivos para a pedagogia

Quais são as consequências de tais objetivos para a pedagogia? São inúmeras. Aqui estão três delas:

1) Esses objetivos levam à manifestação de uma pedagogia de efeitos imprecisos e remotos, solicitando, desse modo, muita iniciativa por parte dos professores, que precisam interpretá-los e adaptá-los constantemente aos contextos mutáveis da ação pedagógica. Diferentemente do trabalhador industrial, o professor precisa, o tempo inteiro, reajustar seus objetivos em função da tarefa que está realizando e de todas as suas limitações temporais, sociais e materiais. Nesse sentido, seus objetivos de trabalho dependem intimamente de suas ações, decisões e escolhas. Levando em conta os objetivos escolares, pode-se dizer que a pedagogia é uma tecnologia constantemente transformada pelo trabalhador, que a adapta às exigências variáveis da tarefa realizada.

2) Ensinar é agir na ausência de indicações claras e precisas sobre os próprios objetivos do ensino, o que requer ne-

cessariamente uma grande autonomia dos professores. Quando ensinamos, nunca nos contentamos em aplicar objetivos; ao contrário, interpretamo-los, adaptamo-los e transformamo-los de acordo com as exigências da situação de trabalho. Nesse sentido, *do ponto de vista do trabalho docente*, a pedagogia é uma tecnologia que exige dos pedagogos e educadores em geral recursos interpretativos relativos às próprias finalidades da ação. Os objetivos do professor não ultrapassam a ação pedagógica, mas se encontram totalmente integrados nela, obedecendo, por conseguinte, às suas condições. Desse modo, a pedagogia, enquanto tecnologia interativa que se concretiza através da reflexão e da ação no processo ensino-aprendizagem, corresponde a uma atividade construtiva e interpretativa ao mesmo tempo: os professores precisam interpretar os objetivos, dar-lhes sentido em função das situações concretas de trabalho e, ao mesmo tempo, conceber e construir as situações que possibilitem a sua realização.

3) Finalmente, os objetivos podem ser percebidos como elementos que favorecem a autonomia dos professores, mas também como limitações que ampliam sua tarefa profissional (DURAND, 1996). Objetivos imprecisos e ambiciosos dão muita liberdade de ação, mas, ao mesmo tempo, aumentam o empenho do professor, que é obrigado a especificá-los, e dão-lhe a impressão de que está lidando com objetivos completamente irrealistas que nunca conseguirá atingir.

3. O objeto humano do trabalho docente

Os professores não buscam somente realizar objetivos; eles atuam, também, sobre um *objeto*. O objeto do trabalho dos professores são seres humanos individualizados e socializados ao mesmo tempo. As relações que eles estabelecem com seu objeto de trabalho são, portanto, relações humanas, relações individuais e sociais ao mesmo tempo. Que características internas o objeto humano introduz no processo de trabalho docente e quais os seus impactos sobre a pedagogia?

Individualidade e heterogeneidade do objeto de trabalho

A primeira característica do objeto do trabalho docente é que se trata de indivíduos. Embora ensinem a grupos, os professores não podem deixar de levar em conta as diferenças individuais, pois são os indivíduos que aprendem, e não os grupos. Esse componente individual significa que as situações de trabalho não levam à solução de problemas gerais, universais, globais, mas se referem a situações muitas vezes complexas, marcadas pela instabilidade, pela unicidade, pela particularidade dos alunos, que são obstáculos inerentes a toda generalização, às receitas e às técnicas definidas de forma definitiva.

Por outro lado, contrariamente aos objetos seriais do industrial, que são homogêneos, os alunos são heterogêneos. Eles não possuem as mesmas capacidades pessoais nem as mesmas possibilidades sociais. As suas possibilidades de ação variam, a capacidade de aprenderem também, assim como as possibilidades de se envolverem numa tarefa, entre outras coisas. Ao se massificar, o ensino passou a se deparar cada vez mais com alunos heterogêneos em termos de origem social, cultural, étnica e econômica, sem falar das importantes disparidades cognitivas e afetivas entre os alunos. Essa questão levanta o complexo problema da equidade dos professores em relação aos grupos de alunos que lhes são confiados. Voltaremos a falar disso mais adiante.

A sociabilidade do objeto

Um segundo atributo do objeto de trabalho dos professores é que os alunos são também seres sociais cujas características socioculturais despertam atitudes e julgamentos de valor nos professores. Por exemplo, o fato de ser um menino ou uma menina, branco ou negro, rico ou pobre, etc., pode ocasionar atitudes, reações, intervenções, atuações pedagógicas diferentes por parte dos professores. Por outro lado, enquanto ser social, o aluno também sofre inúmeras influências sobre as quais o professor não exerce nenhum controle. De fato, logo que sai de sua sala de aula, o aluno se furta à ação do professor. Nesse sentido, o objeto do trabalho docente escapa constantemente ao controle do trabalhador, ou seja, do professor.

A afetividade do objeto e da relação com o objeto

Uma terceira característica do objeto de trabalho decorre de sua dimensão afetiva. Um componente emocional manifesta-se inevitavelmente, quando se trata de seres humanos. Quando se ensina, certos alunos parecem simpáticos, outros não. Com certos grupos, tudo caminha perfeitamente bem; com outros, tudo fica bloqueado. Uma boa parte do trabalho docente é de cunho afetivo, emocional. Baseia-se em emoções, em afetos, na capacidade não somente de pensar nos alunos, mas igualmente de perceber e de sentir suas emoções, seus temores, suas alegrias, seus próprios bloqueios afetivos.

Atividade, liberdade e controle

Enquanto o objeto material é, por definição, passivo, os alunos são ativos e capazes de oferecer resistência às iniciativas do professor. Eis por que uma das atividades dos professores, talvez a principal, consiste em fazer com que as ações dos alunos se harmonizem com as suas, ao invés de se oporem a elas. Doyle (1986) e Desgagné (1994) mostraram que os chamados problemas de disciplina em sala de aula se enquadram nesse contexto: *Nessa perspectiva, um problema de disciplina [...] é todo comportamento de um ou de vários alunos percebido pelo professor como parte de um programa de ação que entra em conflito com o programa de ação inicial cujo objetivo é "manter a ordem" e "garantir a aprendizagem"*. Nesse sentido, a ordem na sala de aula ou na escola não corresponde a uma qualidade ontológica das situações. A ordem "não impregna" as situações, mas resulta de uma negociação/imposição das atividades dos professores ou dos outros responsáveis escolares diante das atividades dos alunos. E é porque eles são forçados a ir à escola que essa dimensão de atividade ou de liberdade dos alunos se torna importante: a escola não é escolhida livremente, ela é imposta, e isso, inevitavelmente, suscita resistências importantes em certos alunos. Os professores devem desenvolver nos alunos essa "sujeição voluntária" da qual já falava Etienne de La Boétie (1976), ou seja, devem inculcar-lhes a convicção de ir à escola por vontade própria e de lá estar "para o seu próprio bem": a obrigação relativa à escola deve transformar-se em interesse pela escola; pouco importa que esse interesse seja obtido e mantido por meios extrínsecos (notas) ou intrínsecos (motivação e produção de sentido).

Os componentes do objeto

Enfim, o objeto material pode ser analisado e reduzido aos seus componentes funcionais. Um automóvel não passa de uma reunião de peças; um computador, de um conjunto de peças e de circuitos regidos por uma lógica binária. Não ocorre o mesmo com o ser humano, pois se trata de um objeto que dificilmente pode ser reduzido aos seus componentes funcionais. Pode-se falar, assim, de "um objeto complexo", sem dúvida o mais complexo do universo, pois é o único que possui uma natureza física, biológica, individual, social e simbólica ao mesmo tempo. Conforme Shütz (1987), que retoma certas idéias de Husserl e Heidegger, o que é particular às situações humanas é que elas têm sentido para aqueles que as vivem, ao passo que os seres físicos e biológicos não dão um significado à sua própria existência, mas se contentam em existir, os seres humanos existem sempre duas vezes, por assim dizer: eles existem, mas também têm o sentimento ou o sentido de existirem (o famoso *Dasein*).

Consequências das características do objeto de trabalho para a pedagogia

Quais são as consequências dessas diversas características do objeto do trabalho docente para a pedagogia? Embora sejam muitas, duas delas merecem destaque aqui:

A pedagogia enquanto tensões e dilemas

Dado que os professores trabalham com seres humanos, a sua relação com o seu objeto de trabalho é fundamentalmente constituída de relações sociais. Em grande parte, o trabalho pedagógico dos professores consiste precisamente em gerir relações sociais com seus alunos. É por isso que a pedagogia é feita essencialmente de tensões e de dilemas, de negociações e de estratégias de interação[7]. Por exemplo, o professor tem de trabalhar com grupos, mas também tem de se dedicar aos indivíduos; deve dar a sua matéria, mas de acordo com os alunos, que vão assimilá-la de maneira muito diferente; deve agradar aos alunos, mas sem que isso se transforme em favoritismo; deve motivá-los, sem paparicá-los; deve avaliá-los, sem excluí-los, etc. Ensinar é, portanto, fazer escolhas constantemente em plena interação com os alunos. Ora, essas escolhas dependem da experiência dos professores, de seus conhecimentos, convicções e crenças, de seu compromisso com o que fazem, de suas representações a respeito dos alunos e, evidentemente, dos próprios alunos.

O problema do controle

A segunda consequência que merece ser destacada aqui é a ausência de um controle direto e total exercido pelos professores sobre o seu objeto de trabalho. Nada nem ninguém pode forçar um aluno a aprender se ele mesmo não se empenhar no processo de aprendizagem. Esse fenômeno explica a opinião da maioria dos professores que julgam não poderem ser considerados responsáveis pelos resultados medíocres, ou mesmo pelo fracasso escolar, de determinados alunos, pois os alunos sofrem inúmeras influências que podem afetar seu

---

7. Cf., por exemplo: FEIMAN-NEMSER, S. e FLODEN, R. (1986). "The cultures of teaching", p. 505-526. In: WITTROCK, C. (org.) *Handbook of research on teaching*. 3. ed. Nova York: Macmillan; MESSING, K.; ESCALONA, E.; SEIFERT, A.; DEMCHUK, I. (1995). *La minute de 120 secondes*: analyse du travail des enseignantes de niveau primaire. Québec: CEQ/CINBIOSE, 73 p.; LAMPERT, M. (1985). "How Do teachers Manage to Teach?" *Harvard Educational Review*, 55(2), p. 178-194; LORTIE, D.C. (1975). *Schoolteacher; a sociological study*. Chicago: University of Chicago Press.

rendimento escolar e que os professores não podem controlar. Nesse sentido, um dos principais problemas do ofício de professor é trabalhar com um objeto que, de uma maneira ou de outra, foge sempre ao controle do trabalhador.

4. Os resultados do trabalho ou o produto do ensino

Tratemos brevemente dos resultados ou do produto do trabalho dos professores. Em certas ocupações ou profissões de relações humanas, é sempre possível formular um juízo claro a respeito do objeto de trabalho e de seu resultado: o advogado ganhou ou perdeu uma causa, o músico tocou ou não uma determinada peça, o paciente está curado ou ainda está doente, etc. Em outras atividades humanas, porém, e é o caso do ensino, é difícil, senão impossível, especificar claramente se o produto do trabalho foi realizado. Por exemplo, a socialização dos alunos se estende por muitos anos, e seu resultado pode se manifestar bem depois do período de escolaridade.

No trabalho industrial, o trabalhador pode observar diretamente o seu produto, pois ele é física e materialmente independente do trabalhador. Além disso, um automóvel, um computador, uma mercadoria qualquer podem ser observados, manipulados, avaliados e medidos na ausência do trabalhador e fora do lugar em que foram produzidos. No caso do professor, as coisas são muito mais complexas.

Em primeiro lugar, o consumo (aprender) é produzido habitualmente ao mesmo tempo em que a produção (ensinar: fazer aprender). Assim, torna-se difícil separar o trabalhador do resultado e observar este último separadamente do seu lugar de produção. Em seguida, o próprio produto do ensino é de uma grande intangibilidade, pois diz respeito principalmente a atributos humanos e sociais. Ele é, portanto, dificilmente mensurável e avaliável. Por exemplo, como definir a socialização de maneira clara e precisa? Como saber se os alunos vão reter o que lhes é ensinado? O que é uma aprendizagem significativa? Como avaliar o espírito crítico? O resultado disso é que os professores agem sem saber ao certo se os resultados de seu trabalho foram realmente atingidos. De uma forma global, pode-se dizer que, contrariamente às produções industriais, é muito difícil avaliar os produtos do trabalho escolar, e é muito complicado formular um diagnóstico claro e preciso sobre o rendimento objetivo do trabalho docente.

Para confirmar isso, basta, por exemplo, ler os grandes relatórios nacionais sobre a educação produzidos tanto na América do Sul e na América do Norte quanto na Europa: percebe-se logo que a avaliação do desempenho das instituições escolares e do seu pessoal, inclusive dos professores, é antes de tudo uma questão sociopolítica, e não uma questão docimológica. Em suma, o resultado do trabalho dos professores nunca é perfeitamente claro: ele está sempre imbricado num conflito de interpretações que revela um número incoerente de expectativas sociais diante das produções da escola. Eis por que, cinquenta anos após a modernização dos sistemas de ensino, ainda se discute, em todo o mundo ocidental, se o nível de formação dos alunos subiu ou desceu.

5. As técnicas e os saberes no trabalho docente

No item anterior, estudamos os objetivos e o objeto do trabalho docente. Na esfera do trabalho humano, porém, um objeto é sempre considerado por intermédio de uma tecnologia, no sentido lato, a qual se assenta sobre um repertório de saberes possuídos pelos trabalhadores. São esses dois elementos do processo de trabalho que vamos estudar agora: as tecnologias e os saberes que fundamentam o trabalho docente. Mais uma vez, vamos nos servir de uma comparação entre o trabalho dos professores e o trabalho dos operários da indústria.

Quadro 2 – Comparação entre o trabalho industrial e o trabalho docente no que se refere às tecnologias

	Tecnologias do trabalho no setor da indústria, com objetos materiais	Tecnologias do trabalho na escola, com seres humanos
Repertório de conhecimentos	Baseadas nas ciências naturais e aplicadas	Baseadas nas ciências humanas e nas ciências da educação, bem como no senso comum
Natureza dos conhecimentos em questão	Saberes formalizados, proposicionais, validados, unificados	Saberes não formais, instáveis, problemáticos, plurais
Natureza do objeto técnico	Aplicam-se a causalidades, a regularidades funcionais, a classes de objetos, a séries	Aplicam-se a relações sociais e a individualidades, assim como a relações que apresentam irregularidades; são confrontadas com indivíduos, com particularidades
Exemplos de objetos específicos aos quais se aplicam as tecnologias	Metais, informações, fluidos, etc.	A ordem na sala de aula, a "motivação" dos alunos, a aprendizagem dos saberes escolares, a socialização, etc.
Natureza das tecnologias	Apresentam-se como um dispositivo material que gera efeitos materiais	Tecnologias frequentemente invisíveis, simbólicas, linguísticas que geram crenças e práticas
Controle do objeto	Possibilitam um alto grau de determinação do objeto	Possibilitam um baixo grau de determinação do objeto
Exemplos de técnicas concretas	Esfregar, cortar, selecionar, reunir, etc.	Lisonjear, ameaçar, entusiasmar, fascinar, etc.

O quadro 2 mostra diferenças importantes entre as tecnologias da interação humana e as tecnologias industriais. Com efeito, dado que o seu "objeto" são seres humanos, as tecnologias da interação são marcadas por limitações de cunho epistemológico e ontológico:

No que se refere ao aspecto epistemológico, elas possuem as características das ciências humanas e sociais que as produzem. De fato, essas ciências são não preditivas; não desenvolveram técnicas materiais eficazes do ponto de vista causal; são formuladas numa linguagem natural "imprecisa"; são plurais; estão continuamente em mutação, etc. Nesse sentido, quando aplicadas sem alteração em situações de trabalho, elas não oferecem nenhum controle sobre as situações concretas. Diferentemente dos trabalhadores cuja perícia é baseada nas ciências naturais e aplicadas (cujo objeto é de natureza material ou ideal), os trabalhadores cuja perícia depende exclusivamente das ciências humanas e sociais não possuem um saber específico que ofereça um controle sobre as tarefas de trabalho, segundo a concepção científica e instrumental positivista.

Ora, de acordo com as pesquisas de Tardif et al. (1991), os professores utilizam, em suas atividades cotidianas, conhecimentos práticos provenientes do mundo vivido, dos saberes do senso comum, das competências sociais. Suas técnicas não se apoiam nas ciências ditas positivas, mas sobretudo nos saberes cotidianos, em conhecimentos comuns, sociais, baseados na linguagem natural.

No que se refere ao aspecto ontológico, as técnicas de trabalho são confrontadas com a questão da contingência, da complexidade, da singularidade e da axiologia, justamente por ser seu objeto um sujeito, um ser humano, situações humanas. Por exemplo, o simples fato de os alunos possuírem uma linguagem através da qual designam e exprimem sua situação cotidiana em sala de aula coloca os professores diante de problemas totalmente desconhecidos pelos cientistas das ciências naturais e aplicadas, bem como pelos técnicos e pelos outros trabalhadores da matéria. De fato, por lidar com seres falantes, o professor precisa desenvolver comportamentos que sejam significativos para eles, e não somente para si mesmo, ao passo que os cientistas e os técnicos trabalham baseando-se no pressuposto de que seus objetos e artefatos não são dotados de sentido por si mesmos. Nessa perspectiva, o principal problema da atividade docente não é provocar mudanças causais num mundo objetivo – por exemplo, no cérebro dos alunos –, mas obter o empenho dos atores considerando os seus motivos, isto é, os seus desejos e os significados que atribuem à sua própria atividade de aprendizagem. Nesse sentido, é a própria estrutura lógica dos juízos causais técnicos, que podemos descrever por meio de uma proposição condicional do tipo *"se x, então y"*, que dificilmente pode ser transferida para o trabalho docente e, de forma mais global, para as interações humanas.

No que diz respeito às tecnologias dos professores (educativas), e até prova do contrário, os saberes oriundos das ciências da educação e das instituições de formação de professores não podem fornecer aos docentes respostas precisas sobre o "como fazer". Noutras palavras, a maioria das vezes, os professores precisam tomar decisões e desenvolver estratégias de ação em plena atividade, sem poderem se apoiar num "saber-fazer" técnico-científico que lhes permita controlar a situação com toda a certeza.

É aqui que entram em cena as verdadeiras tecnologias do ensino. Elas correspondem às tecnologias da interação, graças às quais um professor pode atingir seus objetivos nas atividades com os alunos. Podem ser identificadas três grandes tecnologias da interação: a coerção, a autoridade e a persuasão. Elas permitem que o professor imponha o seu programa de ação em detrimento daquelas ações desencadeadas pelos alunos que iriam em sentido contrário a esse programa. Descrevamos sucintamente tais tecnologias.

A coerção

A coerção consiste nos comportamentos punitivos reais e simbólicos desenvolvidos pelos professores em interação com os alunos na sala de aula. Esses comportamentos são estabelecidos ao mesmo tempo pela instituição escolar, que lhes atribui limites variáveis de acordo com a época e o contexto, e pelos professores, que os improvisam em plena ação, como sinais pragmáticos reguladores da ação realizada no momento: olhar ameaçador, trejeitos, insultos, ironia, apontar com o dedo, etc. Ela consiste, também, nos procedimentos adotados pelas instituições escolares para controlar as clientelas: exclusão, estigmatização, isolamento, seleção, transferência, etc.

Se existe educação sem coerção física, sem constrangimento material direto sobre o aluno, não existe, no entanto, educação sem constrangimento, sem coerção simbólica (BOURDIEU & PASSERON, 1970). De uma maneira ou de outra, a missão da escola e a tarefa dos professores são manter os alunos fisicamente fechados na escola e na sala de aula, durante muitos anos, para submetê-los a programas de ação que eles não escolheram, a fim de avaliá-los em função de critérios abstratos e frequentemente dolorosos, simbolicamente falando, para as pessoas às quais eles são aplicados. Historicamente, a educação sem coerção física é um fenômeno muito recente, inclusive no meio escolar. Todavia, o desaparecimento dessa coerção visível não significa que a coerção tenha desaparecido das relações entre a escola e os alunos, entre os professores e os alunos. Em vários testemunhos de professores, recolhidos em nossas recentes pesquisas, percebe-se que certas escolas são ambientes bastante turbulentos, e até violentos, e que isso exige dos professores uma grande disciplina e um controle severo dos grupos. Porém, além desses fenômenos, podem ser identificadas, no discurso dos professores, diversas formas de coerção simbólica, tais como o desprezo, a reticência ou a recusa de considerar determinados alunos como sendo capazes de aprender, a vontade de excluir outros alunos considerados como nocivos, a resignação ou a negligência, voluntária ou não, diante de determinados alunos "lentos", o racismo, etc. Além do mais, a análise das interações concretas entre os professores e os alunos revela também que o estabelecimento da ordem na sala de aula e o controle do grupo ocorrem sempre com uma certa parcela de coerção simbólica, principalmente de cunho linguístico: sarcasmo, ironia severa, etc.

A autoridade

A partir de Weber (1971), tornou-se comum distinguir diferentes tipos de poder: o poder do puro constrangimento e o poder legítimo, o qual se apoia em diferentes tipos de autoridade: a) a autoridade tradicional (baseada na tradição, nas convenções, etc.); b) a autoridade carismática (baseada nas qualidades do líder e do chefe); e c) a autoridade racional-legal (baseada em normas impessoais, um sistema de direito, uma deontologia, incorporados na organização burocrática). Esses três tipos de autoridade manifestam-se também no ensino. A autoridade tradicional está ligada, ao mesmo tempo, à condição de adulto do professor em relação às crianças e aos jovens e à sua condição de "mestre" conferida pela escola. O carisma se refere às capacidades subjetivas do professor de conseguir a adesão dos alunos, isto é, à sua "personalidade" profissional como meio usado na ação. A autoridade racional-legal corresponde aos regulamentos formais da organização escolar e da sala de aula.

No tocante ao professor, a autoridade reside no "respeito" que ele é capaz de impor aos seus alunos, sem coerção. Ela está ligada ao seu papel e à missão que a escola lhe confere, bem como à sua personalidade, ao seu carisma pessoal. Esse aspecto é muito importante para que se possa compreender a transformação dos atributos subjetivos em condições objetivas da profissão e em tecnologia da interação. De fato, os professores insistem frequentemente na importância de sua "personalidade" como justificativa para a sua competência e como fonte de seu êxito com os alunos. A "personalidade" dos professores constitui efetivamente um substituto tecnológico numa atividade que não se baseia somente em saberes e em técnicas formais, universais e permutáveis de um indivíduo para outro. Ela se torna um elemento essencial do controle que o professor exerce sobre seu objeto de trabalho, os alunos. O professor que é capaz de se impor a partir daquilo que é como pessoa que os alunos respeitam, e até apreciam ou amam, já venceu a mais temível e dolorosa experiência de seu ofício, pois é aceito pelos alunos e pode, a partir de então, avançar com a colaboração deles.

A persuasão

Finalmente, a persuasão reside na arte de convencer o outro a fazer algo ou a acreditar em algo. Ela se apoia em todos os recursos retóricos da língua falada (promessas, convicção, dramatização, etc.). Baseia-se no fato de que os seres humanos (e em particular as crianças e os adolescentes) são seres de paixão, susceptíveis de serem impressionados, iludidos, dobrados, convencidos por uma palavra dirigida às suas paixões (temor, desejo, inveja, cólera, etc.).

A persuasão constitui um fio condutor da tradição da educativa ocidental desde os sofistas. Sua importância vem do fato de a língua ser o vetor principal da interação entre os professores e os alunos. Ensinar em contexto escolar presencial é agir falando. A palavra eleva-se aí à condição de ato: ela visa modificar o outro (por exemplo, socializá-lo) ou modificar algo no outro (fazê-lo aprender alguma coisa). A ordem na sala de aula se manifesta em comportamentos físicos, mas é antes de tudo simbólica: refere-se a significados partilhados em comum que servem de mundo de referência para os parceiros na interação escolar. A persuasão está relacionada com o conjunto de procedimentos linguísticos graças aos quais os professores conseguem levar os alunos a partilhar os significados legítimos relativos à ordem física e simbólica da sala de aula e da escola.

De qualquer modo, a coerção, a autoridade e a persuasão fazem-nos lembrar de uma verdade elementar frequentemente esquecida: o ensino se assemelha muito mais à atividade política ou social, que coloca seres humanos em contato uns com os outros, do que à técnica material ou à ciência (ARENDT, 1983).

6. O professor enquanto trabalhador

No que se refere ao trabalhador e à sua situação no processo de trabalho, limitemo-nos aqui a duas constatações.

A experiência profissional e a personalidade do trabalhador como meio tecnológico

O que se evidencia aqui é que o trabalho docente, no dia a dia, é fundamentalmente um conjunto de interações personalizadas com os alunos para obter a participação deles em seu próprio processo de formação e atender às suas diferentes necessidades. Eis por que esse trabalho exige, constantemente, um investimento profundo, tanto do ponto de vista afetivo como cognitivo, nas relações humanas com os alunos. Essas relações podem dificilmente ser superficiais. Elas exigem que os professores se envolvam *pessoalmente* nas interações, pois eles lidam com pessoas que podem desviar e anular, de diferentes maneiras, o processo de trabalho e das quais eles devem obter o assentimento ou o consentimento, e mesmo a participação. Nesse sentido, a *personalidade* do professor é um componente essencial de seu trabalho. Pelo que sabemos, não existe realmente uma palavra ou um conceito para designar um trabalho desse tipo. Por conseguinte, vamos chamá-lo de trabalho investido ou vivido, indicando, com essa expressão, que um professor não pode somente "fazer seu trabalho", ele deve também empenhar e investir nesse trabalho o que ele mesmo é como *pessoa*.

É claro que alguns professores podem muito bem se furtar a essa exigência e viver seu próprio trabalho de modo indiferente, desapegado. Entretanto, essas atitudes, essas renúncias ao próprio significado da função, serão vividas, na maioria das vezes, de maneira dolorosa ou contraditória (DAVID & PAYEUR, 1991; ROBITAILLE & MAHEU, 1991), uma vez que os alunos (sem falar dos pares e dos outros parceiros) resistem a uma despersonalização muito grande de suas relações com o professor, combatendo, por exemplo, a personalidade dele ou abstendo-se de toda relação personalizada com ele.

Aquilo que nos parece ser a característica do trabalho investido ou vivido é a integração ou absorção da personalidade do trabalhador no processo de trabalho quotidiano enquanto elemento central que contribui para a realização desse processo. Na literatura sociológica, podem ser encontrados diversos trabalhos que estudaram ocupações com características mais ou menos semelhantes.

Esse tipo de trabalho deve ser relacionado com o que Hochschild (1983), num contexto de análise diferente (o das aeromoças), chama de *emotional labor*. Segundo Hochschild, o *emotional labor* requer um trabalho além das capacidades físicas e mentais, pois exige um grande investimento afetivo do trabalhador. Nesse tipo de atividade, a personalidade do trabalhador, suas emoções, sua afetividade fazem parte integrante do processo de trabalho: a própria pessoa, com suas qualidades, seus defeitos, sua sensibilidade, em suma, com tudo o que ela é, torna-se, de uma certa maneira, um instrumento do trabalho. Nesse sentido, ela é um componente tecnológico das profissões de interação. Essa tecnologia emocional é representada por posturas físicas, por maneiras de estar com os alunos[8]. Estamos, nesse aspecto, bem próximos das "faces" que Goffman (1959) estudou tanto e que constituem o fundamento das estratégias relacionais nas interações cotidianas. Além disso, o *emotional labor* é o apanágio dos ofícios femininos, do trabalho das mulheres, as quais, mais do que os homens, costumam fazer uso de sua afetividade no mercado do trabalho e transformá-la num componente importante de seu próprio trabalho.

O trabalho investido ou vivido também deve ser relacionado com o *mental labor* de que falavam Dreber et al. (1982). Fundamentalmente, o *trabalho mental*, em nossa sociedade, é

---

[8]. HOCHSCHILD, 1983, p. 7: "A gestão dos sentimentos a fim de criar uma expressão facial e corporal publicamente observável; o trabalho emocional é vendido por um salário e tem, por conseguinte, valor de troca".

o apanágio das profissões ou dos grupos semiprofissionais, ou seja, das ocupações que agem, antes de mais nada, através de representações, de saberes e de processos cognitivos: o espírito ou o pensamento do trabalhador torna-se, então, um fator de produção nevrálgico no processo de trabalho. Ora, acreditamos que uma das consequências desse fenômeno é *levar o trabalhador a viver uma carga de trabalho a partir do seu próprio interior*, isto é, mentalmente. Como se sabe, ninguém pode deixar sua mente no trabalho, nem separá-la em funções distintas: uma para a casa, outra para o trabalho, outra para os lazeres! *O trabalhador mental carrega seu trabalho consigo: ele não pensa somente em seu trabalho (o que a maioria dos trabalhadores faz), mas seu pensamento é, em grande parte, seu trabalho.* É o que explica o caráter particularmente "envolvente" ou comprometedor desse tipo de trabalho, e a dificuldade de separar-se dele completamente e de estabelecer um limite preciso. O ensino comporta certos aspectos do trabalho mental, notadamente, como vimos, no que diz respeito à necessidade de os professores construírem seus objetos e seus locais de trabalho, e também no que se refere à importância de estabelecer relações significativas com os alunos.

Enfim, o trabalho investido ou vivido deveria também ser relacionado com as profissões que lidam com seres humanos em relação de dependência (DREEBEN, 1970; HASENFELD, 1986), isto é, que contam, nem que seja parcialmente, com o trabalhador para melhorar ou mudar a condição, o destino que lhes é reservado ou a própria pessoa de tais indivíduos: crianças, idosos, deficientes, doentes mentais, beneficiários da previdência social, pessoas necessitadas, clientes dos terapeutas, etc. Essas profissões supõem um *trabalho moral*, pois são sempre portadoras de um certo fardo ético que repousa, pelo menos parcialmente, sobre os ombros do trabalhador, mesmo que a organização possa aliviá-lo por meio de uma deontologia mais ou menos precisa e válida. Esse fardo é realmente assumido e vivido por professores que se confrontam, às vezes diariamente, com crianças que sofrem de diferentes problemas, por exemplo de carência de atenção e de amor. Nesse sentido, como dizia Tom (1984), o ensino é realmente um trabalho moral.

Essas diversas características (trabalho investido ou vivido, trabalho emocional, trabalho mental, trabalho moral) permitem compreender bem a integração ou a absorção da personalidade do professor no processo de trabalho. O fenômeno de integração ou de absorção depende do objeto humano do trabalho dos professores, os quais trabalham a maior parte do tempo em copresença com outras pessoas, a começar pelos alunos; e, mesmo quando estes estão ausentes, os pensamentos e as ações dos professores estão voltados para eles.

Esse fenômeno se explica também pelo aspecto artesanal do trabalho docente, pois, como os artesãos, os professores precisam elaborar seus instrumentos e construir seus locais de trabalho: nessa perspectiva, a subjetividade do trabalhador interfere necessariamente no seu ambiente de trabalho, ao qual ela se incorpora parcialmente. Por exemplo, quando visitamos determinadas classes do ensino fundamental, observamos uma verdadeira estetização do lugar: desenhos, decorações coloridas, disposição refletida dos móveis e dos objetos, etc. Trata-se de uma ordem que reflete a personalidade da professora. A nosso ver, seria preciso tratar a questão dos *estilos de ensino* nesse mesmo sentido. De fato, cada professor desenvolve com o tempo um determinado estilo de ensino. Inúmeros estudos já tentaram construir tipologias pertinentes. Outros estudos mostraram (DURAND, 1996) que, em diferentes momentos do ano letivo, um professor organiza espontaneamente suas aulas de acordo com a mesma trama temporal. Legault & Royer (1998) também ressaltaram o fato de que determinadas práticas disciplinares (expulsão dos alunos) não eram usadas uniformemente nas escolas, mas eram praticadas por uma minoria de professores que resolviam desta maneira problemas de grupo. Todos esses fenômenos e muitos outros do mesmo tipo revelam que a personalidade dos professores impregna a prática pedagógica: não existe uma maneira objetiva ou geral de ensinar; todo professor transpõe para a sua prática aquilo que é como pessoa.

A ética

A segunda constatação relativa aos trabalhadores do ensino diz respeito à dimensão ética do trabalho que realizam. Constata-se que essa dimensão é hoje frequentemente deixada de lado: fala-se muito de racionalização da organização do trabalho, fala-se de cortes cada vez maiores no orçamento, fala-se da excelência e do sucesso, mas não se fala de ética no trabalho. É como se a dimensão ética residisse exclusivamente nas grandes finalidades educativas e no sistema jurídico que rege os serviços educacionais, para desaparecer em seguida em prol de considerações orçamentárias e administrativas.

No entanto, os ofícios ou profissões de relações humanas apontam para questões de poder, de maneira intrínseca, mas também para problemas de valor, pois seus próprios objetos são seres humanos capazes de emitir juízos de valor e possuem, como seres humanos, direitos e privilégios. Nesse sentido, a dimensão ética não é um elemento periférico nas ocupações e profissões de relações humanas, mas está no próprio cerne do trabalho. Como essa dimensão ética se manifesta concretamente no ensino?

1) Ela se manifesta, inicialmente, no trabalho com os grupos de alunos. Os professores trabalham com massas de alunos, com grupos públicos, enquanto os médicos ou os terapeutas trabalham a maior parte do tempo em lugares fechados, protegidos, com um só cliente. O fato de trabalhar com grupos levanta um problema ético particular, o da equidade do tratamento.

O problema principal do trabalho docente consiste em interagir com alunos que são todos diferentes uns dos outros e, ao mesmo tempo, em atingir objetivos próprios a uma organização de massa baseada em padrões gerais. Embora trabalhe com grupos, o professor deve também agir sobre os indivíduos. Aí está um invariante essencial desse trabalho, que é, ao mesmo tempo, uma tensão central da atividade docente: agir sobre grupos, atingindo os indivíduos que os compõem.

Ora, é impossível resolver esse problema de maneira satisfatória do ponto de vista ético. E esse é um limite intransponível dessa atividade em sua forma atual: os professores nunca podem atender às necessidades singulares de todos os alunos assumindo padrões gerais de uma organização de massa. Eles devem, de uma maneira ou de outra, perder numa das duas tabelas. Cada professor adota, mais ou menos conscientemente, na ação concreta, soluções para esse problema de equidade. Por exemplo, foram feitos estudos a respeito da atenção que os professores dão, em sala de aula, ao grupo e aos alunos considerados individualmente (MESSING et al., 1995). Esses estudos indicam que cada professor tem sua maneira própria de repartir sua atenção e de gerir suas relações com o grupo e com os indivíduos que o compõem. Ocorre o mesmo com o acompanhamento que ele dá a seus alunos e com as avaliações a serem efetuadas. De uma maneira ou de outra, cada professor deve assumir essa tensão constante entre a aplicação de padrões gerais e os casos individuais.

2) A dimensão ética se manifesta, em seguida, no componente simbólico do ensino. Quando se ensina, ensina-se sempre numa língua, em função de discursos, de conhecimentos, de habilidades que os alunos devem dominar. Ora, existe uma diferença de domínio entre os professores e os alunos. O professor sabe e domina algo que os alunos não sabem e não dominam. Essa diferença de domínio entre o professor e os alunos levanta o seguinte problema: como o professor vai dar acesso a esses códigos simbólicos que ele domina? Esse problema não é somente técnico ou cognitivo. Trata-se de um problema ético, pois, para resolvê-lo, o professor deve entrar num processo de interação e de abertura com o outro – com um outro coletivo – de modo a dar-lhe acesso ao seu próprio domínio. Estamos diante de um aspecto bastante mal conhe-

cido, que é o das atitudes éticas dos professores em relação aos alunos, aos saberes e à aprendizagem. Entretanto, não se pode negar que tais atitudes, baseadas em representações, desempenham um papel fundamental na aprendizagem. Certos professores falam excluindo os alunos de seu discurso, ao passo que outros abrem seu discurso, dando pontos de apoio aos alunos para que eles possam progredir.

3) A dimensão ética se manifesta, finalmente, na escolha dos meios empregados pelo professor. Em nossas organizações escolares, o professor não exerce influência direta sobre as finalidades da educação. Vimos também que o professor tem pouco controle técnico sobre seu objeto de trabalho, isto é, sobre os alunos. Contudo, ele pode controlar os meios, isto é, o ensino (GAUTHIER, 1996). Esse é o fundamento de uma deontologia para a profissão docente. Assim como um médico é julgado pela qualidade de seu julgamento médico e de seu ato, um professor também é julgado de acordo com o seu julgamento profissional, que se revela diretamente nos atos pedagógicos por ele realizados. Nesse sentido, se os professores querem ser reconhecidos como um verdadeiro corpo de profissionais do ensino, devem aceitar fazer julgamentos críticos e esclarecidos sobre sua própria prática pedagógica, e inclusive sobre a dos seus pares.

Esse problema é muito delicado e reside, evidentemente, na questão de saber quem vai julgar os professores e em nome de quê. Nossas próprias pesquisas sobre esta questão mostram que a avaliação do ensino é sempre uma construção social na qual interfere um grande número de critérios utilizados por atores com expectativas e percepções frequentemente muito diferentes: alunos, pais, administradores, professores, conselheiros pedagógicos, funcionários, sindicalistas, jornalistas, etc. É, portanto, normal que os professores hesitem muito em ser avaliados, considerando a própria incoerência dos critérios utilizados e a subjetividade que os contamina. Entretanto, esses argumentos são supérfluos, pois não existem critérios absolutos, coerentes e perfeitamente objetivos para avaliar um trabalho. Não vale a pena ficar esperando por tais critérios, pois eles nunca existirão. Consequentemente, é de interesse dos professores pegar o boi pelos chifres nessa história e destacar os critérios deontológicos que desejam ter como fundamento de sua profissão. Como nas outras profissões, o julgamento dos pares constituiria, sem dúvida, o alicerce desse código deontológico. Seria preciso também integrar a isso o conhecimento dos resultados recentes e probantes da pesquisa pedagógica. Tais resultados poderiam servir como base de conhecimento de referência que todo profissional do ensino consciente deveria, em princípio, conhecer.

7. Conclusão

O objetivo deste capítulo era mostrar de que modo o estudo do trabalho docente permite esclarecer, de maneira fecunda, a natureza da pedagogia. Partimos da ideia de que a pedagogia, do ponto de vista do trabalho docente, constitui a tecnologia do trabalho dos professores concretizada através do ensino. Mostramos, em seguida, que a pedagogia é totalmente inseparável dos outros componentes da atividade docente, ou seja, dos objetivos do trabalho, de seu objeto, assim como dos saberes e das técnicas particulares que caracterizam o ensino, que não pode ser concebido separadamente do processo de aprendizagem. Finalmente, vimos em que a pedagogia resulta, quando é enraizada concretamente no processo de trabalho docente, em dimensões que se referem, ao mesmo tempo, à experiência subjetiva do ensino, como suas tensões e dilemas, e à ética do trabalho docente, com suas escolhas insolúveis e suas possibilidades de fechamento ou de abertura diante do outro. Podemos ressaltar cinco consequências da nossa análise:

1) Em primeiro lugar, que a pedagogia não deve ser associada ou reduzida unicamente à utilização de instrumentos a serem usados ou às técnicas a serem empregadas, mas a uma prática social global e complexa, interativa e simbólica ao mesmo tempo. Nesse sentido, a pedagogia se aproxi-

ma muito mais de uma *práxis* do que de uma *téchne* no sentido restrito do termo.

2) Em segundo lugar, a análise do trabalho docente nos mostrou que o professor não é um trabalhador que se contenta em aplicar meios e que se comporta como um agente de uma organização: ele é sujeito de seu próprio trabalho e ator de sua pedagogia, pois é ele quem a modela, quem lhe dá corpo e sentido no contato com os alunos (negociando, improvisando, adaptando).

3) Consequentemente, não se pode separar a pedagogia de todo o ambiente de trabalho do professor, de seu objeto, de seus objetivos profissionais, de seus resultados, de seus saberes e de suas técnicas, nem de sua personalidade e experiência.

4) Em quarto lugar, que a pedagogia, enquanto ação instrumental, também não pode ser separada dos objetivos visados pelos professores, dos dilemas que marcam constantemente o trabalho por eles realizado, nem das implicações éticas e deontológicas que o estruturam.

5) Finalmente, em quinto lugar, que a análise do trabalho docente permite recolocar e enraizar a pedagogia em seu próprio espaço de produção, isto é, o ofício de professor. Ora, essa análise demonstra que o trabalho dos professores não pode ser visto mera ou exclusivamente como a tarefa de um técnico ou de um executor.

A pedagogia não pode ser outra coisa senão a prática de um profissional, isto é, de uma pessoa autônoma, guiada por uma ética do trabalho e confrontada diariamente com problemas para os quais não existem receitas prontas. Um profissional do ensino é alguém que deve habitar e construir seu próprio espaço pedagógico de trabalho de acordo com limitações complexas que só ele pode assumir e resolver de maneira cotidiana, apoiado necessariamente em uma visão de mundo, de homem e de sociedade.

4
Elementos para uma teoria da prática educativa

NESTE capítulo, serão apresentados elementos de uma teoria da prática educativa. O fio condutor da reflexão e da análise aqui realizadas serão os modelos de ação presentes na prática educativa.

O que se entende aqui por modelo ou tipo de ação são as representações elaboradas e veiculadas pelos professores a respeito da natureza de sua prática, representações essas que servem para defini-la, estruturá-la e orientá-la em situações de ação. Estas representações estão, portanto, incorporadas na prática; elas conferem uma inteligibilidade e um sentido à atividade educativa, oferecendo aos educadores significações, pontos de referência e orientações relativas às suas diversas ações. Esses modelos podem ser sistematizados e formalizados por meio de teorias, como ocorre nas Ciências da Educação. Por exemplo, pode-se considerar que o behaviorismo, inspirado na tradição empirista e positivista, conseguiu identificar e formular o modelo puro da ação instrumental em Educação. A função prática de tais teorias consiste em oferecer aos educadores razões para agir tal como o fazem ou como deveriam fazê-lo: uma teoria da atividade educativa nada mais é do que um modelo de ação formalizado, um conjunto sistemático e coerente de representações que nos esforçamos por justificar através das normas do pensamento racional ou científico. Mas os modelos da ação educativa não são necessariamente racionalizados no âmbito de teorias e de ciências; eles também podem provir da cultura cotidiana e do mundo vivido ou então das tradições educativas e pedagógicas próprias a uma sociocultura ou a um grupo profissional tal como o corpo docente. Como mostra a pesquisa etnográfica e antropológica, não há cultura que não forneça aos educadores, enquanto grupo mais ou menos especializado, representações de sua própria ação.

A importância de analisar tais modelos reside no fato de que a prática educativa remete a atividades guiadas e estruturadas por representações, principalmente por essa representação que chamamos de objetivo ou de fim. Ao agir, os educadores não se contentam em fazer algo: eles fazem algo em função de certas representações de sua própria ação e da natureza, modalidades, efeitos e fins dessa ação. No Ocidente, desde os antigos gregos, chamamos tradicionalmente de "educação" um processo de formação do ser humano guiado por representações explícitas que exigem uma consciência e um conhecimento dos objetivos almejados pelos atores educativos, objetivos esses que são tematizados e explicitados num discurso, numa reflexão ou num saber qualquer. Nesse sentido, a noção ocidental de educação refere-se a uma atividade consciente de si mesma (JAEGER, 1964); é a ação que o ser humano exerce voluntária e conscientemente sobre si mesmo ou sobre outro ser humano a fim de se formar ou de formá-lo em função de certas representações de sua própria ação e da natureza, dos modos e das consequências dessa ação. Juntamente com Max Weber, poderíamos dizer também que se trata de uma atividade racional ou racionalizada, isto é, de uma atividade baseada num saber que dá aos atores razões para agir tal como o fazem, tendo em vista a realização de certas finalidades[1].

Será apresentado, neste capítulo, um quadro teórico geral para a análise dos modelos de ação a partir dos quais a prática educativa pode ser (e foi efetivamente) representa-

---

1. WEBER, M. (1964). *L'éthique protestante et l'esprit du capitalisme*. Paris: Plon.

da, estruturada e orientada. Note-se que os educadores podem utilizar e combinar vários modelos de ação no decurso de sua atividade. Para os fins da presente análise, porém, é necessário distingui-los e isolá-los uns dos outros, a fim de captar, em cada caso, seu caráter especificamente original. Com esse quadro teórico, nossa ambição é simplesmente dar início a um trabalho de reflexão e de análise acerca da prática educativa, identificando, desde já, um horizonte de pesquisa que seja pelo menos suficientemente amplo para integrar os recentes conhecimentos das teorias da ação, bem como concepções mais antigas da atividade educativa, sobretudo aquelas que dominaram nossa própria tradição cultural.

Antes de começarmos, gostaríamos, entretanto, de indicar com que espírito abordamos essa categoria da prática educativa. O pressuposto é o seguinte: julgamos que essa categoria deve ser considerada com a mesma abertura de espírito e com a mesma seriedade intelectual com as quais consideramos hoje a categoria da técnica, ou com as quais os economistas do século XIX, e sobretudo Marx, consideravam a categoria do trabalho. Escrevemos este texto, portanto, com base no pressuposto de que a prática educativa constitui uma das categorias fundamentais da atividade humana, categoria tão importante e tão rica em valores, em significados e em realidades quanto o trabalho, a técnica, a arte ou a política, com os quais, aliás, foi muitas vezes confundida ou identificada.

Gostaríamos de estar enganados, mas pensamos que esse pressuposto vai em direção oposta a determinadas certezas dominantes a respeito da educação. Por exemplo, a prática dos professores e professoras foi e ainda é identificada a um trabalho, a uma arte, a uma técnica, a uma atividade profissional, a uma ação técnico-científica. Na verdade, um bom número de modelos que serviram e ainda servem para conceber a atividade educativa provieram e ainda provêm das esferas nas quais os seres humanos exercem uma ação sobre a matéria, as coisas e os objetos. Uma parte importante da nossa tradição educativa ocidental é baseada no primado exercido pelas ações humanas sobre a matéria em relação às interações entre os seres humanos. Esse primado já existe na cultura antiga e medieval, que identifica a educação a uma arte, a qual é concebida como imitação (*mimesis*) da natureza. Ainda é esse mesmo primado que, nos dias de hoje, domina todo o desenvolvimento do pensamento tecnológico na Educação, bem como as formas de atividades instrumentais, técnicas e estratégicas daí decorrentes. É também ele que justifica atualmente as transferências, para a prática educativa, de modelos de ação, de organização e de controle oriundos das esferas do trabalho, da técnica e da produção industrial.

Este capítulo está dividido em duas partes:

Na primeira parte, serão apresentadas, de maneira bastante esquemática, três concepções da prática educativa que dominaram e ainda dominam a nossa cultura. Cada uma dessas concepções se baseia em certas representações da relação entre saberes e ações na Educação. Partindo dessas três concepções, vamos procurar mostrar que elas não são mutuamente excludentes e que todas elas se referem a modelos de ação interiores à prática educativa.

Na segunda parte, com base nas teorias atuais sobre a ação e em trabalhos empíricos recentes a respeito do trabalho dos professores e professoras de profissão, proponho um quadro teórico referente à prática educativa de um modo geral e ao ensino de modo específico. Esse quadro está assentado no seguinte postulado: a prática educativa e o ensino são formas de agir plurais que mobilizam diversos tipos de ação aos quais estão ligados saberes específicos. Resulta desse postulado que o "saber-educar" e o "saber-ensinar" também são saberes plurais nos quais estão presentes diversos saberes e diversas competências. Decorre também desse postulado que a natureza do saber dos professores deve ser compreendida em relação direta com as condições e condicionantes que estruturam a prática educativa: o "saber-ensinar" não define tanto uma competência cognitiva, lógica ou científica, mas uma competência prática ou pragmática.

1. Três concepções da prática em educação

Todos aqueles que se interessam pela prática educativa precisam, num dado momento, perguntar a si mesmos: "O que é a prática educativa?" Essa pergunta se refere à natureza do agir educativo e equivale a perguntar: "O que fazemos quando educamos? Que forma ou que tipo de atividade é a educação? A ação do educador pode ser comparada ao criar do artista, ao fazer do técnico, ao pesquisar do cientista, ao modelar do artesão, ao produzir do operário, ao agir do político? Seria ela uma mistura de todas essas formas de atividade ou uma forma de ação específica que possui seus próprios atributos?" Antes de tentar responder a estas perguntas, seria conveniente examinar nossa própria tradição cultural e educacional, a fim de ver que respostas ela dá a tais interrogações. De forma esquemática, podemos identificar três concepções fundamentais da prática educativa oriundas de nossa cultura: a primeira, associa a prática educativa a uma arte; a segunda, a uma técnica guiada por valores; a terceira, a uma interação. Comecemos pela mais antiga, a qual, estranhamente, parece estar se tornando de novo a mais atual.

A educação enquanto arte

No mundo ocidental, a mais antiga concepção a respeito da prática educativa vem da Grécia Antiga. Ela remonta a mais de 2.500 anos e continua em vigor ainda hoje, apesar de ter sofrido transformações substanciais. Essa concepção associa a atividade do educador a uma arte, isto é, a uma *téchne*, termo grego que pode ser traduzido indistintamente pelas palavras "técnica" ou "arte". Os gregos não opunham, como fazemos hoje, as belas-artes à técnica, os produtos do belo aos produtos do útil. Todas essas atividades estavam incluídas ao mesmo tipo de ação, que comportava, no entanto, diferentes espécies[2].

Elaborada pelos antigos gregos[3], essa concepção da educação como arte se estendeu em seguida ao mundo romano, onde foi retomada pelo cristianismo que a transmitiu aos tempos modernos, imprimindo-lhe transformações importantes, principalmente no que diz respeito à concepção da criança e do ser humano em geral. Também é essa a concepção de Rousseau, no século XVIII. Durante os séculos XIX e XX, ela tende a ser abandonada, paulatinamente, em benefício de outras concepções, principalmente a concepção da educação como ciência. É importante notar que, nos últimos quinze anos, numerosos pesquisadores voltaram a interessar-se por essa concepção, graças, sobretudo, aos trabalhos do teórico americano Schon (1983) sobre a atividade profissional e a "reflexão-na-ação".

Não tenho a intenção nem a pretensão de descrever essa concepção de maneira exaustiva, nem tampouco a longa evolução histórica através da qual ela sofreu transformações substanciais. Limitar-me-ei a dar algumas indicações sumárias que se referem mais especificamente aos temas aqui abordados. No quadro 1, encontram-se sistematizados aqueles que me parecem ser os principais elementos dessa concepção.

Na cultura grega antiga, e mais particularmente na cultura filosófica, que tomo aqui como referencial através das obras de Platão e de Aristóteles[4], a arte (*téchne*) se distinguia,

---

2. É com o advento do capitalismo moderno e da grande indústria que a esfera das atividades estéticas e a esfera das atividades utilitárias vão ser diferenciadas e opostas de maneira radical. Historicamente, o desenvolvimento das belas-artes modernas, baseadas na subjetividade criadora do artista bem como na soberania e na autonomia da imaginação e de suas obras, coincide com o fim da produção artesanal e com o desenvolvimento da produção das mercadorias em série.

3. Entretanto, essa concepção não é obra de um pensador em particular. Ao definir a educação como arte, os gregos se referem a uma categoria fundamental de sua própria civilização e de sua ideologia.

4. Platon (1974). *La République*. Paris: Budé; Aristote (1967). *Éthique à Nicomaque*. Paris: Vrin; Aristote (1970). *La Politique*. Paris: Vrin.

por um lado, da ciência (*epistéme*), como o contingente se distingue do necessário e o particular do universal, e, por outro lado, da prática (*práxis*), isto é, das atividades imanentes ao agente, ao passo que a arte visava sempre a um resultado exterior ao agente.

Quadro 1 – A educação enquanto arte

	Ação (*Práxis*)	Arte (*Téchne*)	Ciência (*Epistéme*)
Atividade típica	Atividade imanente ao agente, ação moral.	Fabricação de uma obra e produção de algo (efeito, resultado, etc.).	Contemplação e conhecimento rigoroso.
Ator típico	O homem prudente, o homem político, o guerreiro, o gozador.	O artesão, o sofista, o médico, o educador.	O sábio, o filósofo, o cientista.
Natureza da atividade	Orientada por fins imanentes ou naturais ao agente.	Orientada por resultados exteriores ao agente.	Orientada por um interesse relativo ao puro conhecimento.
Objeto típico da atividade	O homem e a existência humana.	As coisas, os homens e os acontecimentos.	As realidades puramente intelectuais.
Saber típico	Antropologia, ética, política.	As técnicas e as artes; o saber-fazer.	As ciências puras, a filosofia.
Natureza do saber	Erudito, mas não rigoroso e necessário.	Saber que trata do contingente e do particular.	Rigoroso e necessário.
Objeto do saber	Os fins e as normas.	Os seres contingentes e individuais.	Os seres necessários (os números, o divino).

O objetivo da ação prática é ela mesma, ao passo que a arte busca sempre atingir um objetivo exterior à ação. De maneira geral, os Antigos concebiam as artes a partir da categoria de produção ou de fabricação e não da categoria de criação: a arte (que engloba, repetimos, tanto as belas-artes quanto as técnicas) produz alguma coisa a partir de alguma coisa, isto é, de uma matéria determinada. Essa produção não é uma criação, mas uma imitação (*mímesis*) ou uma reprodução: as formas que o artista ou o artesão imprime na matéria provêm da Natureza, concebida, por sua vez, como produção (*poiesis*). Gostaria de lembrar que os gregos tinham uma concepção "fixista" da Natureza (*Physis*); eles pensavam que os seres naturais, inclusive os seres humanos, possuíam uma "forma" (*Eidos* ou *Morphé*: hoje, diríamos "uma estrutura") imutável e determinada para sempre. A Natureza não gerava seres novos, como Darwin mostrará no século XIX, mas reproduzia constantemente os mesmos tipos de seres. Os artistas e os artesãos procediam do mesmo modo: eles não criavam nada de "novo" ou de original, mas reproduziam as formas naturais ou produziam, como diz Aristóteles, formas como a Natureza teria produzido se pudesse produzi-las (cf., por exemplo, ARISTÓTELES, *Física*, Livros 1 e 2; PLATÃO, *Timeu* e *A república*, Livro 6).

Enquanto atividade específica, a arte se baseia em disposições e habilidades naturais, em *habitus* específicos, ou seja, em disposições desenvolvidas e confirmadas pela prática e pela experiência de uma arte específica. Nem todo aquele que quer pode ser artista ou artesão: é preciso já ter um certo "talento". Mas o talento sem a prática não serve para nada: é a prática que possibilita descobrir o "talento" e atualizá-lo em operações concretas e obras singulares. O artista não age por agir, sua ação não é a sua própria finalidade (como ocorre com a *práxis*); ao contrário, ele visa a produzir alguma coisa (uma obra ou um resultado qualquer) guiando-se por uma idéia prévia em relação ao objetivo a ser alcançado. Essa idéia não é científica, pois seu objeto é contingente e particular. A arte atua sobre singulares materiais, ao passo que a ciência é aplicada ao geral e ao formal. Ora, o que caracteriza as realidades singulares é sua contingência e sua não necessidade, decorrentes de sua materialidade. A arte humana existe porque o mundo que nos rodeia, inclusive os seres humanos que nele vivem, é lacunar e imperfeito, variável e instável, embora ordenado em suas grandes linhas: a função própria da arte é reproduzir a ordem natural, eliminando as imperfeições tanto quanto possível, nos limites estreitos da ação humana. Para os Antigos, a arte não quer desfazer e refazer o mundo ao sabor da imaginação criadora, mas busca antes aperfeiçoá-lo e mostrá-lo em sua epifania.

Tal como escreve Platão, em *A república* (VII: 518-519), a respeito da educação:

> A educação é a arte (téchne) que consiste em fazer a alma voltar-se de modo mais expedito a si mesma. Não se trata de lhe dar a faculdade de ver, que ela já possui (por natureza); somente seu órgão não está bem dirigido, não se volta para onde se deve voltar, e isto é o que cumpre corrigir.

A arte visa portanto a completar a natureza, a substituí-la e a reproduzi-la. É preciso lembrar que, para Platão, toda arte que não corresponde a essa função deve ser eliminada da Cidade Ideal. Encontramos a mesma ideia em Santo Tomás de Aquino, no *De Magisto* (1988: 34), obra que servirá de base à doutrina católica da educação e da pedagogia:

> A arte (arte: arte ou técnica) opera da mesma maneira e pelos mesmos meios que a natureza [...] Constatamos o mesmo processo na aquisição da ciência: o mestre conduz à ciência do desconhecido pelos mesmos caminhos escolhidos pelo indivíduo que descobre essa ciência por si mesmo.

Vinte séculos depois de Platão e cinco séculos depois de Santo Tomás de Aquino, eis o que diz a esse respeito, no seu *L'Émile,* aquele que foi chamado de "o Copérnico da pedagogia", Jean-Jacques Rousseau: "A educação é uma arte.

[Seu objetivo] é o mesmo da natureza." Para Rousseau, a arte educativa também deve imitar a Natureza; por isso ele quer que o educador deixe a criança se desenvolver conforme o seu livre desenvolvimento natural. Vê-se que a concepção "revolucionária" de Rousseau está enraizada numa longa tradição, tradição essa que não é questionada no que se refere a esse aspecto essencial.

Qual é o modelo da prática educativa que fundamenta essa concepção? O educador não é um cientista, pois seu objetivo não é conhecer o ser humano, mas agir e formar, no contexto específico de uma situação contingente, seres humanos concretos, indivíduos. Ora, esses indivíduos não são a simples expressão da definição científica de ser humano, de sua essência genérica; eles representam, em cada caso, seres particulares, dotados de potencialidades específicas. O educador também não é um técnico nem um artista, no sentido moderno desses termos: sua ação não é baseada num saber rigoroso sobre fenômenos necessários que precisam ser organizados num sistema de causas e efeitos; também não é uma atividade criadora que impõe a uma matéria uma forma arbitrária saída da imaginação do artista. Ao contrário, o processo de formação visa aqui o "desenvolvimento" de uma forma humana de vida que tem em si mesma sua própria finalidade, noção que engloba, a um só tempo, os fins naturais, sociais e individuais do ser humano.

Segundo essa concepção, a ação do educador pode ser associada à atividade do artesão, isto é, à atividade de alguém que: 1) possui uma ideia, uma representação geral do objetivo que quer atingir; 2) possui um conhecimento adquirido e concreto sobre o material com o qual trabalha; 3) age baseando-se na tradição e em receitas de efeito comprovado específicas à sua arte; 4) age fiando-se também em sua habilidade pessoal e, finalmente, 5) age guiando-se por sua experiência, fonte de bons hábitos, isto é, de "maneiras-de-fazer", de "truques", de "maneiras-de-proceder" comprovadas pelo tempo e pelos êxitos sucessivos. O que caracteriza, portanto, a educação como arte é, em primeiro lugar, a ideia de que a ação educativa está ligada a realidades contingentes e individuais que não podem ser julgadas de maneira cientificamente rigorosa e necessária. Entretanto, isso não faz o educador-artesão agir de maneira arbitrária: ele orienta sua ação em função da representação de uma finalidade que, para os Antigos, era, a um só tempo, o objetivo do ato educativo e o termo natural do desenvolvimento humano. O que distingue a arte do escultor da arte do educador é que o primeiro age sobre um ser, um composto de matéria e de forma, que não possui em si mesmo, mas recebe do artista, o princípio (a causa e a origem) de sua gênese, ao passo que o segundo age com e sobre um ser que possui, por natureza, um princípio de crescimento e de desenvolvimento que deve ser acompanhado e fomentado pela atividade educativa.

Nesse sentido, poder-se-ia dizer que a arte de educar corresponde a uma atividade racional que não se fundamenta num saber rigoroso. Quando educamos, temos uma ideia geral do termo do processo de formação, mas essa ideia pode nos orientar apenas de maneira global; cabe-nos julgar, nessa ou naquela circunstância, se a situação é conforme ou não a essa orientação. Noutros termos, a arte de educar exige uma capacidade de julgamento em situações de ação contingentes, capacidade essa guiada por uma finalidade que, para os gregos, residia na ideia de que a criança é um ser em processo e, portanto, inacabado, e que o acabamento desse processo é o adulto. Em resumo, segundo os Antigos, o objetivo da educação não é formar uma criança, mas um adulto, assim como o objetivo do jardineiro não é plantar uma semente, mas fazer desabrochar uma rosa: é a rosa completa e acabada que constitui a verdade da semente e, portanto, o sentido final da arte do jardineiro.

Aplicada à educação atual, essa concepção significa que o professor, numa sala de aula, não possui uma ciência de sua própria ação, conquanto ele possa alimentar sua atividade com certos conhecimentos científicos. Ele age guiando-se por certas finalidades, e sua prática corresponde a uma espécie de mistura de talento pessoal, de intuição, de experiência, de hábito, de bom senso e de habilidades confirmadas pelo uso. Nessa perspectiva, a arte de educar tem um triplo fundamento: ela tem seu fundamento em si mesma (é ensinando que nos tornamos bons professores); tem seu fundamento na pessoa do educador (é possível aprender a educar, contanto que o educador já possua as qualidades do ofício); e, enfim, tem seu fundamento na pessoa do educando, cuja formação constitui a finalidade interna, imanente da prática educativa.

A educação enquanto técnica guiada por valores

A segunda concepção identifica a prática educativa a uma técnica guiada por valores. Ela surge com os tempos modernos, embora possamos encontrar vestígios dela na Antiguidade, principalmente em certos sofistas e na teoria das paixões de Aristóteles. Mais uma vez, limitar-nos-emos a dar indicações sumárias, condensadas no quadro 2. Essa concepção repousa na oposição entre a esfera da subjetividade e a esfera da objetividade. É preciso sublinhar que essa oposição não é específica à educação, mas caracteriza a cultura da modernidade. Historicamente, essa oposição começa a se descortinar no século XVII com o desenvolvimento simultâneo das ciências físico-matemáticas e das concepções modernas da subjetividade. Ela tem seu ápice no fim do século XIX e na primeira metade do século XX, numa divisão ideológica entre, de um lado, o positivismo, o empirismo, o cientificismo e o tecnocratismo, e, de outro lado, o subjetivismo, o relativismo moral, a vivência pessoal, o existencial.

*Quadro 2 – A educação enquanto técnica:
subjetividade e objetividade*

	Esfera da subjetividade	Esfera da objetividade
Atividades típicas	As atividades morais-legais, pessoais, passionais, as condutas baseadas no interesse dos atores.	As técnicas, as atividades instrumentais e estratégicas, a pesquisa científica.
Atores típicos	Todo ator que age baseando-se em seu interesse ou em regras subjetivas.	O tecnólogo, o científico, o calculador, o estrategista.
Natureza da atividade	Guiada por fins, por normas.	Guiada por objetivos axiologicamente neutros.
Objeto típico da atividade	A conformidade às normas, regras e interesses.	O domínio e o controle dos fenômenos.
Saber típico	O ético, o jurídico, o estético, o senso comum, etc.	As ciências e as técnicas.
Natureza do saber	Subjetivo ou subjetivo-coletivo (social).	Rigoroso e necessário.
Objeto do saber	As regras, as normas, o interesse subjetivo.	Todos os fenômenos naturais e o ser humano como fenômeno natural.

É ela quem determina a maioria das teorias modernas relativa à prática, inclusive no campo da educação. Essas teorias se baseiam no postulado de que as atividades humanas podem ser reduzidas a duas grandes categorias de ação:

As ações guiadas por objetivos axiológicos neutros que visam o domínio e o controle dos fenômenos do ambiente de vida (natural, social e humano). Essas ações remetem, no que diz respeito aos atores, a dois tipos de saberes interligados: um saber que se refere ao conhecimento objetivo dos fenômenos sobre os quais os atores se propõem a atuar e um saber que se refere à própria ação desses atores, isto é, à coordenação dessa ação em termos de meios e fins. A prática é vista aqui como estando baseada numa ciência objetiva dos fenômenos que se prolonga por meio de ações técnicas sobre esses mesmos fenômenos, ações guiadas somente pelo critério do êxito.

As ações guiadas por normas e interesses que visam a conformidade a uma ordem de valores ou a realização de uma ordem de interesses. O que caracteriza esse segundo tipo de ações é que elas não se apoiam num conhecimento objetivo: elas provêm da esfera da subjetividade, isto é, das normas às quais os atores aderem e dos interesses que eles defendem. A prática é vista, nesse caso, como a atividade pela qual os seres humanos se orientam em função de normas e interesses contingentes que dependem exclusivamente deles e não de Deus ou das Leis da Natureza.

No que se refere à educação, o significado dessas distinções é que a prática educacional mobiliza duas grandes formas de ação: por um lado, ela é uma ação guiada por normas e interesses que se transformam em finalidades educativas; por outro, é uma ação técnica e instrumental que busca se basear num conhecimento objetivo (por exemplo, as leis da aprendizagem, uma ciência do comportamento, etc.) e num controle axiologicamente neutro dos fenômenos educacionais. Essas duas formas de ação exigem dois tipos de saber por parte dos professores: um saber moral e prático relativo às normas e finalidades da prática educativa, e um saber técnico-científico relativo ao conhecimento e ao controle dos fenômenos educacionais. É esse, substancialmente, o modelo do professor ideal proposto pela Escola Nova: o professor ideal fundamenta sua ação nas ciências da educação, principalmente na psicologia, e, ao mesmo tempo, orienta a sua ação de acordo com uma ordem de valores e de interesses chamada, nos anos 1960, de "novo humanismo". Sua prática educativa participa, portanto, a um só tempo, da ciência e da ação moral; conjuga os méritos das ciências do comportamento e da aprendizagem e as virtudes de uma ética da pessoa, de sua autonomia e de sua dignidade. O professor ideal é, portanto, uma espécie de híbrido de Skinner e de Carl Rogers!

Que modelo da prática fundamenta essa concepção? Numa sala de aula, o professor se guia por dois saberes: 1) deve conhecer as normas que orientam sua prática; essas normas correspondem a tudo o que não é objeto ou produto do pensamento científico, mas interferem na educação, como valores, regras, regulamentos ou finalidades; 2) deve também conhecer as teorias científicas existentes relativas à educação, à natureza da criança, às leis da aprendizagem e ao processo de ensino; em tese, essas teorias deverão guiar sua ação, que será então uma ação técnico-científica, ou seja, uma ação determinada pelo estado atual do conhecimento científico. Nessa concepção, o que distingue a sala de aula de um laboratório, a educação de uma ciência, a pedagogia de uma tecnologia é apenas uma diferença de grau e não de natureza. O ensino seria derivado de uma ciência que ainda não conseguiu controlar totalmente seu ambiente tecnológico, por razões que dependem não da ciência, mas do estado geral da sociedade, baseada numa moralidade ultrapassada (SKINNER, 1969; 1971). Enquanto profissão, a pedagogia deve tomar a medicina como ideal: a medicina baseia seus julgamentos nas ciências e sua ação é puramente técnica, visto que seu critério é o sucesso de suas operações (e não o bem ou o mal, o que é bom e o que é ruim). Mas a medicina, tal como a ciência pedagógica, aliás, depara-se constantemente com situações que não são susceptíveis de passar por um julgamento científico. Nesses casos – que são numerosos – os profissionais devem orientar-se por uma ética do trabalho e, sobretudo, pautar suas ações pelas leis, normas, regulamentos e finalidades em vigor na sociedade e na instituição médica – ou pedagógica.

A educação enquanto interação

A terceira concepção relativa à prática educativa a identifica a uma interação. Essa concepção é defendida atualmente por várias teorias: o simbolismo interacionista, a etnometodologia, as teorias da comunicação, a teoria da racionalidade, etc. Entretanto, gostaríamos de sublinhar, mais uma vez, que certos elementos dessa concepção podem ser facilmente encontrados na Antiguidade, principalmente nos sofistas e em Sócrates. No quadro geral da sofística, onde podemos situar Sócrates, a arte de educar tem suas raízes num contexto de discussão marcado por interações linguísticas: a atividade educativa, aqui, diz respeito à comunicação e à interação enquanto processo de formação que se expressa através da importância atribuída ao discurso dialógico ou retórico. A discussão com o outro não é somente um meio educativo; é, ao mesmo tempo, o meio no qual a própria formação ocorre e a finalidade da formação, que pode ser identificada através da aquisição de uma competência discursiva. Para os sofistas, ser educado era "saber falar", "saber argumentar" em público segundo as regras pragmáticas da retórica ou, segundo Sócrates, saber desenvolver uma ordem de razões para legitimar asserções num confronto com o outro e consigo mesmo. Na origem de nossa tradição, a atividade educativa foi definida, portanto, entre outras coisas, como uma atividade de interlocução, de interação linguística onde são testados esse "saber-falar" e esse "saber-pensar" que os gregos chamavam de *logos* e que nós geralmente traduzimos por "razão".

Entretanto, a noção de interação, tal como acaba de ser descrita, é muito estreita, pois dá ênfase exclusivamente às interações linguísticas: ela se baseia no primado do discurso ou da racionalidade. É por isso que os Antigos concebiam a educação autêntica como um processo de formação que se inicia quando as crianças se tornam adolescentes dotados de uma competência comunicativa e racional. Hoje, isso é diferente, pois o conceito de interação abrange um leque muito mais amplo de atividades. Numa filiação histórica que vai de Marx, Durkheim e Weber aos teóricos contemporâneos da ação tais como Parsons, Goffman, Garfinkel, Schüts, Arendt e Habermas, podemos definir, esquematicamente, o conceito de interação dizendo que ele se refere a toda forma de atividade na qual seres humanos agem em função uns dos outros. Falamos de interação quando os seres humanos orientam seus comportamentos em função dos comportamentos dos outros. Em sua estrutura interna, portanto, o agir interativo não é orientado para a manipulação dos objetos ou para o controle dos fenômenos do ambiente circundante, mas por um confronto com o outro. O confronto com o outro não é rígido; ele pode adaptar-se a diversos modos e a diversas modulações, de acordo com as finalidades que os autores almejam alcançar. Por exemplo, posso expressar diante do outro meus sentimentos, minha "vivência"; posso também procurar um acordo com ele ou com ela por intermédio de interações linguísticas; posso também desencadear um processo de negociação sobre nossos papéis mútuos, etc. A ação sobre a natureza (o trabalho) e a ação sobre os artefatos (a técnica) incluem também interações entre os indivíduos, mas essas interações são apenas meios para a transformação da natureza ou a produção dos artefatos. Poderíamos dizer que o trabalho e a técnica, enquanto categorias fundamentais da atividade humana, são estruturados globalmente muito mais por relações do tipo "lado a lado" entre os atores do que por relações do tipo "face a face": no lado a lado, a ênfase é colocada na colaboração mútua e na coordenação das ações dos indivíduos a fim de realizar alguma coisa; no face a face, a ênfase é posta naquelas interações com o outro que mais se destacam na ação.

Quando aplicada à educação, essa ideia de interação nos leva a captar a natureza profundamente social do agir educativo. Na educação, não lidamos com coisas ou com objetos, nem mesmo com animais como os famosos pombos de Skinner: lidamos com os nossos semelhantes, com os quais interagimos. Ensinar é entrar numa sala de aula e colocar-se diante de um grupo de alunos, esforçando-se para estabelecer relações e desencadear com eles um processo de formação mediado por uma grande variedade de interações. A dimensão interativa dessa situação reside, entre outras coisas, no fato de que, embora possamos manter os alunos fisicamente numa sala de aula, não podemos obrigá-los a participar de um programa de ação comum orientado por finalidades de aprendizagem: é preciso que os alunos se associem, de uma maneira ou de outra, ao processo pedagógico em curso para que ele tenha alguma possibilidade de sucesso. Falaremos, um pouco mais adiante (na segunda parte deste texto), dos diversos modelos de ação presentes nessa concepção da prática educativa como interação.

Contudo, antes de abordar a segunda parte, gostaríamos de tratar rapidamente de um tipo de atividade da qual ainda não falamos. Trata-se de todo o campo das atividades chamadas de tradicionais, isto é, das atividades nas quais os atores agem em função daqueles tipos de ação baseados em tradições, costumes e maneiras de fazer procedentes do uso. Embora não tenham relação nem com a arte, nem com a técnica, nem com a interação, uma teoria da prática educativa não pode negligenciar as atividades tradicionais, que desempenham, na minha opinião, um papel extremamente importante na educação, principalmente na educação familiar. A maioria dos seres humanos educa seus filhos sem pensar muito nisso. Na verdade, basta que sejam o que são e que façam o que fazem dia após dia para formar seus filhos de acordo com modos de vida bastante estáveis através do tempo. Por exemplo, se somos homens, todas as manhãs vestimo-nos como homens e não como mulheres. Interrogamo-nos (às vezes!) sobre a escolha das cores das roupas que vamos usar, mas o fato de vestir-se como homem é, habitualmente, uma coisa natural. É claro que certos homens se vestem de mulher, mas o que é tradicional é que milhares e milhares de homens se vistam como homens sem nem mesmo pensar nisso, naturalmente, espontaneamente, dia após dia, ano após ano, sem nunca questionar essa atividade cotidiana de um tipo de animal que, ao se vestir, assume simultaneamente os símbolos de sua humanidade, de sua cultura e de sua sexualidade. No campo da Educação, o que é normal e regular é, por exemplo, que milhares de professores se dirijam todos os dias a milhares de alunos sentados em fileiras, como se o fato de sentar os alunos em fileira fosse normal, natural, e não um fato histórico e social que data de aproximadamente três séculos e que anteriormente simplesmente não existia! Esse fato é um fato tradicional que remonta justamente ao surgimento das tradições pedagógicas modernas e à constituição da ordem escolar atual.

2. Ações e saberes na prática educativa

Os elementos essenciais desta segunda parte do texto encontram-se condensados no quadro 3, que apresenta uma visão de conjunto dos modelos de ação presentes no âmbito da Educação e dos tipos de saber que lhes estão associados.

Até agora, limitamo-nos a colocar em evidência certas ideias características de três modelos da prática educativa. Cada um desses modelos se baseia em certos pressupostos relativos à natureza da atividade no campo da Educação e à natureza do saber mobilizado pelos educadores para realizar sua atividade. Contudo, acreditamos que essas três concepções continuam sendo limitadoras em relação à realidade da ação educativa. Gostaríamos, então, de esboçar as linhas gerais de uma argumentação que possa enriquecer nossa concepção a respeito da atividade educativa de um modo geral e da ação do professor em particular. Para começar, situemos melhor os princípios de construção do quadro 3.

Quadro 3 – Oito tipos de ação na educação

Tipos de ação	A - Atividades típicas na educação	B - Esferas típicas na educação	C - Caso ilustrativo	D - Papel típico da educação	E - Saber ou competência da educação	F - Modelo da prática educativa
1- Agir tradicional (Weber, Health, etc.)	Condutas pautadas por modelos de vida baseados nas tradições e nos costumes.	A educação familiar, as tradições pedagógicas, os rituais sociais.	A divisão sociocultural entre o feminino e o masculino, os comportamentos ritualizados.	Agir de acordo com um modelo de comportamento preestabelecido por uma tradição.	Saber oriundo do mundo vivido, saber cotidiano, senso comum.	A educação é uma atividade tradicional.
2- Agir afetivo (Freud, Nell, Rogers, etc.)	Condutas guiadas por afetos.	A educação familiar, as pedagogias libertárias.	As interações afetivo-emocionais.	Agir e deixar agir de acordo com os afetos.	Saber "estético".	A educação é uma atividade afetiva.

3- **Agir instrumental** (Watson, Skinner, Gagné, etc.)	Condutas guiadas por objetivos especificados em comportamentos observáveis.	A tecnologia da educação, a educação especializada, a reeducação.	Atividades que objetivam a modificação do comportamento através do condicionamento.	Agir de acordo com regras técnicas ou com uma metodologia do comportamento.	Saber técnico-científico axiologicamente neutro.	A educação é uma tecnologia.
4- **Agir estratégico** (Newman, Schön, etc.)	Condutas guiadas por objetivos em situações de interação.	A prática cotidiana dos professores nas salas de aula.	Gestão e orientação das interações dentro de um grupo para atingir um objetivo.	Agir de acordo com regras paradigmáticas.	Saber estratégico calculador.	A educação é uma arte.
5- **Agir normativo** (Well, Moore, etc.)	Condutas guiadas por normas, por valores.	A prática guiada por normas: disciplina, currículo, etc.	Atividades que garantem o respeito a normas ou a sua realização.	Agir de acordo com regras éticas, jurídicas, estéticas.	Saber normativo.	A educação é uma atividade normativa ou moral.

6- **Agir dramatúrgico** (Goffman, Doyle, etc.)	Condutas que comportam uma negociação relativa aos papéis dos atores educativos.	As interações entre os professores e os alunos exigem uma construção da ordem pedagógica.	Negociação dos papéis num programa de ação em curso numa sala de aula.	Agir de acordo com papéis sociais contingentes e negociáveis.	Saber cotidiano, saber comum, saber na ação.	A educação é uma interação social.
7- **Agir expressivo** (Schütz, Rogers, etc.)	Condutas nas quais o ator expressa sua subjetividade, sua vivência.	As pedagogias personalistas, as atividades terapêuticas.	Expressão do que vivem e sentem os atores da educação.	Agir expressando sua vivência.	Saber como consciência de si ou autorreflexão.	A educação é uma atividade de expressão de si mesmo.
8- **Agir comunicacional** (Habermas, Apel, etc.)	Condutas nas quais os atores participam como iguais numa discussão.	A educação democrática.	Argumentação entre os educadores e os educandos sobre as razões da ação.	Agir pela discussão.	Saber argumentar.	A educação é uma atividade de comunicação.

A tipologia clássica da ação, elaborada por Max Weber (1971), representa um primeiro fio condutor para analisar as ricas tramas interacionais presentes no ensino e os saberes que elas trazem à tona. Na sua obra *Economia e Sociedade*, publicada em 1922, Weber identifica quatro tipos fundamentais de ação social: as atividades relacionadas com objetivos, as atividades relacionadas com valores, as atividades tradicionais e as atividades guiadas por afetos. De acordo com a tese clássica de Weber, esses diferentes tipos de ação não são comparáveis entre si. Os dois primeiros seguem racionalidades diferentes, uma vez que a realização de objetivos e a concretização de valores recorrem a critérios completamente diferentes, tanto para o ator quanto para qualquer pessoa que se esforce para compreender seus motivos. Por exemplo, uma discussão entre professores a respeito do melhor tratamento para tal forma de dificuldade de aprendizagem envolve critérios científicos e técnicos susceptíveis de justificação empírica: alguns colegas podem criticar tal tratamento baseados em determinadas informações técnicas. Entretanto, a discussão muda de direção a partir do momento em que se trata de saber se esse tratamento deve ser aplicado a um aluno contra a vontade de seus pais ou então a um aluno cuja reputação social poderia ser abalada por causa desse mesmo tratamento. Passamos então dos critérios técnicos para o campo das normas sociais e éticas que não podem ser justificadas por meio de critérios científicos ou empíricos. Ocorre o mesmo com as ações tradicionais e afetivas: suas regras de produção e os significados que assumem para aqueles que as realizam são irredutíveis a uma racionalidade científica, lógica ou técnica. A importância dessas distinções efetuadas por Weber reside no fato de revelarem a diversidade das ações sociais: não somente as pessoas agem por motivos muito diferentes (inclusive em circunstâncias semelhantes), mas esses motivos não são negociáveis entre si a partir de uma racionalidade única, por exemplo, de um conhecimento científico ou técnico.

Contudo, ainda é possível enriquecer essa concepção, atualizando a tipologia weberiana através de inúmeros trabalhos que tratam da atividade social e da interação e que estão ligados àquilo que chamamos de "teorias da ação". De fato, depois de Weber (1922), outros trabalhos como os de Parsons (1978), Goffman (1959), Garfinkel (1970), Arendt (1983), Touraine (1965), Crozier & Friedberg (1981), Habermas (1987), Apel (1988), Ricouer (1986), Schutz (1987), Giddens (1987) – os mais importantes – enriqueceram consideravelmente a concepção sociológica da atividade social.

Esses trabalhos colocaram especialmente em evidência a existência de outros tipos de interação constitutivas das situações sociais cotidianas. As ideias de Crozier sobre a ação coletiva nas organizações permitiram identificar as formas de atividade estratégica, nas quais os autores agem em função de informações limitadas, em ambientes instáveis, ao mesmo tempo em que procuram realizar seu próprio projeto e estabelecer relações coletivas. Os estudos de Goffman, sobre a atividade que chamamos de "dramatúrgica", ajudam a compreender as formas de interação cotidiana, na qual os atores entram em presença, lidando de maneira complexa com toda uma gama de códigos e de regras interpretativas que eles podem modificar e adaptar conforme a necessidade. Em suas teorias da ação, Habermas e Appel destacaram os fundamentos linguísticos e de comunicação da interação humana, distinguindo-a assim das relações sujeito/objeto. Finalmente, seguindo a tradição fenomenológica e hermenêutica, Schutz, Ricoeur, Garfinkel e muitos outros introduziram uma maneira nova e fecunda de abordar o "mundo vivido", mundo esse enraizado na "consciência" e no agir expressivo e através do qual os atores humanos constroem o seu próprio mundo comum de acordo com as múltiplas perspectivas da sua subjetividade, que, por sua vez, está enraizada na historicidade do "mundo da vida" (*Lebenswelt*).

O quadro 3 retoma, portanto, a tipologia weberiana clássica da ação social, acrescentando-lhe os tipos de ação colocados em evidência pelos teóricos citados anteriormente e inferindo os papéis típicos do professor e as definições típicas do ensino daí decorrentes. É preciso dizer que se trata de "tipos ideais", pois as atividades concretas dos atores sociais manifestam-se geralmente como tipos mistos e raramente puros.

No estudo do ensino, algumas das contribuições mais marcantes dos últimos trinta anos (MEHAN, 1978; WOODS, 1990; SCHÖN, 1983; DOYLE, 1986; SHULMAN, 1986; DURAND, 1996, etc.) tiveram origem ou inspiraram-se nessa renovação das teorias da ação. Infelizmente, até agora, a imensa maioria das pesquisas sobre o ensino, quando não caem no pensamento mágico, na moralização ou na retórica comunista, cognitivista e humanista, permanecem dependentes sobretudo de uma concepção estritamente instrumental da ação, onde a interação professor/aluno é concebida segundo o modelo canônico da relação sujeito/objeto e o ensino é reduzido às regras da atividade técnica baseada na relação meios/fins.

Partindo do quadro 3, ressaltemos agora, brevemente, alguns fios condutores passíveis de enriquecer nossa compreensão a respeito da atividade educativa e do ensino.

1) O que o quadro 3 mostra, primeiramente, é que o processo de formação do ser humano é tão rico, complexo e variegado quanto o próprio ser humano. O ser humano é, a um só tempo, um manipulador de fenômenos objetivos, sociais e humanos; é um negociador que discute com seus semelhantes; é um ser que pauta seus comportamentos por normas e que descobre, no ambiente em que vive, desde o nascimento, modelos de comportamento que tende a reproduzir; é também um ser que expressa sua subjetividade e que orienta sua vida de acordo com uma dimensão afetiva e emocional. Em suma, o processo de formação do ser humano reflete exatamente todas as possibilidades e todos os matizes dos seres que somos. Por conseguinte, pode-se afirmar que as três concepções analisadas anteriormente são unilaterais e redutoras. Dizer que a prática educativa é uma arte, uma técnica ou uma interação é sublinhar, em cada um desses casos, uma dimensão essencial da prática educativa à qual, porém, as outras não podem ser reduzidas. Se quere-

mos chegar a uma visão matizada da prática educativa, devemos evitar rejeitar, de maneira dogmática e unilateral e em proveito de um único tipo, os diferentes tipos de ação que existem efetivamente na educação.

2) No que diz respeito ao ensino propriamente dito, o quadro 3 indica que o trabalho do professor não corresponde a um tipo de ação específico. Ao contrário, esse trabalho recorre constantemente a uma grande diversidade de ações heterogêneas. Os diferentes tipos de ação encontram-se também na prática dos professores de profissão. Nos últimos dez anos, muitos trabalhos foram dedicados à análise da atividade dos professores tal como ela se processa nesse sistema de ações que é a sala de aula. Esses trabalhos são, em grande parte, uma reação às abordagens técnico-científicas que associavam, de um certo modo, a atividade dos professores a uma tecnologia de modificação do comportamento. Esses trabalhos identificam a atividade educativa a uma interação social através da qual a ordem pedagógica é construída graças às interações e negociações dos atores. No quadro 3, essa corrente de pesquisa corresponde especificamente aos tipos de agir estratégico e dramatúrgico analisados originalmente por Goffman, Garfinkel e vários outros teóricos da ação. A heterogeneidade da atividade dos professores, no que se refere aos tipos de ação concretamente mobilizados, permite compreender, a nosso ver, por que a literatura sobre o ensino propõe visões às vezes tão diferentes dessa profissão:

- O ensino é concebido, com frequência, como uma técnica (cf. SKINNER, 1969; GAGNÉ, 1976; TARDIF, 1992): basta combinar, de modo eficaz, os meios e os fins, sendo estes últimos considerados não problemáticos (evidentes, naturais, etc.).

- Outros teóricos (cf. NEILL, 1970; ROGERS, 1968; PARÉ, 1977) destacam muito mais os componentes afetivos, assimilando o ensino a um processo de desenvolvimento pessoal ou mesmo a uma terapia.

- Outros autores privilegiam uma visão ético-política da profissão, concebendo o ensino como uma ação ética ou política (cf. FREIRE, 1974; NAUD & MORIN, 1978; e as muitas concepções que associam a educação à luta política, à emancipação coletiva, etc.).

- O ensino também é definido como uma interação social e necessita, por exemplo, de um processo de "co-construção" da realidade pelos professores e alunos. Esse ponto de vista é defendido especialmente pelos enfoques socioconstrutivistas (LAROCHELLE & BERNADZ, 1994).

- Finalmente, determinadas concepções assimilam o ensino a uma arte cujo objetivo é a transmissão de conhecimentos e valores considerados fundamentais (cf. ADLER, 1982; ALAIN, 1986; MORIN & BRUNET, 1992).

Constatamos, portanto, que essas diferentes concepções da profissão docente privilegiam com frequência um único tipo de ação em detrimento dos outros.

3) Na realidade, o que torna complexo o trabalho dos professores é justamente a presença simultânea e necessária desses diferentes tipos de ação, os quais obrigam os atores a realizarem uma grande variedade de interações com os alunos em função de vários objetivos que não são necessariamente coerentes ou homogêneos. De fato, objetivos práticos, normas, afetos e tradições não obedecem necessariamente a uma mesma lógica, e podem muito bem mostrar-se contraditórios ou pelo menos incompatíveis. Por exemplo, um professor pode ser forçado a exigir o respeito das tradições de um estabelecimento com as quais está em desacordo; pode viver conflitos de valores entre os objetivos escolares (avaliar os alunos) e os seus próprios valores (lutar contra a competição, estimular a partilha e a cooperação); pode também se ver concretamente diante de escolhas difíceis e sem solução lógica, como por exemplo entre fazer a turma avançar rapidamente ou cuidar dos alunos com dificuldades, retirar os alunos perturbadores ou procurar integrá-los,

etc. Tais escolhas são ainda mais difíceis por não se manifestarem no contexto de uma reflexão abstrata, realizada por um pensador que dispõe de muito tempo, mas surgirem durante a própria ação, no contato com as pessoas, em meio a limites de recurso e de tempo. Nesse sentido, os dilemas inerentes ao ensino se situam no próprio cerne das interações cotidianas na sala de aula.

4) Embora as atividades instrumentais também desempenhem um papel muito importante em sua estrutura interna, a atividade do professor não está voltada, primeiramente, para a manipulação de objetos ou para o controle de fenômenos do meio de vida ambiente, mas para um face a face com um outro coletivo. Ora, esse face a face não é rígido; ele pode assumir diversas formas e modulações, conforme as finalidades almejadas pelos atores e suas perspectivas sobre a situação. Por exemplo, diante dos alunos, um professor pode expressar seus sentimentos, sua vivência; pode buscar também um entendimento com um aluno específico ou com a turma por meio de interações linguísticas; pode desencadear um processo de negociação social a respeito de seus papéis respectivos, etc. A ação sobre a natureza (o trabalho industrial) e a ação sobre os artefatos (a técnica) supõem igualmente interações entre os indivíduos, mas essas interações não passam de meios para transformar a natureza ou produzir artefatos. Pode-se dizer que o trabalho e a técnica, enquanto categorias fundamentais da atividade humana, estão estruturados, em sua totalidade, por relações do tipo "lado a lado" entre os atores e não por relações do tipo "face a face": no "lado a lado", a ênfase é colocada na colaboração mútua e na coordenação das ações dos indivíduos tendo em vista realizar um objetivo comum; no "face a face", a ênfase é colocada nas interações com o outro, que é o elemento mais importante da ação.

5) Essa abordagem do trabalho do professor por meio das teorias da ação permite enriquecer o estudo do saber docente. De fato, aquilo que chamamos de "saber dos professores" ou de " saber-ensinar" deve ser considerado e ana-

lisado em função dos tipos de ação presentes na prática. Tal como sugere o quadro 3, "o saber-ensinar na ação" supõe um conjunto de saberes e, portanto, um conjunto de competências diferenciadas. Para ensinar, o professor deve ser capaz de assimilar uma tradição pedagógica que se manifesta através de hábitos, rotinas e truques do ofício; deve possuir uma competência cultural oriunda da cultura comum e dos saberes cotidianos que partilha com seus alunos; deve ser capaz de argumentar e de defender um ponto de vista; deve ser capaz de se expressar com uma certa autenticidade, diante de seus alunos; deve ser capaz de gerir uma sala de aula de maneira estratégica a fim de atingir objetivos de aprendizagem, conservando sempre a possibilidade de negociar seu papel; deve ser capaz de identificar comportamentos e de modificá-los até um certo ponto. O "saber-ensinar" refere-se, portanto, a uma pluralidade de saberes.

6) Esse pluralismo do saber está ligado à diversidade dos tipos de ação do professor. De fato, se admitirmos que o trabalho docente é uma atividade intencional que procede por objetivos, motivos e intenções, deveremos também admitir que esses componentes teleológicos da ação são muito distintos. Noutros termos, os objetivos do professor na ação dependem dos tipos de ação presentes: ele age às vezes em função de normas que ele defende ou quer fazer respeitar; age também em função de emoções, sentimentos, afetos; age ainda de acordo com os papéis sociais dos atores escolares; age por razões ou motivos que lhe parecem "racionais" ou bem fundados, etc. É evidente que esses diferentes objetivos não podem ser reduzidos ao modelo de ação instrumental, em que os meios são, de um certo modo, deduzidos dos fins. Por exemplo, exigir que os alunos respeitem um valor no qual se acredita, supõe a existência, em segundo plano, de um sistema normativo ao qual o professor se refere, implicitamente ou não, para impor esse valor. Mas esse sistema normativo nada tem de um "estado de coisas" sobre o qual poderiam ser emitidos juízos empíricos; trata-se, pelo contrário, de uma construção simbólica que se apoia na capacidade de realizar um julgamento moral, na capacidade,

por exemplo, de distinguir entre o justo e o injusto, entre o bem e o mal, etc.

Pode-se supor, portanto, que, ao agir, o professor se baseia em vários tipos de juízos práticos para estruturar e orientar a sua atividade profissional. Por exemplo, ele se baseia com frequência em valores morais ou em normas sociais para tomar uma decisão. Aliás, uma grande parte das práticas disciplinares do professor inclui juízos normativos sobre as diferenças entre o que é permitido e o que é proibido. Para atingir os fins pedagógicos, ele se baseia também em juízos decorrentes de tradições escolares, pedagógicas e profissionais assimiladas e interiorizadas por ele. Por fim, ele se baseia em sua "experiência vivida" enquanto fonte viva de sentido a partir da qual o passado lhe permite esclarecer o presente e antecipar o futuro. Valores, normas, tradições e experiência vivida são elementos e critérios a partir dos quais o professor emite juízos profissionais.

De acordo com esse ponto de vista, o saber do professor no trabalho parece ser fundamentalmente caracterizado pelo "polimorfismo do raciocínio" (GEORGE, 1997), isto é, pela utilização de raciocínios, de conhecimentos e de procedimentos variados decorrentes dos tipos de ação nos quais o ator está concretamente empenhado juntamente com os outros, no caso, os alunos. Essencialmente, esse polimorfismo do raciocínio traduz o fato de que, no decorrer da ação, os saberes do professor são, ao mesmo tempo, construídos e utilizados em função de diferentes tipos de raciocínio (indução, dedução, abdução, analogia, etc.) que expressam a maleabilidade e a flexibilidade da atividade docente diante de fenômenos (normas, regras, afetos, comportamentos, objetivos, papéis sociais, etc.) que não podem ser reduzidos a uma racionalidade única, como por exemplo a da ciência empírica ou a da lógica binária.

Por conseguinte, os saberes do professor não são mensuráveis entre si. Agir conforme as normas, agir conforme os fatos, agir conforme os afetos, agir conforme os papéis, saber argumentar, etc., são tipos de ação que exigem dos professores competências que não são idênticas e mensuráveis. Os vários saberes mobilizados na prática educativa não possuem unidade epistemológica, no sentido de que não se pode, por exemplo, derivar uma norma de um fato, passar do prescritivo ao descritivo, justificar uma tradição através de argumentos racionais, etc. Esse pluralismo e essa ausência de uma epistemologia tornam problemáticas, e até mitológicas, todas as pesquisas sobre o professor ou a professora ideal cuja formação poderia ser realizada graças a uma ciência ou a um saber único, como por exemplo uma pedagogia específica ou uma tecnologia da aprendizagem.

7) Mas, na falta de uma unidade epistemológica, defendo, como quinta e última ideia, que o "saber-ensinar" possui uma especificidade prática, que deve ser buscada naquilo que se pode chamar de cultura profissional dos professores e professoras. Essa cultura teria um triplo fundamento ligado às condições da prática do magistério.

Ela repousaria, em primeiro lugar, na capacidade que chamamos de discernimento, isto é, na capacidade de julgar em situações de ação contingentes, com base nos sistemas de referência, de saberes ou de normas incomensuráveis entre si e entre os quais podem surgir tensões e contradições. Se não sou capaz de estabelecer a diferença entre uma norma, um fato, um afeto, um papel social, uma opinião, uma emoção, etc., sou um perigo público numa sala de aula, pois sou incapaz de compreender todas as sutilezas das interações com os alunos em situações de ação contingentes. Nessa perspectiva, uma das missões educativas das faculdades de educação seria a de enriquecer essa capacidade de discernimento, fornecendo aos alunos uma sólida cultura geral que teria justamente como base a descoberta e o reconhecimento do pluralismo dos saberes que caracteriza a cultura contemporânea e a cultura educativa atual. Essa missão exige sem dúvida uma seleção mais apurada dos candidatos e candidatas que querem fazer seus estudos em Educação, de modo que pelo menos se espalhe o rumor de que nem todo aquele que quer pode ser professor.

A cultura profissional estaria baseada, em seguida, na prática da profissão concebida como processo de aprendizagem profissional. Nos últimos dez anos, várias pesquisas realizadas no Quebec e noutros lugares tendem a mostrar que a prática cotidiana do magistério constitui, para os professores e professoras, a base para a validação de suas competências. O ensino ocorre num contexto constituído de múltiplas interações, as quais exercem sobre os professores condicionamentos diversos. Tais condicionamentos não são problemas teóricos, como aqueles com os quais o cientista se depara, nem problemas técnicos, como aqueles encontrados pelo tecnólogo ou pelo técnico. Para o professor, esses condicionamentos surgem ligados a situações concretas que não são definidas de uma vez por todas e que exigem uma certa parcela de improvisação e de habilidade pessoal, assim como a capacidade de enfrentar situações mais ou menos transitórias e variáveis. Ora, esta capacidade de enfrentar situações é formadora: só ela permite que o professor desenvolva certos *habitus* (isto é, certas disposições adquiridas na e pela prática real) que lhe darão a possibilidade de enfrentar os condicionamentos e os imponderáveis da profissão. Os *habitus* podem se transformar num estilo de ensino, em "truques do ramo" ou mesmo em traços da "personalidade profissional": eles se expressam, então, através de um saber-ser e de um saber-fazer pessoais e profissionais validados pelo trabalho cotidiano. Nesse sentido, a prática é como um processo de aprendizagem através do qual os professores e professoras retraduzem sua formação anterior e a adaptam à profissão, eliminando o que lhes parece inutilmente abstrato ou sem relação com a realidade vivida e conservando o que pode servir-lhes, de uma maneira ou de ou tra, para resolver os problemas da prática educativa. Para as faculdades de educação, o reconhecimento da prática da profissão como processo de aprendizagem profissional deveria incluir o desenvolvimento de uma parceria com os professores, de modo que estes tomem parte, diretamente, na formação de professores.

Finalmente, essa cultura profissional seria baseada numa ética profissional do ofício de professor. Tentei mostrar que a prática educativa mobiliza diversos saberes de ação e se refere a diversos saberes. Mas esse pluralismo da ação e do saber pode e deve ser subordinado a finalidades que ultrapassem, em termos de dignidade, os imperativos da prática, porque dizem respeito a seres humanos, crianças, adolescentes e jovens em formação. Tais finalidades supõem que a prática educativa tenha sentido não somente para aqueles e aquelas que a fazem, mas também para os alunos: uma ética da profissão não é somente uma ética do trabalho bem feito, é uma ética do sentido da educação como responsabilidade diante do outro. A educação é uma arte, uma técnica, uma interação e muitas outras coisas, mas é também a atividade pela qual prometemos às crianças e aos jovens um mundo sensato no qual devem ocupar um espaço que seja significativo para si mesmos. Ora, essa promessa não pode ser o resultado final de um processo de produção: não se produz sentido como se produzem bens de consumo ou instrumentos de destruição. Por isso, essa promessa de sentido deve ser cumprida constantemente e mantida a cada dia no confronto com o outro. Na educação, o objetivo último dos professores é formar pessoas que não precisem mais de professores porque serão capazes de dar sentido à sua própria vida e à sua própria ação. Será que esse objetivo ainda pode ser realizado hoje, nos limites de nossa educação e de nossa cultura? Deixamos a questão em aberto.

5

O professor enquanto "ator racional"

Que racionalidade, que saber, que juízo?*

ESTE capítulo propõe um enfoque heurístico e crítico cujo objetivo é fornecer pistas para responder à seguinte pergunta: o que se deve entender por "saber" quando essa noção é empregada, como ocorre hoje num grande número de pesquisas, em expressões como "o saber dos professores", "os saberes dos professores", "o saber ensinar" e "o saber docente"? Esta pergunta diz respeito a uma realidade muito complexa e evidencia uma noção central da cultura intelectual da modernidade. Na verdade, o que é o "saber"? O que é um "saber"? Perguntas como esta suscitaram e ainda suscitam uma infinidade de respostas apresentadas por autores de muita sabedoria, mas frequentemente em desacordo, cujas obras abarrotam as prateleiras de todas as bibliotecas do mundo. Convém, portanto, não alimentar tantas ilusões quanto à possibilidade de se chegar a formular uma respos-

---

* Este capítulo é uma versão modificada (principalmente a última parte) de um texto publicado inicialmente em francês e traduzido logo após em português: TARDIF, M. & GAUTHIER, C. (2001). O professor enquanto "ator racional". In: PERRENOUD, P. et al. (orgs.). *Formando Professores Profissionais*. São Paulo: Artmed Editora, p. 177-202.

ta que possa satisfazer a todo o mundo, embora se deva ter em mente que se trata de um empreendimento não somente útil, mas necessário, pois é assim que a pesquisa progride, ou seja, propondo respostas para certos problemas e tentando validá-los por diversos meios (argumentação, experiência, observação, etc.).

De maneira esquemática, podemos identificar dois grupos de problemas que se encontram interligados e que afetam atualmente a pesquisa sobre o saber dos professores. Um primeiro grupo decorre da existência de várias correntes alternativas de pesquisa. De fato, constata-se que a questão do saber dos professores constitui, atualmente, a preocupação central de várias correntes de pesquisa, as quais se proclamam partidárias de diversas concepções do saber e do ensino. Por exemplo, Shulman (1986), num artigo síntese sobre essa questão, identifica pelo menos cinco paradigmas de pesquisa. Paquay (1994) propôs uma tipologia que engloba seis concepções do professor, cada uma das quais relacionadas com saberes específicos. Nós mesmos já propusemos uma tipologia com cinco tipos de saber (TARDIF, LESSARD & LAHAYE, 1991). Em suma, de alguns anos para cá, tem havido uma profusão de livros e de trabalhos sobre essa questão do saber dos professores, além de uma multiplicação incessante de tipologias e categorias (RAYMOND, 1993). Essa situação exige, portanto, uma reflexão crítica sobre os pressupostos respectivos das correntes de pesquisa em questão, a fim de colocar em evidência suas convergências e divergências.

Um segundo grupo de problemas, mais graves, a nosso ver, decorre da noção central utilizada por todas essas correntes de pesquisa: o saber dos professores. O mínimo que se pode dizer é que essa noção de saber não é clara, ainda que quase todo o mundo a utilize sem acanhamento, inclusive nós. O que entendemos exatamente por "saber"? Os profissionais do ensino desenvolvem e/ou produzem realmente "saberes" oriundos de sua prática? Se a resposta é positiva, por que, quando, como, de que forma? Trata-se realmente de "saberes"? Não seriam, antes, crenças, certezas sem fundamentos, *habitus*, no sentido de Bourdieu, ou esquemas de ação e de pensamento interiorizados durante a socialização profissional e até no transcorrer da história escolar ou familiar dos professores (RAYMOND, 1993)? Se se trata realmente de "saberes", como chegar até eles? Bastaria interrogar os professores? Nesse caso, o que se deve considerar como "saber": suas representações mentais, suas opiniões, suas percepções, suas razões de agir ou outros elementos de seu discurso? Seria preferível observá-los? Isso seria suficiente? O que se deve observar, exatamente? Dever-se-ia fazer a distinção entre saberes explícitos e implícitos, entre seus saberes durante, antes e após a ação? Deve-se supor que eles sabem mais do que dizem, que seu "saber agir" ultrapassa seu "saber pensar", em suma, que seus saberes excedem sua consciência ou sua razão? Mas, nesse caso, o que nos autoriza a chamar tal excesso de "saber"? Desde quando chamamos de "saber" alguma coisa que fazemos sem precisar pensar ou mesmo sem pensar? Finalmente, por que damos tanta importância a essa noção de saber? Trata-se de uma moda, como tantas que existem em ciências sociais e nas ciências da educação? Não seria preferível e mais honesto falar simplesmente de "cultura dos professores", de "habilidades" ou então de "representações cotidianas" ou "concepções espontâneas", como fazem os psicossociólogos? Não temos respostas prontas para essas perguntas, mas mesmo assim elas merecem ser feitas.

Diante dessa imprecisão e dessa equivocidade que caracterizam a noção de "saber", convém, como sugere Raymond (1993: 197-198), "reconhecer que não sabemos quase nada a respeito da construção dos saberes docentes do ponto de vista dos próprios professores. Precisamos de ferramentas conceituais e metodológicas para guiar nossos esforços de compreensão do que são as interações de diversas fontes na cabeça e nas ações dos educadores". Seguindo essa sugestão, vamos propor, nas páginas que seguem, algumas ferramentas conceituais e metodológicas com o fim de precisar e restringir o uso e o sentido da noção de saber no âmbito da pesquisa sobre o "saber docente". Depois de relembrar brevemente certas concepções do saber, sugeriremos uma pista de trabalho, associando o saber a exigências de racionalidade. A partir daí, procuraremos ressaltar a dimensão "argumentativa" e social do saber dos professores, propondo que se considere esse saber como a expressão de uma razão prática, a qual pertence muito mais ao campo da argumentação e do julgamento do que ao campo da cognição e da informação.

1. Jogos de poder e jogos do saber na pesquisa

Em virtude de vários de seus aspectos e dos inúmeros problemas que suscitam, as interrogações atuais relativas aos saberes profissionais, às profissões, ao ensino, à perícia, às competências, etc., tornaram-se, hoje, de um certo modo, "meta-questões" e "trans-questões". Trata-se, de fato, de interrogações primeiras, principiais ("meta"), das quais inúmeras outras questões e decisões importantes decorrem ou dependem. Essas questões ultrapassam também, e muito, a esfera do ensino e da formação de professores; elas se dirigem agora à maioria dos atores das diversas esferas da prática social, assim como às concepções da formação que os preparam para atuar nessas esferas. Ao mesmo tempo, elas alimentam e atravessam ("trans") várias problemáticas e várias disciplinas, várias teorias e campos discursivos, vários projetos políticos, ideológicos, socioeducativos e pedagógicos.

Por exemplo, pensemos na questão da perícia e do perito que "atravessa" atualmente a psicologia e a sociologia cognitiva, a teoria dos sistemas especialistas, a inteligência artificial, a etnometodologia, a sociologia crítica da perícia, a comunicação, a linguística, a teoria da ação, etc. Além disso, cada um desses campos do conhecimento é heterogêneo, plural, instável, colocando em confronto concepções, descrições e definições da perícia e do perito baseadas em diferentes postulados e em diversos sistemas de notação e de descrição da realidade.

Por outro lado, haveria realmente necessidade de lembrar aqui todas as dimensões, sejam elas jurídicas, éticas, sociais ou eminentemente políticas, ligadas à questão da perícia e dos peritos de toda espécie? Qual é o preço – humano, econômico, simbólico – que nossas sociedades estão prontas a pagar para continuar a acreditar em seus peritos? Não há dúvida de que essa questão da perícia é, também, uma questão de poder, ou então uma questão sociopolítica. Pouco importa o que pensam certos psicólogos e certos "managers" da aprendizagem, a perícia não se resume apenas a uma simples questão de competências cognitivas e praxiológicas; ela é também, e continuará sendo, um constructo social inserido em relações de poder com os leigos, os outros peritos, os "dirigentes", os financiadores, os clientes. Por isso, acreditamos que as pesquisas que, sem maiores questionamentos, associam o perito a um indivíduo que possui atributos empíricos (cognitivos ou outros) cujo repertório e natureza elas se propõem a determinar, seguem uma pista passavelmente problemática, para não dizer redutora. Dizer que alguém é um "perito" é entrar numa lógica predicativa baseada não em predicados naturais, mas numa gramática social cujas categorias (eficiência, sucesso, rapidez na resolução de problemas, racionalidade, etc.) se referem a jogos de linguagem normativos e, por conseguinte, sociais. Da mesma forma, dizer que alguém sabe ensinar significa menos dizer que ele possui "em si mesmo", em seu cérebro, em sua memória, em seus "conhecimentos anteriores", um saber, no sentido tradicional de uma teoria ou de uma representação que implica um certo grau de certeza, do que dizer que sua ação pedagógica é conforme a certas normas e a certas expectativas, as quais podem ser fixadas por várias instâncias (a instituição, os pares, os alunos, os pais) ou, na maioria das vezes, por todas essas instâncias ao mesmo tempo. Isso provoca invariavelmente tensões e um conflito de interpretações da definição normativa do "saber ensinar". Ocorre o mesmo com outras interrogações sobre a profissionalização, os saberes, as competências, etc.

Ora, temos a impressão de que as ciências da educação acolhem essas interrogações muitas vezes como se fossem naturais, sem se preocupar em desmontá-las, em analisá-las, enfim, em medir a insinuante porção de arbitrariedade, de não dito e de "pronto para pensar". Queremos realmente que nossos filhos sejam educados por peritos, por profissionais? Precisamos de peritos, de profissionais para formar seres humanos? A perícia, o profissionalismo são possíveis ou mesmo desejáveis num espaço de ação como a educação, continuamente tomado e estruturado por interesses, normas e fins (LABARREE, 1992)? O que está em jogo nessa passagem ou nessa derrapagem do mestre para o perito, do ofício para a profissão? Que modelos de domínio, isto é, de saber e de poder estão presentes nesse deslocamento? Como Nietzsche diria, sem dúvida: o que é que em nós, indivíduos e coletividades, quer, deseja, reivindica peritos, profissionais, cientistas?

Necessidade de um enfoque crítico

Essas questões poderiam surpreender talvez algumas pessoas, que as achariam, sem dúvida, demasiado ou inutilmente críticas. Com efeito, que motivo, que interesse, que atualidade elas podem invocar em seu favor? As pesquisas contemporâneas não denotam, à sua maneira, particularmente na América do Norte, um progresso positivo em relação aos trabalhos das décadas anteriores, largamente dominadas por enfoques instrumentais e tecnológicos do ensino ou por concepções psicológicas, ou mesmo terapêuticas, da ação do professor? Por outro lado, o interesse atual por esses temas de pesquisa não seria o sinal de uma evolução positiva marcada pelo reconhecimento da originalidade e da especificidade dos saberes dos práticos em relação aos conhecimentos formais dos pesquisadores universitários? Enfim, e de maneira mais ampla, toda a questão da profissionalização do ensino não é também o indício positivo de que as coisas começam a "tremer nas bases", que o ensino terá – em breve, como alguns esperam – o seu verdadeiro valor reconhecido, isto é, como uma atividade de profissional, de perito, de prático reflexivo e competente? Digamos que aderimos à maioria dessas "positividades", mas isso não nos impede de acolhê-las sem entusiasmo, ou seja, com circunspecção e um pouco de desconfiança.

Julgamos que hoje seja necessário provocar um deslocamento do olhar em relação a esses objetos de conhecimento, que se tornaram agora "hipervisíveis" no espaço noético das ciências da educação e que constituem, ao mesmo tempo, campos de ação dentro dos quais estão se desenvolvendo, atualmente, quase de forma saturada, diversos projetos mais ou menos concorrentes de transformação e de melhoria das práticas profissionais e das práticas de formação. Ora, diante dessa hipervisibilidade e dessa saturação, acreditamos que um exercício crítico como este pode mostrar-se útil, especialmente no que se refere a uma pedagogia do conhecimento: ele pode nos ensinar a olhar esses objetos de conhecimento e esses campos de ação de outro modo, sob um ângulo diferente, de través, obliquamente, numa outra perspectiva ou sob uma outra luz, com o risco de descobrir alguns aspectos mais obscuros, cheios de sombra e talvez invisíveis com relação à racionalidade cognitiva, a qual só reconhece a existência das coisas e dos seres humanos através da mediação iluminadora do saber.

De maneira mais global, acreditamos que todo constructo teórico referente a práticas deve ser questionado num dado momento, de maneira crítica, quanto à natureza das *idealidades*, das *abstrações* por ele pressupostas ou elaboradas para fixar os limites de seu objeto, isto é, suas ações, seus atores e seus saberes. Assim, por exemplo, quem são o *homo oeonomicus*, da teoria econômica, com seus atributos abstratos (pensamento calculador, necessidades naturais, interesse, busca do custo mínimo) e o *homo faber*, o homem tecnológico, com seu saber consistente, seu domínio dos meios, seu agir tendo em vista um fim, seu poder de manipulação dos seres técnicos, senão idealidades, abstrações portadoras de efeitos práticos às vezes exagerados? Por outro lado, as noções e os próprios problemas discutidos aqui (saber, perícia, competência, profissional, etc.) designam justamente, quer queiramos quer não, modelos de saber e de poder. De fato, que são o profissional, o cientista, o perito, o ator competente, o prático reflexivo senão modelos, constructos simbólicos e sociais através dos quais nossas sociedades designam hoje atores e atividades que deveriam supostamente representar o mais alto grau do domínio prático e discursivo?

Para ter uma ideia desse domínio, de seu alcance e de sua eficácia, citemos um texto de Perrenoud que condensa de maneira exemplar os traços ideais do ator, tal como é visto pela pesquisa atual[1]: "Um profissional deveria ser capaz de analisar situações complexas referentes a várias formas de interpretação; de escolher, de maneira rápida e refletida, estratégias adaptadas aos objetivos e às exigências éticas; de extrair, de um vasto repertório de saberes, técnicas e ferramentas, aqueles que são mais adequados e estruturá-los em forma de dispositivo; de adaptar rapidamente seus projetos por ocasião das interações formativas; enfim, de analisar de maneira crítica suas ações e os resultados delas e, por meio dessa avaliação, de aprender ao longo de toda a sua carreira." Perrenoud sublinha, apesar de tudo, que "esse modelo bastante racionalista não chega a explicar o funcionamento real dos professores-peritos em interação com grupos de aprendizes". Mas, como pensar essa distância que separa o modelo do ator real ("o professor-perito", como escreve Perrenoud)? Trata-se de uma distância, digamos, cognitiva, que se pode eliminar através de um suplemento de pesquisas e de formação, de um suplemento de "competências profissionais", de conhecimentos e de perícia, ou trata-se de uma distância ontológica e, por conseguinte, refratária a toda tentativa de redução do ator ao modelo do ator? Nesse caso, que distorção, que reviravolta ou mesmo que culpa seria preciso provocar no professor para poder continuar a pensá-lo assim conforme o modelo ideal do ator?

---

[1]. Este trecho foi extraído do texto de apresentação do Simpósio Internacional da Rede de Educação e Formação organizado na Bélgica em setembro de 1996 e do qual participei.

Dois excessos da pesquisa

De maneira mais concreta, dois excessos parecem caracterizar e ameaçar as pesquisas (inclusive as nossas) sobre o saber docente, atualmente: a) "o professor é um cientista"; e b) "tudo é saber".

O professor é um cientista

O primeiro desses excessos reside na ideia de que o professor se define essencialmente como um ator dotado de uma racionalidade baseada exclusivamente na cognição, ou seja, no conhecimento. Nas ciências da educação, várias concepções atuais do saber docente, da atividade docente e da formação de professores se apoiam num modelo do ator ao qual elas atribuem uma racionalidade definida como um repertório de competências e de desempenhos pensados quase que exclusivamente em termos de saberes, de conhecimentos. A exemplo da antiga ideologia behaviorista, esse modelo dá origem a uma visão científica e tecnológica do ensino. Na verdade, o ator-modelo ou o professor ideal parece ser largamente, senão estritamente concebido como um "sujeito epistêmico", um sujeito científico ou definido essencialmente pelo seu caráter de mediador do saber, sujeito esse no qual às vezes se enxerta uma sensibilidade (as famosas "motivações" e os interesses), assim como valores e atitudes, o que dá uma aparência realista ao modelo. As pesquisas atuais estão poderosamente centradas num modelo do ator visto como um sujeito epistêmico cujo pensamento e cujo fazer são regidos pelo saber, concebido, com frequência, em função de uma teoria informacional do conhecimento e de uma prática instrumentalizada pensada de acordo com uma sintaxe técnica e estratégica da ação. Ora, esse modelo do ator corresponde aos professores? De forma mais radical, o que entra em jogo na enorme quantidade de pesquisas que se propõem a compreender a mestria do mestre, sua ação e seu discurso, a partir da perspectiva da cognição?

Tudo é saber

O segundo excesso parece caracterizar aquilo que se pode chamar de abordagens etnográficas, quando levadas ao extremo. Ao passo que um certo cognitivismo promove um modelo depurado, quase computacional e estratégico do ator, o excesso etnográfico consiste, a nosso ver, em transformar tudo em saber, isto é, em tratar toda produção simbólica, todo constructo discursivo, toda prática orientada e até toda forma humana de vida como se procedessem do saber. Nessa perspectiva, tudo é saber: os hábitos, as emoções, a intuição, as maneiras de fazer (o famoso saber-fazer), as maneiras de ser (o igualmente famoso saber-ser), as opiniões, a personalidade das pessoas, as ideologias, o senso comum, todas as regras e normas, qualquer representação cotidiana. Mas, então, de que adianta falar de saber se tudo é saber? Ao tornar-se uma referência obrigatória para uma multiplicidade de jogos de linguagem, essa noção perde todo o seu sentido e todo o valor discriminante. Em educação, esse excesso parece estar no cerne de várias pesquisas sobre o saber dos professores, em particular o saber experiencial e/ou o saber prático. O problema não consiste, a nosso ver, em afirmar a existência de saberes informais, cotidianos, experienciais, tácitos, etc., mas em designar esses diferentes saberes por meio de uma noção imprecisa, indefinida. Nas ciências naturais ou nas ciências da educação, na pesquisa qualitativa ou quantitativa, acreditamos que os imperativos de base sejam os mesmos para todos os pesquisadores, ou seja, propor noções relativamente claras e definidas de modo a possibilitar o estabelecimento de consensos e o confronto dos fatos.

Como dizíamos anteriormente, constata-se que as pesquisas sobre os temas aqui abordados resultam hoje numa verdadeira profusão de concepções do saber e do ator, de suas competências e de sua perícia. A nosso ver, é impossível fazer maiores progressos nessas pesquisas sem pelo menos tentar produzir uma noção que seja bastante precisa e bastante operatória ao mesmo tempo, para suportar as investigações empíricas. Esse é o sentido da nossa reflexão neste texto que propõe uma espécie de refocalização conceitual global da concepção de saber. Contudo, não se pode ocultar que esse empreendimento é cheio de armadilhas! Na verdade, ninguém é capaz de produzir uma definição do saber que satisfaça todo o mundo, pois ninguém sabe cientificamente, nem com toda a certeza, o que é um saber. Devemos, então, contentar-nos com uma definição de uso restrito, decorrente de certas escolhas e de certos interesses, principalmente daqueles ligados à nossa pesquisa. O importante, aqui, é estarmos conscientes dessas escolhas e desses interesses e compreendermos seu caráter relativo, discutível e, por conseguinte, revisável.

2. Concepções do saber: a ideia de exigências de racionalidade e seu interesse para a pesquisa

Acreditamos que seja possível propor uma definição do saber que, embora não sendo aceita unanimemente por todos, possua uma forte carga de validade e uma quase universalidade, pelo menos em nossa tradição intelectual ocidental. Nessa perspectiva, acreditamos que não vale a pena inventar um novo conceito de saber para nosso uso pessoal (seria como reinventar a roda); julgamos que seja preferível apoiar-se nas concepções existentes. Relembremos, portanto, essas concepções, mas de maneira bastante breve e sem entrar numa longa genealogia histórica ou numa discussão epistemológica sistemática. No âmbito da cultura da modernidade, o saber foi definido de três maneiras, em função de três "lugares" ou *topos*: a subjetividade, o julgamento e a argumentação.

Três concepções do saber

a) O sujeito, a representação

Pode-se chamar de saber o tipo particular de certeza subjetiva produzida pelo pensamento racional (Descartes).

Essa concepção do saber o opõe aos outros tipos de certezas subjetivas baseadas, por exemplo, na fé, nas crenças, na convicção, no preconceito. Ela o opõe também à dúvida, ao erro, à imaginação, etc. Segundo os defensores dessa concepção, a certeza subjetiva específica ao saber pode assumir duas formas fundamentais: a) A forma de uma intuição intelectual, através da qual uma verdade é imediatamente identificada e captada. Pode ser o caso, por exemplo, de certas verdades matemáticas ou lógicas (o todo é maior que a parte). b) A forma de uma representação intelectual resultante de uma cadeia de raciocínios ou de uma indução. A intuição é imediata, ao passo que a representação é mediata: ela resulta de um processo de raciocínio e visa uma outra coisa, que é o representado. É a subjetividade, portanto, que é considerada aqui como o "lugar" do saber. Saber alguma coisa é possuir uma certeza subjetiva racional.

Essa concepção do saber ligada à subjetividade é o fundamento da maioria das pesquisas na área da cognição. Historicamente, essa corrente de pesquisa está ligada, na América do Norte, ao neocartesianismo de Chomsky, e, na Europa, ao neokantismo de Piaget. Em ambos os casos, o saber é abordado em termos de representações mentais que se referem seja à gênese (Piaget), seja à estrutura inata (Chomsky) do pensamento, com seu equipamento próprio, seus mecanismos e seus procedimentos, suas regras e seus esquemas. De modo global, as ciências cognitivas se interessam pelo estudo das regras que regem os processos cognitivos (memória, aprendizagem, compreensão, linguagem, percepção, etc.) associados a fenômenos representacionais, isto é, a símbolos ligados por uma sintaxe e possuidores de uma função referencial ou intencional intrínseca. Nesse sentido, o saber cognitivo é um saber subjetivo: é uma construção oriunda da atividade do sujeito e ora concebida segundo um modelo de processamento da informação, ora segundo um modelo biológico de equilibração. Enfim, o saber cognitivo ideal, tanto em Piaget quanto nas neurociências americanas, é concebido estritamente de acordo com o modelo das ciências empíricas naturais e da lógica matemática. Nessa concepção do saber, o ideal da racionalidade é o pensamento lógico-matemático, e o saber ideal é a matemática.

b) O juízo, o discurso assertórico

Pode-se chamar de saber o juízo verdadeiro, isto é, o discurso que afirma com razão alguma coisa a respeito de alguma coisa. O juízo é, portanto, por assim dizer, o "lugar" do saber. O saber é, por conseguinte, como na primeira concepção, muito mais o resultado de uma atividade intelectual (o ato de julgar, o julgamento) do que uma intuição ou uma representação subjetiva. De maneira mais concreta, o juízo refere-se à dimensão assertórica ou proposicional do saber tal como se desenvolveu no Ocidente (HABERMAS, 1987). De fato, chamamos tradicionalmente de saberes os discursos que afirmam algo de verdadeiro a respeito da natureza da realidade ou de tal fenômeno particular. Por exemplo, se dizemos que o quadro é negro e o quadro é efetivamente negro, então esse juízo é verdadeiro. Nesse exemplo, o juízo tem a forma lógica de: A pertence a X, A é um atributo de X. Esse juízo é verdadeiro se e somente se a essa forma lógica corresponde, na realidade, uma relação análoga à forma lógica entre o quadro e a cor preta. Diferentemente da primeira concepção, o saber reside, portanto, no discurso, num certo tipo de discurso (a asserção), muito mais do que no espírito subjetivo. Observemos que, nessa concepção, só os discursos sobre fatos podem ser definidos como saber no sentido estrito: o saber se limita ao juízo de realidade e exclui os juízos de valor, a vivência, etc.

Essa concepção assertórica ou proposicional do saber é tão antiga quanto o pensamento ocidental, mas foi Kant, principalmente, que a introduziu na cultura intelectual da modernidade. Kant dizia mais ou menos isto na *Crítica da razão pura:* uma percepção ou uma representação não é verdadeira nem falsa; só o juízo que emito sobre a coisa percebida ou representada pode ser dito verdadeiro ou falso. No século XX, foi o matemático Tarski (1956) quem a defendeu, reatualizando a velha teoria da verdade-correspondência. Essa também é a concepção de Karl Popper (1972; 1978): o conhecimento objetivo consiste em emitir juízos hipotéticos e em tentar mostrar que são falsos. Entretanto, e essa restrição, como veremos, é extremamente importante no nosso caso, todos esses autores e muitos outros limitam o saber a juízos de realidade. *Essa limitação significa que só as asserções referentes aos fatos podem ser ditas verdadeiras ou falsas.* Noutras palavras, nem todas as formas de juízo correspondem a saberes, a um "conhecimento objetivo" (POPPER, 1972). Os juízos referentes, por exemplo, à vivência pessoal, a valores, a engajamentos políticos, etc. estão excluídos da ordem positivista do saber. Eis por que o positivismo associa o saber completamente à ciência empírica (KOLAKOWSKI, 1976).

c) O argumento, a discussão

Essa terceira concepção coaduna-se diretamente com a nossa visão do saber docente, que é, a nosso ver, um saber que se desenvolve no espaço do outro e para o outro. Segundo essa concepção, pode-se chamar de saber a atividade discursiva que consiste em tentar validar, por meio de argumentos e de operações discursivas (lógicas, retóricas, dialéticas, empíricas, etc.) e linguísticas, uma proposição ou uma ação. A argumentação é, portanto, o "lugar" do saber. Saber alguma coisa é não somente emitir um juízo verdadeiro a respeito de algo (um fato ou uma ação), mas também ser capaz de determinar por que razões esse juízo é verdadeiro. Ora, essa capacidade de arrazoar, isto é, de argumentar em favor de alguma coisa, remete à dimensão intersubjetiva do saber. Segundo essa concepção, o saber não se reduz a uma representação subjetiva nem a asserções teóricas de base empírica, ele implica sempre o outro, isto é, uma dimensão social fundamental, na medida em que o saber é justamente uma construção coletiva, de natureza linguística, oriunda de discussões, de trocas discursivas entre seres sociais.[2] É preciso ver essa ideia de argumentação no sentido lato, que excede a lógica proposicional. Os partidários da teoria da argumentação (ou da comunicação) se esforçam principalmente para elaborar uma ideia de saber que ultrapasse o âmbito das ciências empíricas e, portanto, a concepção positivista do juízo de realidade. A ideia deles é que vários tipos de juízo comportam exigências de racionalidade e de verdade sem contudo pertencerem à classe dos juízos de realidade (HABERMAS, 1987). Noutras palavras, o saber não se restringe ao conhecimento empírico tal como é elaborado pelas ciências naturais. Ele engloba potencialmente diferentes tipos de discurso (principalmente normativos: valores, prescrições, etc.) cuja validade o locutor, no âmbito de uma discussão, procura estabelecer, fornecendo razoes discutíveis e criticáveis. Os critérios de validade, portanto, não se limitam mais à adequação das asserções a fatos, mas passam antes pela ideia de acordos comunicacionais dentro de uma comunidade de discussão. Desse modo, o que chamamos de juízos de valor podem resultar de consensos racionais. Por exemplo, pode-se debater, através de razões, de argumentos, se um comportamento é ou não conforme um valor que ele deveria realizar ou seguir. Esse valor não se refere a um fato, mas a uma norma partilhada por uma comunidade e em relação à qual existe um entendimento mínimo. Na argumentação, os interlocutores procuram ultrapassar os pontos de vista iniciais de sua subjetividade, tentando demonstrar a validade intersubjetiva de suas palavras ou ações. Essa demonstração é feita concretamente por meio de argumentos e de contra-argumentos. A abordagem "argumentativa", de comunicação

---

2. Por exemplo, a etnometodologia e os trabalhos mais recentes de B. Latour (1985) mostraram que as proposições empíricas das Ciências Naturais se inserem sempre numa ordem social de discussão e de negociação entre parceiros. É importante sublinhar que, no tangente às Ciências Cognitivas, a Escola de Genebra (Dasen, Mugny, etc.) e a psicossociologia de Moscovici representam tentativas de sair do subjetivismo piagetiano, inserindo o processo de construção do saber no contexto das interações sociais.

ou discursiva do saber é defendida – mas de maneiras bem diferentes – por pensadores como Gadamer, Perelman, Ricoeur, Habermas, Rorty e Lyotard, entre outros. É a ela que o nosso próprio enfoque está ligado.

Saber e exigências de racionalidade

Ao relembrar essas três concepções, o nosso objetivo não é agir enquanto epistemólogo, filósofo ou historiador das ideias, mas, de maneira mais humilde, *identificar e precisar certos traços semânticos fundamentais ligados à noção de saber tal como a empregamos correntemente enquanto herdeiros de uma tradição que se manifesta através de linguagens e de usos, na esperança de poder usar alguns desses traços para definir, de maneira mínima, o próprio objeto de nossas pesquisas: o saber dos professores*. Ora, embora haja diferenças importantes entre elas, essas três concepções possuem algo em comum: elas associam sempre a natureza do saber a exigências de racionalidade. Num dos casos, essas exigências têm como fundamento o pensamento do sujeito racional; no outro, elas têm como fundamento o ato de julgar; enfim, no último caso, se baseiam em argumentações, isto é, em racionalizações. Acreditamos que essa ideia de "exigências de racionalidade" fornece uma pista muito interessante para as pesquisas sobre os saberes dos professores, pois ela permite restringir nosso campo de estudo aos discursos e às ações cujos locutores, os atores, são capazes de apresentar uma ordem qualquer de razões para justificá-los. Saber alguma coisa ou fazer alguma coisa de maneira racional é ser capaz de responder às perguntas "por que você diz isso?" e "por que você faz isso?", oferecendo razões, motivos, justificativas susceptíveis de servir de validação para o discurso ou para a ação. Nessa perspectiva, não basta fazer bem alguma coisa para falar de "saber-fazer": é preciso que o ator saiba por que faz as coisas de uma certa maneira. Nessa mesma perspectiva, não basta dizer bem alguma coisa para saber do que se fala.

Propomos, então, que a noção de saber seja associada, de maneira global mas sistemática, a essa ideia de exigências de racionalidade. Decorre daí um certo número de consequências intelectuais importantes para a pesquisa sobre os saberes dos professores:

Doravante, chamaremos de "saber" unicamente os pensamentos, as ideias, os juízos, os discursos, os argumentos que obedeçam a certas exigências de racionalidade. Eu falo ou ajo racionalmente quando sou capaz de justificar, por meio de razões, de declarações, de procedimentos, etc., o meu discurso ou a minha ação diante de um outro ator que me questiona sobre a pertinência, o valor deles, etc. Essa "capacidade" ou essa "competência" é verificada na argumentação, isto é, num discurso em que proponho razões para justificar meus atos. Essas razões são discutíveis, criticáveis e revisáveis.

Diremos que essas exigências são minimamente respeitadas quando o locutor ou ator ao qual nos dirigimos é capaz de apresentar razões, qualquer que seja a natureza ou o conteúdo de verdade delas, para justificar seus pensamentos, seus juízos, seus discursos, seus atos. Nesse sentido, essa idéia de exigências de racionalidade não é normativa: ela não determina conteúdos racionais, mas se limita a colocar em evidência uma capacidade formal.

Assim, evitaremos impor aos atores um modelo preconcebido daquilo que é racional ou não. Partiremos, antes, daquilo que eles consideram como sendo racional, esforçando-nos para ressaltar suas próprias exigências de racionalidade e sua própria compreensão do saber. Uma das consequências desse enfoque consiste, sobretudo, em subtrair os saberes dos atores ao modelo demasiado rígido da ciência empírica e da pesquisa universitária, dando-lhes, ao mesmo tempo, uma dimensão racional. O que é racional (ou não) não pode ser decidido a priori, mas em função da discussão e das razões apresentadas pelos atores. Nesse sentido, pode-se dizer que as exigências de racionalidade que guiam as ações e os discursos das pessoas não resulta de uma razão que vai além da linguagem e da práxis: elas dependem das razões dos atores e dos locutores, e do contexto no qual eles falam e agem.

O melhor método para ter acesso a essas exigências de racionalidade presentes no locutor ou no ator é questioná-lo (ou questionar-se) sobre o porquê, isto é, sobre as causas, as razões, os motivos de seu discurso ou de sua ação. A noção de porquê engloba, por conseguinte, o conjunto dos argumentos ou motivos que um ator pode apresentar para prestar contas de seu comportamento. Nesse sentido, ela engloba também o "como", na medida em que os meios dos quais o ator se serve para atingir seus objetivos se baseiam também em motivos, escolhas, decisões, etc. De qualquer modo, essa ideia de exigências de racionalidade está relacionada com um "modelo intencional" do ator humano, ou seja, ela procede da ideia de que as pessoas agem não como máquinas ou por puro automatismo (sob o domínio das leis sociais ou psicológicas, por exemplo), mas em função de objetivos, de projetos, de finalidades, de meios, de deliberações, etc.

Decorre daí, concretamente, que uma das principais estratégias de pesquisa relacionada com essa visão do saber consiste em observar atores e/ou falar com eles, mas fazendo-lhes perguntas sobre suas razões de agir ou de discorrer, ou seja, no fundo, sobre os saberes nos quais eles se baseiam para agir ou discorrer.

Racionalidade, saberes comuns e implícitos

Essa última ideia é importante, pois ela afirma que o estudo das razões de agir ou de discorrer permite chegar aos saberes dos atores. Procuremos apoiá-la. Quando discutimos sobre um assunto qualquer, alguém pode nos perguntar: "por que você diz isso?", "o que lhe permite afirmar o que está afirmando?" Acontece o mesmo com os nossos atos. De fato, alguém pode nos perguntar: "por que você faz isso?", "tem certeza de que está procedendo da maneira certa?" Quando nos deparamos com tais perguntas, podemos tentar responder por meio de argumentos visando a justificar as razões de nossas palavras ou de nossos atos. Nesse caso, adotamos precisamente uma atitude "argumentativa". É evidente que uma atitude assim, a qual implica uma participação ativa de nossas atividades linguísticas e intelectuais, incomoda e consome-nos bastante: se tivéssemos que justificar, todas as vezes, cada um dos nossos discursos, cada uma de nossas ideias, cada um dos nossos atos, estaríamos mortos antes de ter acabado! É por isso que a ideia de racionalidade se refere também a um saber em relação ao qual nos entendemos e que serve de base aos nossos argumentos. Por exemplo, o matemático que quer demonstrar um teorema se apoia no saber e nos procedimentos matemáticos já existentes. O físico, o biologista e o químico procedem da mesma maneira: eles progridem a partir de saberes e de regras já estabelecidos. Esses saberes e essas regras são pressupostos, ou seja, eles não constituem o objeto ou o problema da discussão, mas o quadro que possibilita a discussão. Ocorre o mesmo com as ciências sociais e humanas, bem como com os nossos discursos e atos cotidianos: quando discutimos ou agimos com os outros, admitimos a existência de saberes comuns e implícitos que pressupomos sem maiores discussões e que nos evitam ter que recomeçar sempre do nada.[3]

São precisamente esses saberes comuns e implícitos que constituem o "epistème cotidiano". É claro que esses saberes podem ser questionados a qualquer momento. Na ciência, essa é justamente a situação descrita por Kuhn: há mudança de paradigma quando a contestação se refere ao quadro da discussão, ou seja, aos saberes comuns da comunidade científica que serviam anteriormente de quadro

---

[3]. No ensino, as rotinas oriundas da experiência profissional parecem ilustrar bem os saberes implícitos dos professores: partindo de sua própria experiência e da repetição das situações escolares, os professores de profissão elaboram soluções típicas, protótipos de ação a partir dos quais eles inventam e improvisam (TOCHON, 1993) no contexto da sala de aula, ao vivo. As rotinas são, no fundo, saberes-na-ação derivados do conhecimento experiencial da ação (isto é, por contato direto) e transformados em formas de agir que permitem evitar uma reflexão demasiado prolongada.

de referência para resolver as discussões "normais". Entretanto, nas ciências ou noutras áreas, é impossível conceber uma constatação que não se apoie em pressupostos, ou seja, num saber qualquer. Noutras palavras, é impossível duvidar de tudo (como o fez Descartes) ou não saber de nada (como Sócrates). Um saber é contestado e contestável a partir de outro saber. Se contestamos a racionalidade de um discurso ou de uma atividade é porque nos referimos a uma determinada ideia do que seja racional. Na vida diária, nossos discursos e nossos atos se apoiam, por conseguinte, em saberes que proporcionam um quadro de inteligibilidade e de sentido às coisas que empreendemos[4]. Se questionarmos o outro a respeito de suas próprias ações, pedindo-lhe que as explique, que nos diga o porquê de seu agir, ele será levado a explicitar, através das suas razões de agir, os saberes nos quais se baseia para agir assim. Nessa perspectiva, a ideia de exigências de racionalidade, tal como propomos aqui, não se relaciona com um ator hiper-racional cuja ação e cujo discurso resultariam de um conhecimento completo da situação; ao contrário, essas exigências parecem ser tributárias de uma racionalidade fortemente marcada pelo saber social, saber (colocado em) comum e partilhado por uma comunidade de atores, saber prático que obedece a várias "lógicas da comunicação" e está enraizado em razões, em motivos, em interpretações onde estão presentes vários tipos de juízo.

---

4. É interessante mencionar que possuímos hoje uma teoria linguística consistente que trata dos contextos linguísticos nos quais estão presentes os saberes implícitos. De fato, nos últimos anos, numerosos estudos foram dedicados a essa questão na pragmática, onde foi elaborada uma teoria da implicitação, ou seja, proposições implícitas que se ligam aos discursos explícitos e que permitem ancorar nossos discursos cotidianos em situações conhecidas pelos interlocutores. Essa teoria da implicitação e a pragmática, de maneira mais ampla, afirmam, sobretudo, que a linguagem cotidiana não pode ser compreendida unicamente por meio das propriedades formais inerentes a um sistema semiótico, como acreditavam o estruturalismo e a linguística generativa de Chomsky. Ao contrário, a linguagem cotidiana está, de um certo modo, sempre "aberta" e "conectada" a uma situação, a um aqui e agora a partir do qual os interlocutores falam. Essa propriedade referencial da linguagem encontra-se, também, no cerne da etnometodologia, com a noção de indexicalidade.

Interesse dessa abordagem para o estudo do saber dos professores

Mas qual é a pertinência de introduzir essa ideia de exigências de racionalidade para definir a noção de "saber dos professores"? De maneira mais ampla, qual é o interesse dessa abordagem para o nosso campo de estudos? Acreditamos que esse interesse seja múltiplo.

Pensamos, de fato, que esse conceito de racionalidade não é somente uma construção teórica. Ele se refere também a uma "capacidade" essencial dos atores empenhados na ação, a saber a de elaborar razões, de dar motivos para justificar e orientar suas ações. Em suma, os próprios atores sociais são dotados de racionalidade, ou seja, da capacidade de agir, de falar e de pensar elaborando uma ordem de razão para orientar sua prática. Nesse sentido, ao falar, como estamos fazendo, de exigências de racionalidade, não fazemos mais do que nos referir a uma competência essencial dos atores sociais, cujas ações, em sua maioria, obedecem a certas exigências de racionalidade. *Essa competência parece ser ainda mais forte e ter mais importância ainda no que diz respeito aos profissionais, cujas ações sociais são regidas em função de exigências de racionalidade que ocasionam, com frequência, formulações explícitas no âmbito de teorias científicas ou formalizadas.* Para os pesquisadores, a principal armadilha metodológica consiste em abordar essa competência com uma ideia preconcebida, por exemplo, importando para o mundo social cotidiano exigências de racionalidade provenientes das próprias ciências ou da pesquisa universitária; é preciso, ao contrário, aceitar o fato de que a competência dos atores sociais procede de uma racionalidade instável, fluida, que não obedece necessariamente aos cânones do pensamento lógico e científico. Em relação ao nosso objeto de estudo, significa que os professores não são cientistas, embora a maior parte do tempo eles se apóiem, para agir, em motivos que obedecem a exigências de racionalidade. Voltaremos a falar disso mais adiante.

Como dizia o fundador da etnometodologia, H. Garfinkel, os atores sociais não são idiotas culturais. Por pertencerem a um ambiente de vida social, eles são dotados de competências extremamente diversificadas as quais se manifestam concretamente através de procedimentos e de regras de ação que eles utilizam para orientar-se nas diversas situações sociais. Além disso, o uso desses procedimentos e regras não se faz mecanicamente, mas exige dos atores sociais uma "reflexividade", isto é, a capacidade linguística de "mostrar" e de "retomar" os procedimentos e as regras da ação, de modificá-los e de adaptá-los às numerosas circunstâncias concretas das situações sociais. Essa ideia de racionalidade permite levar em conta os significados e as razões que os atores atribuem às suas ações enquanto elementos de análise necessários, mas não suficientes: ela permite, assim, fazer uma ponte, uma passarela, estabelecer uma articulação entre o discurso objetivante relativo aos fenômenos sociais e os discursos elaborados pelos atores sociais envolvidos na ação, sem a qual nem haveria fenômenos sociais.[5] Por esse motivo, ela parece ser o núcleo de uma possível colaboração entre "teóricos e práticos", entre os pesquisadores universitários e os professores de profissão, na medida em que essa colaboração exige que os primeiros reconheçam que os segundos possuem uma racionalidade, ou seja, saberes e um saber-fazer baseados em razões, motivos, argumentos, etc., diferentes, por hipótese, daqueles que encontramos na ciên-

---

5. É claro que o perigo inerente (não somente metodológico, mas também epistemológico) a uma tal articulação reside nas limitações intrínsecas da racionalidade dos atores – no caso, os professores – empenhados numa ação concreta. De fato, as razões que eles elaboram para se orientar (que podem ser encontradas sobretudo nas explicações que nos dão a respeito de seus comportamentos, de suas estratégias, quando lhes fazemos perguntas sobre sua trajetória profissional, etc.) não correspondem necessariamente às "condições objetivas" que determinam a orientação de sua ação: os atores não fazem sempre o que dizem fazer e não dizem necessariamente, inclusive a si mesmos, o que fazem efetivamente. Nesse sentido, os discursos que eles emitem a respeito de sua situação, as explicações que dão a respeito de seus atos devem ser avalizados: é preciso vê-los como são, a saber, elementos de análise entre outros, elementos que, para se tornarem inteligíveis, devem ser situados num quadro interpretativo que leve em conta todos esses elementos.

cia e na pesquisa, mas adequados às situações práticas da profissão docente.

Por outro lado, numa perspectiva mais global, essa ideia de racionalidade é igualmente interessante, pois o que caracteriza a educação atual, no que se refere aos saberes, às práticas e às instituições, é uma forte tendência para a racionalização. No que diz respeito aos saberes, essa tendência se manifesta principalmente através da existência das ciências da educação; no que diz respeito às práticas educativas, essa tendência se manifesta pela aplicação de modelos de atividade racionais, inspirados na técnica e na ação instrumental ou estratégica; no que diz respeito às instituições, essa tendência se manifesta através da existência de sistemas escolares sujeitos a planejamentos, a controles a planos de gestão. Em suma, a educação atual apresenta um conteúdo racional muito forte. Ora, o trabalho dos professores é largamente marcado por esse forte conteúdo racional: segmentação do trabalho, especialização, objetivos, programas, controles, etc., racionalizam, de um certo modo, o trabalho docente, antes mesmo da intervenção do saber dos atores. Nesse sentido, pode-se dizer que os professores estão integrados num ambiente socioprofissional que determina, de antemão, certas exigências de racionalidade no interior das quais o trabalho docente encontra-se preso, estruturado, condicionado.

Enfim, acreditamos que, ao identificar saberes e exigências de racionalidade, estamos tornando possível a constituição de um verdadeiro repertório de conhecimentos para o ensino que reflita os saberes dos professores, isto é, seus discursos e atos, pois eles sabem por que os dizem e fazem. Pensamos, com efeito, que esse repertório de conhecimentos poderá existir se, e somente se, reconhecermos que os professores possuem a capacidade de racionalizar sua própria prática, de nomeá-la, de objetivá-la, em suma, de definir suas razões de agir. Entretanto, ao contrário de certos pesquisadores que, na nossa opinião, caem no excesso etnográfico, acreditamos que as razões de agir dos professores são criticáveis e revisáveis, que precisam, por conseguinte, serem validadas pela confrontação com os fatos e também com as proposições das ciências da educação e da pesquisa em geral. Nesse sentido, os saberes dos professores são, para nós, saberes com fundamentos racionais, e não saberes sagrados: o valor deles vem do fato de poderem ser criticados, melhorados, tornar-se mais poderosos, mais exatos ou mais eficazes.

De qualquer modo, julgamos que nossa definição do saber é a um só tempo flexível – pois não faz nenhum juízo prematuro sobre a natureza das exigências de racionalidade, mas, pelo contrário, se apoia no que os próprios atores consideram como racional – e restritiva, pois se recusa a re conhecer como saberes atos e pensamentos sem racionalidade, isto é, aqueles que os atores produzem sem razão ou cujos motivos são incapazes de explicitar e de discutir. Nessa perspectiva, pensamos que um ato bem-sucedido não é necessariamente um ato profissional. Ele pode depender do talento do ator social, sendo então um ato privado, idiossincrático, cuja arte particular se perderá com a morte daquele que o executa. De qualquer maneira, elaboramos a hipótese de que a noção de saber, tal como tem sido empregada até agora na literatura científica (inclusive em nossas próprias produções coletivas), abrange, na verdade, várias realidades que não têm nada a ver com o saber, a menos que chamemos tudo de saber. Recusamo-nos a reconhecer como saberes profissionais dos professores todos os discursos e atos para os quais os docentes são incapazes de apresentar razões com o objetivo de justificá-los. Desse modo, evitamos cair no excesso de certas abordagens etnográficas. Por outro lado, ao associar o saber à racionalidade concreta dos atores e às suas linguagens, evitamos também o excesso de certos cognitivistas que possuem uma visão computacional e subjetivista do professor. O que nos interessa não é o que acontece na cabeça dos professores e das pessoas em geral, em sua memória ou em suas representações mentais. A nosso ver, o saber não reside no sujeito, mas nas razões públicas que um sujeito apresenta para tentar validar, em e através de uma argumentação, um pensamento, uma proposição, um ato, um meio, etc. A exemplo de Karl Popper (1972), consideramos que o saber possui uma certa existência objetiva que reside nas razões, nos discursos, nas linguagens, nas argumentações que desenvolvemos para apoiar nossas ideias e atos. Essas argumentações dependem apenas da pessoa que as enuncia. Nesse sentido, nosso enfoque do saber é discursivo, e não representacional; argumentativo, e não mentalista; de comunicação, e não computacional.

Após a apresentação desses elementos teóricos sobre a noção de saber, gostaríamos agora de especificar e exemplificar a ideia de exigências de racionalidade, em primeiro lugar, em função de uma certa concepção do ator docente; em segundo lugar, em relação ao juízo profissional que nos parece ser o fundamento da pedagogia e do saber docente; e, em terceiro lugar, em relação à ideia de "razao prática". Vamos proceder de maneira sistemática, tratando rapidamente certos aspectos que não podem deixar de ser considerados por serem mais ricos ou mais promissores para a pesquisa. Isso nos dará uma melhor ideia das múltiplas consequências e aplicações de nossa abordagem.

3. O saber docente: uma razão prática, social e voltada para o outro

O primeiro ponto que queremos colocar em evidência é a representação do professor que se destaca da nossa reflexão. Noutras palavras, como vemos o professor? Esta questão é importante, pois remete às críticas que formulamos anteriormente a respeito dos modelos do ator e de sua racionalidade.

Um profissional dotado de razão e confrontado com condicionantes contingentes

Ao ser aplicada ao magistério, nossa abordagem teórica sobre o saber resulta, no fundo, numa visão muito prática dessa profissão.

A partir de certas ideias de Giddens (1987), propomos que o ensino seja concebido como uma atividade baseada num modelo de *conhecimentos limitados* e dotada de uma consciência profissional parcial mas dinâmica. Ensinar é perseguir, *conscientemente, objetivos intencionais*, tomar decisões consequentes e organizar meios e situações para atingi-los (SHAVELSON & STERN, 1981). Nesse sentido, como qualquer outro profissional, um professor age em função de ideias, de motivos, de projetos, de objetivos, em suma, de *intenções* ou de *razões* das quais ele está "consciente" e que ele pode geralmente justificar, por exemplo, quando o interrogamos sobre sua prática, seus projetos ou suas decisões. Em suma, *pode-se dizer que, de um modo geral, um professor sabe o que faz e por que o faz*. Esse conhecimento se refere concretamente a comportamentos intencionais dotados de significado para o professor; esse significado pode ser "verificado", de um certo modo, no "discurso" (verbal ou mental) que ele elabora ou pode elaborar, quando necessário, a respeito de suas atividades. De acordo com a metodologia empregada para captá-lo, esse discurso pode assumir diversas formas: raciocínio prático, encadeamento de informações, relato explicativo, justificação e racionalização a posteriori, etc. Ele corresponde àquilo que chamamos aqui de *consciência profissional* do professor, ou seja, aquela que se manifesta por meio de racionalizações e intenções (motivos, objetivos, premeditações, projetos, argumentos, razões, explicações, justificações, etc.) e graças à qual *ele pode dizer discursivamente por que e como age*. Em resumo, a consciência profissional parece-nos ser caracterizada pela capacidade de julgamento e, de maneira mais ampla, de argumentação.

Para atingir essas finalidades pedagógicas inerentes ao seu trabalho, o professor deve tomar certas decisões em função do contexto em que se encontra e das contingências que o caracterizam (a manutenção da ordem na sala de aula, a transmissão da matéria, etc.). Ora, tomar decisões é julgar. Esse julgamento se baseia nos saberes do professor, isto é, em razões que o levam a fazer esse ou aquele julgamento e a agir em conformidade com ele. Essa visão do professor, esse modelo do ator, por mais simplificado que seja, parece-nos corresponder, em seus aspectos gerais, ao trabalho do professor, e também é suficiente para atender às necessidades do nosso campo de pesquisa sobre os saberes dos professores. Ele permite, sobretudo, evitar que caiamos nos excessos do "psicologismo" que marcam há muito tempo a pesquisa sobre o ensino. Em relação à pesquisa, esse modelo do ator leva-nos a interessar-nos não pelas representações "mentais do professor", mas por seus juízos tais como podem ser expressos em proposições, num discurso, etc.

O professor não é um cientista: o espectro do julgamento

Segundo essa visão, o professor não é um cientista, pois seu objetivo não é a produção de novos conhecimentos, nem mesmo o conhecimento das teorias existentes. Os juízos do professor estão voltados para o agir no contexto e na relação com o outro, no caso os alunos. Ele não quer conhecer, mas agir e fazer, e, se procura conhecer, é para melhor agir e fazer. O professor também não é um cientista pelo fato de os seus juízos não se reduzirem a juízos empíricos, mas abrangerem um espectro muito mais amplo de juízos. Esse aspecto parece-nos fundamental e merece ser discutido.

Como mencionamos anteriormente, os partidários da concepção argumentativa do saber buscam desenvolver uma teoria do juízo que exceda os juízos de realidade para englobar diversos tipos de juízo nos quais estejam presentes exigências de racionalidade. Noutra ocasião, já discutimos as implicações desse enfoque recente e muito rico em possibilidades para o estudo do saber e da ação em Educação. Limitemo-nos a algumas considerações básicas sobre esse assunto. A nosso ver, "o saber ensinar na ação" implica um conjunto de saberes e, portanto, um conjunto de competências diferenciadas. Van der Maren (1990: 1.024) descreveu muito bem o contexto característico da ação pedagógica, a qual requer um vasto leque de competências:

> Ela [a situação educativa] define-se através dos oito aspectos seguintes: (1) uma pessoa (adulta)

supostamente dotada de saber (2) está regularmente em contato (3) com um grupo (4) de pessoas (crianças) que se supõe estarem aprendendo (5), e cuja presença é obrigatória (6), para ensinar-lhes (7) um conteúdo socialmente determinado (8) por meio de uma série de decisões tomadas em situação de urgência.

Ora, para realizar esse trabalho e solucionar as numerosas dificuldades por ele ocasionadas através das múltiplas interações entre esses oito elementos fundamentais, o professor deve ser capaz de assimilar uma tradição pedagógica transformada em hábitos, rotinas e truques do ofício; deve possuir uma competência cultural proveniente da cultura comum e dos saberes cotidianos que partilha com seus alunos; deve ser capaz de discutir com eles e de fazer valer o seu ponto de vista; deve ser capaz de se expressar com uma certa autenticidade diante de seus alunos; deve ser capaz de gerir uma classe de maneira estratégica a fim de atingir objetivos de aprendizagem, ao mesmo tempo em que negocia o seu papel; deve ser capaz de identificar certos comportamentos e de modificá-los numa certa medida, etc. Em suma, o "saber ensinar", do ponto de vista de seus fundamentos na ação, remete a uma pluralidade de saberes. Essa pluralidade de saberes forma, de um certo modo, um "reservatório" onde o professor vai buscar suas certezas, modelos simplificados de realidade, razões, argumentos, motivos, para validar seus próprios julgamentos em função de sua ação. É claro que, dentro da própria ação, esses julgamentos podem ser instantâneos ou parecer originados de uma intuição e não de um raciocínio; mas o que chamamos de deliberação não é necessariamente um processo longo e consciente; por outro lado, o que chamamos de intuição intelectual nos parece ser o resultado de processos de raciocínio que se tornaram rotineiros e implícitos de tanto se repetirem.

Assim, ao agir, o professor é forçado a tomar decisões, a fazer escolhas, etc., resultantes de julgamentos profissionais que não se limitam a fatos, isto é, a um saber empírico. Na realidade, o professor se baseia em vários tipos de juízo para estruturar e orientar sua atividade profissional. Por exemplo, ele se baseia com frequência em valores morais ou em normas sociais para tomar uma decisão. Aliás, uma grande parte das práticas disciplinares do professor colocam em jogo juízos normativos sobre as diferenças entre o que é permitido e o que é proibido. Para alcançar fins pedagógicos, o professor também se baseia em juízos ligados a tradições escolares, pedagógicas e profissionais que ele mesmo assimilou e interiorizou. Finalmente, ele se baseia em sua "experiência vivida" como fonte viva de sentido a partir da qual o passado lhe permite esclarecer o presente e antecipar o futuro. Valores, normas, tradições, experiência vivida são elementos e critérios a partir dos quais o professor faz julgamentos profissionais. Ora, como se pode constatar, esses diferentes tipos de juízo não se reduzem ao conhecimento empírico ou a uma teoria informacional do ensino, e nem por isso são irracionais. De fato, seguir uma norma, respeitar uma tradição, adotar um valor, agir em função da experiência vivida não são comportamentos irracionais ou a-racionais, na medida em que o ator é capaz de dizer por que adota tais comportamentos.

Limites da consciência profissional

Entretanto, é evidente também que os comportamentos e a consciência do professor possuem várias limitações e que, por conseguinte, seu próprio saber é limitado. Como qualquer outro ator humano, o professor sabe o que faz até um certo ponto, mas não é necessariamente consciente de tudo o que faz no momento em que o faz. Além disso, também nem sempre sabe necessariamente por que age de determinada maneira. Por fim, suas próprias ações têm muitas vezes consequências imprevistas, não intencionais, cuja existência ele ignora.

Essa questão das conseqüências não intencionais da atividade profissional dos professores é da maior importância. *De fato, se os professores sabem o que fazem, como podem reproduzir fenômenos aos quais, no entanto, se opõem conscientemente?* Tal questão é crucial para toda concepção a respeito do saber docente e, de maneira mais ampla, da profissão docente. Ela também representa um elemento capital para toda teoria da educação, pois levanta o problema clássico, que se tornou uma verdadeira aporia, das relações entre os "determinismos sociais" e a "liberdade" dos atores.

Para ilustrar esse problema, basta citar o fracasso escolar, que todos os estudos mostram depender principalmente da origem socioeconômica e cultural dos alunos. Ora, uma grande parte dos professores defende valores de igualdade e de justiça em relação aos alunos, recusando-se a selecioná-los e avaliá-los a partir de sua origem socioeconômica. No entanto, por serem os principais agentes da escola, e a menos que sua ação seja considerada nula e sem efeito, é preciso reconhecer, como diria Bourdieu, que os professores "realizam objetivamente uma tal seleção", levando assim uma multidão de alunos ao fracasso escolar.

Observa-se portanto um corte importante entre as intenções profissionais dos professores e os resultados objetivos de suas ações. Os exemplos desse tipo poderiam ser multiplicados, mas o princípio é o mesmo: a menos que os professores sejam transformados em seres oniscientes, é preciso admitir que existe, às vezes, um abismo entre suas boas intenções e o que fazem realmente. Toda ação encerra, potencialmente, consequências não intencionais que escapam à consciência dos atores e ao seu conhecimento a respeito do que vai acontecer.

Nessa perspectiva, podemos dizer, baseados em Habermas (1987), que toda atividade social comporta sempre dois aspectos indissociáveis: um aspecto intencional, que pode ser estudado levando-se em conta os motivos do ator, seu discurso, seus objetivos, os significados que atribui à sua atividade, etc., e um aspecto não intencional, que pode ser estudado levando-se em conta as regularidades resultantes dessa ação, através, por exemplo, de estudos descritivos ou estatísticos, quando se trata da ação de um grupo como o dos professores. Ora, o que acaba de ser dito em relação à ação vale também em relação ao conhecimento: o que um ator sabe fazer pode ser estudado em função dos conhecimentos que possui, do seu discurso; mas também se pode estudar o seu "saber-fazer" observando e descrevendo sua atividade, a fim de inferir de suas ações competências subjacentes que a tornem possível. Por exemplo, é possível estudar as concepções e conhecimentos pedagógicos explícitos de um professor, mas também se pode estudar o que ele faz realmente ao agir: quem já não encontrou, um dia, professores que se declaram partidários de uma pedagogia libertária, mas cuja ação expressa todas as rotinas de uma autoridade não partilhada!

A concepção que propomos comporta determinadas conseqüências conceituais importantes:

- A relação entre o saber do professor e sua atividade não é uma relação de transparência perfeita nem de domínio completo: a ação cotidiana constitui sempre um momento de alteridade para a consciência do professor. Não fazemos tudo aquilo que dizemos e queremos; não agimos necessariamente como acreditamos e queremos agir. Em suma, a consciência do professor é necessariamente limitada e seu conhecimento discursivo da ação, parcial. Agir nunca é agir perfeitamente e em plena consciência, com uma consciência clara dos objetivos e consequências da ação, das motivações afetivas subjacentes, etc.

- O professor possui competências, regras, recursos que são incorporados ao seu trabalho, mas sem que ele tenha, necessariamente, consciência explícita disso. Nesse sentido, o saber-fazer do professor parece ser mais amplo que o seu conhecimento discursivo. Por isso, uma teoria do ensino consistente não pode repousar exclusivamente sobre o discurso dos professores, sobre seus conhecimentos discursivos e sua consciência explícita. Ela deve registrar também as regularidades da ação dos atores, bem como as suas práticas objetivas, com todos os seus componentes corporais, sociais, etc.

- Como vimos no capítulo 2, a atividade profissional comporta antecedentes afetivos decorrentes da história de vida do professor, de sua carreira e de sua personalidade. Ela comporta também consequências não intencionais decorrentes dos efeitos imprevisíveis de sua ação. A consciência profissional está, por assim dizer, delimitada pelos fundamentos motivacionais ou afetivos da ação e pelas conseqüências não motivadas que dela resultam.

Tal como mostra a figura seguinte, a consciência profissional do professor está, de um certo modo, mergulhada, no âmbito de seu trabalho, naquilo que Giddens (1987) chama de "consciência prática", que corresponde a tudo o que ele sabe fazer e dizer. Nessa perspectiva, o conhecimento discursivo é apenas uma parte do seu "saber-ensinar". Por outro lado, as próprias práticas profissionais (inclusive a consciência prática) estão enraizadas na história de vida do professor e em sua personalidade e são portadoras de consequências não intencionais.

Figura – Prática e consciência profissional

```
                    Consciência profissional:
        tudo o que um professor sabe dizer a respeito de suas atividades
          (conhecimentos discursivos, explícitos: objetivos, motivos,
             justificações, intenções, projetos, razões de agir, etc.)
                               │
                               ▼
  Antecedentes pessoais
    do professor ligados
    à sua história de vida,     ┌──────────┐      Consequências
    à sua personalidade e  ───▶ │Trabalho do│ ──▶  não intencionais
    à sua aprendizagem          │ professor │     de suas atividades
       da profissão             └──────────┘
                               ▲
                               │
         Consciência prática: tudo o que um professor faz
           e diz na ação (regras, competências implícitas,
                     saber-fazer, rotinas, etc.)
```

Esta figura e a discussão precedente sugerem, portanto, que o saber experiencial dos professores é um saber compósito no qual estão presentes conhecimentos discursivos, motivos, intenções conscientes, etc., assim como competências práticas que se revelam especialmente através do uso que o professor faz das regras e recursos incorporados à sua ação.

O saber-fazer: o exemplo das rotinas

As rotinas, que são fenômenos fundamentais no ensino, permitem dar uma boa ideia daquilo que chamamos de consciência prática. O que é uma rotina? Agir é agir no tempo, com o tempo: a ação se insere, portanto, numa duração. Ora, um dos problemas capitais relativos à compreensão da atividade humana é justamente o de captar como uma ação pode manter-se através do tempo, tanto subjetivamente, já que, em tese e de fato, é o mesmo ator que age, quanto objetivamente, já que a ação se repete de uma forma relativamente estável e que todas as lições se assemelham umas às outras: dia após dia, é sempre o "mesmo" professor que entra na sala de aula; dia após dia, ele dá a "mesma" lição diante dos "mesmos" alunos.

Giddens (1987) propõe o conceito de *rotinização* para falar desse problema. Esse conceito está relacionado com um grande número de estudos que colocaram em evidência o caráter rotineiro do ensino e a importância das rotinas para compreender a vida na sala de aula e o trabalho do professor. Como vimos nos capítulos anteriores, a ideia geral desses estudos é que as rotinas são meios de gerir a complexidade das situações de interação e de diminuir o investimento cognitivo do professor no controle dos acontecimentos.

Todavia, não acreditamos que a rotinização do ensino seja apenas uma maneira de controlar os acontecimentos na sala de aula. Enquanto fenômeno básico da vida social, a rotinização *indica que os atores agem através do tempo, fazendo das suas próprias atividades recursos para reproduzir essas mesmas atividades*. No nosso caso, ela demonstra a forte dimensão sociotemporal do ensino, na medida em que as rotinas se tornam parte integrante da atividade profissional, constituindo, desse modo, "maneiras de ser" do professor, seu "estilo", sua "personalidade profissional". Entretanto, a menos que o ator se torne um autômato, a rotinização de uma atividade, isto é, *sua estabilização e sua regulação, que possibilitam sua divisão e sua reprodução no tempo*, repousa num controle da ação por parte do professor, controle esse baseado na aprendizagem e na aquisição temporal de competências práticas. Ora, a força e a estabilidade desse controle não podem depender de decisões voluntárias, de escolhas, de projetos, *mas sim da interiorização de regras implícitas de ação adquiridas com e na experiência da ação*.

Ninguém escolhe ser rotineiro; no entanto, todos nós o somos, não por opção, mas porque o tecido ontológico da vida social é feito precisamente de tais regularidades práticas. Essas regularidades não são somente "formas exteriores", convenções ou hábitos dos quais poderíamos prescindir ao agir: o fato de uma atividade ser rotineira é um recurso fundamental da ação que torna possível a sua reprodução pelo mesmo ator. De fato, que seja realmente sempre o mesmo ator que aja – *eu* que ensino, *eu* que falo, *eu* que avalio – depende intimamente da rotinização do próprio ator, daquilo que chamamos de sua personalidade.

No que diz respeito ao problema de que tratamos, significa que uma boa parcela da atividade do professor, tudo o que chamamos suas rotinas e sua personalidade, não depende diretamente de sua consciência profissional, do conhecimento explícito daquilo que ele faz e daquilo que é. Na realidade, a dimensão temporal da atividade provoca uma espécie de anamnésia da consciência discursiva: não podemos agir senão esquecendo o processo histórico de aprendizagem através do qual nos tornamos competentes para realizar essa ação. Esse processo não está "atrás de nós", mas ancorado e interiorizado em cada um de nossos atos.

A razão pedagógica e seus conteúdos

Antes de completar nossa abordagem, relembremos brevemente alguns dos seus aspectos conceituais. Definimos o professor como um profissional dotado de razão e cujos saberes são regidos por certas exigências de racionalidade que lhe permitem emitir juízos diante das condições contingentes de seu trabalho. Afirmamos que esses juízos não se limitavam a juízos de realidade, mas abrangiam um vasto leque de tipos de juízos, mostrando assim que os saberes nos quais o professor se apoia para julgar são diversos e plurais. Por fim, colocamos em evidência as limitações da consciência intencional do professor e de sua capacidade de julgamento ou de racionalização da ação. Após essas diversas caracterizações do julgamento, gostaríamos de concluir nossa reflexão insistindo brevemente nos conteúdos e na especificidade do julgamento do professor. Na verdade, do que ele trata? Noutras palavras, quais são os objetos dos saberes do professor?

Um postulado: os saberes estão ligados ao trabalho

Em nossas pesquisas anteriores, sempre afirmamos que os saberes do professor deviam ser compreendidos numa relação direta com as condições que estruturam seu trabalho. Esse postulado permanece completamente válido ainda hoje. Esse postulado significa que o trabalho docente, como todo trabalho humano especializado, requer certos saberes específicos que não são partilhados por todo o mundo e que permitem que o grupo dos professores assente sua atividade num certo repertório de saberes típicos desse ofício. Para evitar equívocos, acrescentamos que, a nosso ver, esse repertório de saberes não se refere a saberes intemporais e universais, que seriam o alicerce de toda atividade pedagógica ou da Pedagogia, nem a processos cognitivos gerais, peculiares a todo ser humano, que garantiriam o funcionamento da comunicação pedagógica. Pensamos, pelo contrário, que os saberes do professor dependem intimamente das condições sociais e históricas nas quais ele exerce seu ofício, e mais concretamente das condições que estruturam seu próprio trabalho num lugar social determinado. Nesse sentido, para nós, a questão dos saberes está intimamente ligada à questão do trabalho docente no ambiente escolar, à sua organização, à sua diferenciação, à sua especialização, aos condicionantes objetivos e subjetivos com os quais os professores têm que lidar, etc. Ela também está ligada a todo o contexto social no qual a profissão docente está inserida e que determina, de diversas maneiras, os saberes exigidos e adquiridos no exercício da profissão.

Evidentemente, do ponto de vista empírico, esse repertório de saberes está profundamente imerso no conjunto dos saberes que os indivíduos que ensinam podem possuir. Por exemplo, é claro que a cultura geral dos professores, seus conhecimentos pessoais, seu senso comum, em suma, *todos os "saberes" que eles adquiriram durante a vida inteira e que podem partilhar com um grande número de indivíduos*, desempenham um papel no ensino. Entretanto, acreditamos que esse papel é suficientemente condicionado pela prática da profissão, de modo que os saberes adquiridos fora da profissão são então utilizados – quando o são – para fins específicos ao ensino. Por exemplo, um professor pode muito bem utilizar sua cultura pessoal para atingir fins profissionais. Ele pode também se basear em valores pessoais para agir numa sala de aula. Esses valores pessoais são, então, incorporados à sua ação profissional: eles tornam-se, por conseguinte, meios a serviço do trabalho docente, e é nessa perspectiva que convém estudá-los. Na realidade, ocorre o mesmo com todo trabalho humano: os conhecimentos do trabalhador são muito mais amplos do que os exigidos por seu trabalho. Todavia, esse trabalho requer certos conhecimentos específicos que não devem ser confundidos, do ponto de vista da estratégia de pesquisa e da delimitação de seu objeto de estudo, com todos os conhecimentos possuídos pelo trabalhador. Na verdade, só um estudo empírico apurado do "saber docente" pode nos informar a respeito de quando e como esses conhecimentos tornam-se e agem concretamente na prática da profissão, e em que medida eles "dão cor" a essa prática. Porém, além da distinção um pouco abstrata que acabamos de estabelecer entre esses dois tipos de saber, acreditamos que o caráter específico dos saberes profissionais depende de fenômenos muito concretos: 1°) eles são adquiridos principalmente no âmbito de uma formação específica e relativamente longa na universidade; 2°) sua aquisição é acompanhada de uma certa socialização profissional e de uma experiência do ramo; 3°) são usados numa instituição – a escola – que possui um certo número de traços originais; 4°) são mobilizados no âmbito de um trabalho – o ensino – que também possui certas características específicas. Essas condições de aquisição e de utilização parecem ser, portanto, variáveis bastante "pesadas", do ponto de vista sociológico, para que se possa postular o caráter distinto e específico dos saberes dos professores em relação aos outros ofícios, profissões ou aos conhecimentos comuns das pessoas comuns. Nesse sentido, não acreditamos que qualquer pessoa possa entrar numa sala de aula e considerar-se, de repente, professor.

A relação com o outro

Mas de que tratam os julgamentos do professor, a que realidade se referem esses saberes? A ação profissional do professor é estruturada por duas séries de condicionantes: os condicionantes ligados à transmissão da matéria (condicionantes de tempo, de organização sequencial dos conteúdos, de alcance de finalidades, de aprendizagem por parte dos alunos, de avaliação, etc.) e os condicionantes ligados à gestão das interações com os alunos (manutenção da disciplina, gestão das ações desencadeadas pelos alunos, motivação da turma, etc.). O trabalho docente no ambiente escolar consiste em fazer essas duas séries de condicionantes convergirem, em fazê-las colaborar entre si. Nesse sentido, a transmissão da matéria e a gestão das interações não constituem elementos entre outros do trabalho docente, mas o próprio cerne da profissão. É por isso que o estudo dos conteúdos transmitidos, a maneira como o professor os compreende, os organiza, os apresenta, os diz, em suma, utiliza-os para "interatuar" com os alunos faz parte integrante da pesquisa sobre os saberes do professor. Da mesma maneira, o modo como os alunos "interatuam" com os saberes disciplinares e curriculares por intermédio da ação do professor constitui um objeto essencial da pesquisa nesse campo.

A transmissão e a gestão são funções tão importantes que toda a organização escolar está globalmente organizada para facilitar a convergência desses elementos e oferecer aos professores um quadro de trabalho já estruturado em função dessas duas séries de condicionantes. Por exemplo, os programas são modelos "discursivos de ação" que estruturam a transmissão da matéria: eles determinam com maior ou menor precisão os objetivos a serem atingidos, as coisas a serem aprendidas, os conteúdos a serem ensinados, as etapas a serem seguidas, etc. Eles oferecem, assim, aos professores um modelo de transmissão, de organização e de estruturação do conteúdo. O ambiente físico (classe fechada, carteiras enfileiradas, etc.) e social (seleção daqueles que podem entrar na sala de aula, normas punitivas, regras de exclusão da classe, regras que determinam os comportamentos aceitáveis, etc.) já oferece um quadro para gerir os condicionantes ligados à interação com os alunos. Em suma, a ordem escolar já oferece aos professores um quadro facilitador para estabelecer a ordem na sala de aula: antes mesmo de começar seu trabalho, antes mesmo de entrar numa sala de aula, um professor já possui um certo número de certezas quanto ao seu quadro habitual de trabalho. Exatamente como o operário ao entrar na fábrica ou o executivo ao entrar no escritório, o professor, ao entrar na escola e na sala de aula, se insere num dispositivo já ordenado em seus aspectos principais (TARDIF, 1993).

Entretanto, o professor também é enormemente responsável pela ordem na sala de aula e pela convergência entre os condicionantes ligados à transmissão e à interação. O quadro socioinstituticional delimita suas atividades, mas lhe deixa, ao mesmo tempo, uma boa margem de iniciativa para realizar seu trabalho. Noutras palavras, a ordem na sala de aula é certamente condicionada pela organização física e social da escola e das salas de aula, mas é ao mesmo tempo uma ordem construída pela ação do professor em interação com os alunos. *Ora, é precisamente na construção dessa ordem pedagógica que o professor deve exercer seu julgamento profissional, tomar decisões, pensar e agir em função de certas exigências de racionalidade.* No decurso de seu trabalho, o professor normalmente não precisa tomar decisões a respeito do que já está determinado de antemão (o sistema escolar, o ambiente físico, as relações sociais, as grandes finalidades, etc.), mas deve refletir sobre o que depende dele. Parafraseando Schön, sua "razão na ação" está ligada a contingências com as quais ela deve lidar em função de finalidades que ele mesmo deve provocar através de sua ação. Nesse sentido, trata-se de uma razão prática e não de uma racionalidade teórica. Parafraseando Marx, desta vez, o professor não se propõe a compreender o mundo, mas a transformá-lo. Ora, esse mundo é o mundo social tal como ele se oferece através, com e no outro, isto é, em suas interações com os alunos. A razão do professor, a razão pedagógica, se estabelece sempre em sua relação com o outro, isto é, em suas interações com os alunos. Nesse sentido, ela difere, e profundamente, da racionalidade científica e técnica, a qual está voltada para a objetivação e para a manipulação dos fatos.

Essa dimensão social da razão pedagógica se mostra nesse fenômeno educativo que é fundamental, se queremos compreender a natureza da atividade do professor: é sempre possível manter os alunos "presos" fisicamente numa sala de aula, mas é impossível levá-los a aprender sem obter, de uma maneira ou de outra, seu consentimento, sua colaboração voluntária. A fim de aprender, os alunos devem tornar-se, de uma maneira ou de outra, os atores de sua própria aprendizagem, pois ninguém pode aprender em lugar deles. Transformar os alunos em atores, isto é, em parceiros da interação pedagógica, parece-nos ser a tarefa em torno da qual se articulam e ganham sentido todos os saberes do professor. Se aceitarmos este último ponto, ele nos levará, então, em direção a uma pista de trabalho que coincide com a ideia de julgamento jurídico formulada anteriormente. Essa pista de trabalho é o que se chamou de "nova retórica" e foi proposta pelos trabalhos de Perelman (1970). Ela consiste em ver no ensino uma atividade linguística, discursiva, que se define essencialmente em sua relação com um público, um auditório. Em suma, o professor deve, como um de nós já escreveu, "cortejar o consentimento do outro a fim de ganhar a batalha da aprendizagem". Essa relação com o auditório está no próprio cerne da concepção argumentativa do saber docente aqui esboçada. Ensinar é, obrigatoriamente, entrar em relação com o outro. Ora, para que essa relação se estabeleça, é preciso que o professor e os alunos se entendam minimamente: o auditório deve estar pronto para ouvir e o professor deve dar bastante importância à adesão do grupo para produzir seu discurso. Isso implica um certo arsenal de competências por parte do professor: teatralização, capacidade de exercer sua autoridade, habilidades de comunicação, etc. Esta última pista de trabalho está atualmente no centro das pesquisas sobre a argumentação, sobre a pragmática, a psicossociologia da persuasão e a análise do discurso. Ela nos parece particularmente interessante e promissora, na medida em que permite sair dos enfoques mentalistas e cognitivos e situar o professor em seu "ambiente natural": a linguagem pública na interação com o outro.

4. À guisa de conclusão

Ao longo deste texto, procuramos fornecer vários elementos, ideias, perspectivas e pistas de trabalho que permitissem conhecer a nossa posição em relação às questões de base aqui discutidas. Para sermos claros, digamos que nossa concepção do professor e de sua formação profissional está ligada, de forma global, à visão do "prático reflexivo" proposta por Schön. Contudo, a orientação de nossas pesquisas distancia-se consideravelmente das visões cognitivistas, mentalistas, representacionais e subjetivistas do "saber", estando mais próxima de certas correntes de pesquisa nas áreas da sociocognição e da psicologia social. Para nós, o saber não é um predicado que serve para denominar a potência ou a eficiência do sujeito computacional imaginado por certos cognitivistas e "managers" da pedagogia. O saber é um constructo social produzido pela racionalidade concreta dos atores, por suas deliberações, racionalizações e motivações que constituem a fonte de seus julgamentos, escolhas e decisões. Nessa perspectiva, acreditamos que as "competências" do professor, na medida em que se trata mesmo de "competências profissionais", estão diretamente ligadas às suas capacidades de racionalizar sua própria prática, de criticá-la, de revisá-la, de objetivá-la, buscando fundamentá-la em razões de agir. Nesse sentido, o prático reflexivo corresponde ao profissional dotado de razão do qual falávamos anteriormente e o qual concebemos em função de um enfoque argumentativo e deliberativo, e não cognitivo.

Nosso enfoque se distancia também dos trabalhos atuais sobre a perícia e o perito, sobre as diferenças ontológicas entre o perito e o aprendiz, o perito e o leigo, etc. Temos dificuldade em acreditar na existência de peritos em Educação, pela simples razão de que as atividades educativas ocorrem forçosamente e muito concretamente num contexto de compromissos normativos contínuos. Ora, até prova em contrário, não existe perícia no que diz respeito às normas, nem mesmo em relação a essas escolhas tão "simples" que um professor deve fazer todos os dias no que se refere à distribuição de seus recursos limitados, de seu tempo, de sua energia. Existem peritos do jogo de xadrez, do jogo de damas, mas não existe perito que possa nos dizer se devemos jogar xadrez ou damas: assim que as regras do jogo mudam, assim que mudamos de jogo (de linguagem, de poder), os peritos mudam e deixam de ser peritos. Nenhum perito pode dizer se é preferível dar ênfase à progressão da turma ou trabalhar mais com os mais lentos, com o risco de diminuir o ritmo da turma. Nenhum perito pode dizer-nos se é preferível ensinar de acordo com um certo estilo (democrático, autoritário, etc.), de acordo com certos valores, etc.

Embora nos recusemos a aderir ao mito do perito (BOURDONCLE, 1993), acreditamos que os práticos experientes (que são diferentes dos peritos, Elbaz, 1993) apoiam-se numa certa racionalidade, em certos julgamentos que convém tornar públicos, estudando-os principalmente no âmbito de pesquisas na área das ciências da educação.

Finalmente, nossa posição se distancia também dos enfoques que tendem a assimilar o ensino a uma ciência, a uma técnica, a uma atividade profissional baseada numa racionalidade exclusivamente epistêmica. Nosso enfoque procura associar constantemente saber docente e racionalidade, mas uma racionalidade concebida em função da realidade dos atores sociais empenhados em atividades contingentes e que se apoiam em saberes contingentes, lacunares, imperfeitos, saberes limitados principalmente por poderes, normas, etc. Nesse sentido, nossa proposta de trabalho constitui um discurso em favor de uma racionalidade limitada e concreta, enraizada nas práticas cotidianas dos atores, racionalidade aberta, contingente, instável, alimentada por saberes lacunares, humanos, baseados na vivência, na experiência, na vida.

PARTE II

O SABER DOS PROFESSORES EM SUA FORMAÇÃO

6
Os professores enquanto sujeitos do conhecimento*

NESTE capítulo, será abordada a questão do conhecimento dos professores, isto é, dos saberes, do saber-fazer, das competências e das habilidades que servem de base ao trabalho dos professores no ambiente escolar.

Juntamente com algumas outras grandes interrogações, essa questão domina, de uma maneira geral, a literatura produzida nas ciências da educação norte-americanas e anglo-saxônicas nas duas últimas décadas. Ela também se faz presente na Europa desde o início da década de 1990, aproximadamente, e começa a penetrar em vários países latino-americanos, especialmente no Brasil.

Historicamente, essa questão está ligada à da profissionalização do ensino e aos esforços feitos pelos pesquisadores no sentido de definir a natureza dos conhecimentos profissionais que servem de base ao magistério. Todavia, com o passar do tempo, ela foi-se alargando e se ramificando e deu origem a produções teóricas autônomas relativas, por exemplo, ao trabalho dos professores e à sua formação, ao pensamento dos professores e à sua história de vida, às relações

---

* Este capítulo foi apresentado inicialmente numa mesa-redonda realizada no Congresso do Endipe de 2000.

entre a cultura escolar e a cultura dos professores, ao lugar do saber dos professores entre os saberes sociais, etc.

Vários autores preocuparam-se em estabelecer a genealogia dessa questão, estudando, por exemplo, os laços que a ligam ao movimento de profissionalização do ensino, às recentes reformas escolares ou às transformações do saber que afetam nossas sociedades modernas avançadas ou pós-modernas. Não é minha intenção refazer essa genealogia nem delimitar as condições sociais, culturais e educacionais que foram determinantes na edificação da questão do conhecimento dos professores.

O meu objetivo é mostrar de que modo essa questão pode nos ajudar a repensar certos temas, especialmente o da subjetividade dos professores, do qual vou tratar estabelecendo relações com a questão dos saberes e da prática docentes.

No que diz respeito à subjetividade, um postulado central tem guiado as pesquisas sobre o conhecimento dos professores nos últimos vinte anos. Esse postulado é o seguinte: os professores de profissão possuem saberes específicos que são mobilizados, utilizados e produzidos por eles no âmbito de suas tarefas cotidianas. Noutras palavras, o que se propõe é considerar os professores como sujeitos que possuem, utilizam e produzem saberes específicos ao seu ofício, ao seu trabalho. A grande importância dessa perspectiva reside no fato de os professores ocuparem, na escola, uma posição fundamental em relação ao conjunto dos agentes escolares: em seu trabalho cotidiano com os alunos, são eles os principais atores e mediadores da cultura e dos saberes escolares. Em suma, é sobre os ombros deles que repousa, no fim das contas, a missão educativa da escola. Nesse sentido, interessar-se pelos saberes e pela subjetividade deles é tentar penetrar no próprio cerne do processo concreto de escolarização, tal como ele se realiza a partir do trabalho cotidiano dos professores em interação com os alunos e com os outros atores educacionais. Essa perspectiva de pesquisa foi negligenciada durante muito tempo pelas ciências da educação e, de maneira geral, pelos teóricos e pesquisadores que atuam na área de ciências humanas e sociais e se interessam pelo ensino.

Ora, como tentarei mostrar agora, considerar os professores como atores competentes, como sujeitos do conhecimento, permite renovar as visões vigentes a respeito do ensino.

Este capítulo será desenvolvido da seguinte maneira:

- Num primeiro momento, tratarei da questão da própria subjetividade, apresentando as concepções atualmente propostas a esse respeito.
- Num segundo momento, mostrarei como esse postulado permite repensar as concepções tradicionais referentes à relação entre teoria e prática e, em especial, as relações entre a pesquisa universitária e a prática do ofício de professor.
- Na conclusão, tratarei de certas consequências mais práticas e mais políticas desse postulado a respeito da formação dos professores, da pesquisa sobre o ensino e da organização do trabalho docente na escola.

1. Primeira consequência: recolocar a subjetividade dos professores no centro das pesquisas sobre o ensino

Ao sustentar que os professores são atores competentes, sujeitos do conhecimento, tais considerações permitem recolocar a questão da subjetividade ou do ator no centro das pesquisas sobre o ensino e sobre a escola, de maneira geral. De fato, esse postulado propõe que se pare de considerar os professores, por um lado, como técnicos que aplicam conhecimentos produzidos por outros (por exemplo: os pesquisadores universitários, os peritos em currículo, os funcionários do Ministério da Educação, etc.), e, por outro lado, como agentes sociais cuja atividade é determinada exclusivamente por forças ou mecanismos sociológicos (por exemplo: a luta de classes, a transmissão da cultura dominante, a reprodução dos hábitos e dos campos sociais, as estruturas sociais de dominação, etc.). Apesar de todas as diferenças existentes entre a visão tecnicista e a visão sociologista, elas possuem em comum o fato de despojar os atores sociais de seus saberes e, portanto, dos poderes decorrentes do uso desses saberes, e de sujeitar os professores, por um lado, aos saberes dos peritos e, por outro, aos saberes dos especialistas das ciências sociais. Em última análise, nessas duas visões, o professor não passa de um boneco de ventríloquo: ou aplica saberes produzidos por peritos que detêm a verdade a respeito de seu trabalho ou é o brinquedo inconsciente no jogo das forças sociais que determinam o seu agir, forças que somente os pesquisadores das ciências sociais podem realmente conhecer.

Ao contrário dessas duas visões redutoras do ensino, acredito que, para compreender a natureza do ensino, é absolutamente necessário levar em conta a subjetividade dos atores em atividade, isto é, a subjetividade dos próprios professores. Ora, um professor de profissão não é somente alguém que aplica conhecimentos produzidos por outros, não é somente um agente determinado por mecanismos sociais: é um ator no sentido forte do termo, isto é, um sujeito que assume sua prática a partir dos significados que ele mesmo lhe dá, um sujeito que possui conhecimentos e um saber-fazer provenientes de sua própria atividade e a partir dos quais ele a estrutura e a orienta. Nessa perspectiva, toda pesquisa sobre o ensino tem, por conseguinte, o dever de registrar o ponto de vista dos professores, ou seja, sua subjetividade de atores em ação, assim como os conhecimentos e o saber-fazer por eles mobilizados na ação cotidiana. De modo mais radical, isso quer dizer também que a pesquisa sobre o ensino deve se basear num diálogo fecundo com os professores, considerados não como objetos de pesquisa, mas como sujeitos competentes que detêm saberes específicos ao seu trabalho.

Na América do Norte e na Europa, os trabalhos que procuram levar em consideração a subjetividade dos professores são desenvolvidos atualmente a partir de três grandes orientações teóricas:

Uma primeira orientação caracteriza as pesquisas sobre a cognição ou sobre o pensamento dos professores. São pesquisas de inspiração psicológica e fazem parte da corrente das ciências cognitivas, especialmente da psicologia cognitiva. Na América do Norte, a maioria dessas pesquisas procura estudar o ensino como um processo de tratamento da informação, colocando em evidência os processos mentais que regem o pensamento do professor em diversas situações, por exemplo, durante a gestão da classe, no momento da transposição didática da matéria, nas interações com os alunos, etc. De acordo com essa orientação teórica de pesquisa, os saberes dos professores são representações mentais a partir das quais os práticos ordenam sua prática e executam suas ações; trata-se, portanto, de saberes procedimentais e instrumentais a partir dos quais o professor elabora uma representação da ação e lhe dá forma. Do lado europeu, as pesquisas sobre a cognição dos professores são muito mais de inspiração construtivista e socioconstrutivista. Elas se interessam pelos processos de negociação, de ajustamento e de estruturação das representações mentais subjetivas e intersubjetivas dos professores relacionados com o contexto de ensino, com as interações com os alunos e também com as outras dimensões simbólicas do ensino, como por exemplo as disciplinas escolares, os programas, etc. Essas pesquisas europeias correspondem também às pesquisas norte-americanas desenvolvidas nas áreas de didática da matemática e da antropologia cognitiva, as quais tratam daquilo que chamamos de "cognição situada" ou de "aprendizagem situada". De maneira geral, essa primeira orientação teórica é dominada por uma visão cognitivista e psicologizante da subjetividade dos professores. Ela procura, com frequência, definir as características cognitivas do professor perito, do professor eficiente, etc., e propõe uma visão bastante racionalista do professor, reduzindo a subjetividade dele à sua cognição, cognição essa concebida segundo uma visão intelectualista e instrumental.

Uma segunda orientação caracteriza as pesquisas que tratam daquilo que se pode chamar de "vida dos professores". Tais pesquisas se baseiam em diversas correntes teóricas como a fenomenologia existencial, as histórias de vida pessoal e profissional, os estudos sobre as crenças dos professores, os enfoques narrativos que estudam a "voz dos professores", ou seja, seus próprios relatos e metáforas pessoais referentes ao seu ofício, etc. Nessa segunda orientação teórica, a subjetividade dos professores é vista de maneira muito mais ampla do que na primeira, pois não se limita à cognição ou às representações mentais, mas engloba toda a história de vida dos professores, suas experiências familiares e escolares anteriores, sua afetividade e sua emoção, suas crenças e valores pessoais, etc. Poderíamos incluir também nessas pesquisas os raríssimos trabalhos de inspiração psicanalítica que se interessam pelo ensino. De qualquer maneira, nessa segunda orientação, o professor é considerado o sujeito ativo de sua própria prática. Ele aborda sua prática e a organiza a partir de sua vivência, de sua história de vida, de sua afetividade e de seus valores. Seus saberes estão enraizados em sua história de vida e em sua experiência do ofício de professor. Portanto, eles não são somente representações cognitivas, mas possuem também dimensões afetivas, normativas e existenciais. Eles agem como crenças e certezas pessoais a partir das quais o professor filtra e organiza sua prática. Por exemplo, a maneira como um professor resolve e assume os conflitos de autoridade na sala de aula com os alunos não pode se reduzir a um saber instrumental, mas envolve inevitavelmente sua própria relação pessoal com a autoridade, relação essa que é necessariamente marcada por suas próprias experiências, seus valores, suas emoções. Os trabalhos de pesquisa oriundos dessa orientação não se interessam tanto pelo professor perito ou eficiente, mas pelo professor experiente ou pela experiência relativa ao trabalho de professor, com suas tensões, seus dilemas, suas rotinas, etc. Eles propõem igualmente uma visão bastante crítica da formação dos professores, uma vez que esta ignora a vivência desses mesmos professores e se limita, na maioria das vezes, a uma transmissão de conhecimentos. Assim, eles criticam a organização do trabalho docente nas escolas, o qual, muitas e muitas vezes, privilegia concepções burocráticas e autoritárias que esvaziam a contribuição e os conhecimentos práticos dos professores experientes.

Finalmente, uma terceira orientação teórica se baseia em enfoques que, de uns trinta anos para cá, vêm sendo propostos no campo da sociologia dos atores e da sociologia da ação: simbolismo interacionista, etnometodologia, estudo da linguagem comum ou cotidiana, estudo da comunicação e das interações comunicacionais, pesquisa sobre as competências sociais ou os saberes sociais dos atores, etc. Outras correntes de pesquisa mais recentes estão presentes igualmente nessa orientação, entre as quais as tendências mais críticas da sociologia contemporânea de inspiração neomarxista, pós-modernista ou pós-estruturalista que propõem uma crítica ao sujeito tradicional e, ao mesmo tempo, às tentativas de reformular novas concepções da subjetividade. Nessa terceira orientação, a subjetividade dos professores não se reduz à cognição ou à vivência pessoal, mas remete às categorias, regras e linguagens sociais que estruturam a experiência dos atores nos processos de comunicação e de interação cotidiana. O pensamento, as competências e os saberes dos professores não são vistos como realidades estritamente subjetivas, pois são socialmente construídos e partilhados. Por exemplo, dizer que um professor sabe ensinar não é somente avaliar uma perícia subjetiva fundada em competências profissionais, mas é, ao mesmo tempo, emitir um juízo social e normativo em relação a regras e a normas, a jogos de linguagem que definem a natureza social da competência dos professores dentro da escola e da sociedade.

Essas três dimensões da pesquisa não são impermeáveis, pois entre elas ocorrem várias trocas teóricas e metodológicas. Com o passar do tempo, cada uma delas foi produzindo resultados de pesquisa interessantes e utilizáveis na formação dos professores e na pesquisa sobre o ensino. Entretanto, como já foi mostrado, elas se baseiam em visões bastante diferentes da subjetividade dos professores: a primeira privilegia uma visão cognitiva da subjetividade; a segunda, uma visão existencial; a terceira, uma visão social. Essas diferentes concepções mostram que a questão da subjetividade é rica e complexa, e pode ser estudada através de enfoques variados.

Todavia, apesar das diferenças existentes entre elas, essas três concepções afirmam também que, em toda atividade profissional, é imprescindível levar em consideração os pontos de vista dos práticos, pois são eles realmente o polo ativo de seu próprio trabalho, e é a partir e através de suas próprias experiências, tanto pessoais quanto profissionais, que constroem seus saberes, assimilam novos conhecimentos e competências e desenvolvem novas práticas e estratégias de ação. Na conclusão, trataremos de algumas conseqüências práticas e políticas decorrentes dessa perspectiva.

Antes, porém, gostaria de mostrar que o postulado de que os professores são sujeitos competentes permite também compreender de outra maneira as relações entre a teoria e a prática, entre a pesquisa e o ensino.

2. Segunda consequência: repensar as relações entre a teoria e a prática

Se assumirmos o postulado de que os professores são atores competentes, sujeitos ativos, deveremos admitir que a prática deles não é somente um espaço de aplicação de saberes provenientes da teoria, mas também um espaço de produção de saberes específicos oriundos dessa mesma prática. Noutras palavras, o trabalho dos professores de profissão deve ser considerado como um espaço prático específico de produção, de transformação e de mobilização de saberes e, portanto, de teorias, de conhecimentos e de saber-fazer específicos ao ofício de professor. Essa perspectiva equivale a fazer do professor – tal como o professor universitário ou o pesquisador da educação – um sujeito do conhecimento, um ator que desenvolve e possui sempre teorias, conhecimentos e saberes de sua própria ação.

É uma ideia que se opõe à concepção tradicional da relação entre teoria e prática. De fato, segundo essa concepção, o saber está somente do lado da teoria, ao passo que a prática ou é desprovida de saber ou portadora de um falso saber baseado, por exemplo, em crenças, ideologias, ideias preconcebidas, etc. Além disso, ainda segundo essa concepção tradicional, o saber é produzido fora da prática (por exemplo, pela ciência, pela pesquisa pura, etc.) e sua relação com a prática, por conseguinte, só pode ser uma relação de aplicação. É exatamente esta concepção tradicional que dominou, e domina ainda, de maneira geral, todas as visões da formação dos professores tanto nas universidades do hemisfério Norte quanto nas universidades do hemisfério Sul: os professores são vistos como aplicadores dos conhecimentos produzidos pela pesquisa universitária, pesquisa essa que se desenvolve, a maioria das vezes, fora da prática do ofício de professor.

Mas a concepção tradicional não é apenas profundamente redutora, ela também é contrária à realidade. Hoje, sabemos que aquilo que chamamos de "teoria", de "saber" ou de "conhecimentos" só existe através de um sistema de práticas e de atores que as produzem e as assumem. Por exemplo, a pesquisa universitária na área da educação está assentada hoje num sistema de produção largamente institucionalizado e muito complexo onde ocorrem práticas de seleção e de financiamento da pesquisa, das práticas de construção e de difusão dos produtos teóricos, das práticas de redação e de estruturação discursiva, das práticas sociopolíticas de argumentação, de justificação, de defesa e de consolidação dos territórios disciplinares e dos prestígios simbólicos, etc. Além do mais, todas essas práticas são sustentadas, assumidas, produzidas e reproduzidas por atores bem reais: administradores da pesquisa, dirigentes políticos e financeiros, pesquisadores de carreira, editores, leitores, consumidores da pesquisa, organizadores de congressos e seus públicos, etc. Em suma, longe de se posicionar simplesmente do lado da teoria, a pesquisa na área da educação é regida e produzida por um sistema de práticas e de atores. Ora, a principal ilusão que parece dominar esse sistema, e que, ao mesmo tempo, serve para fundamentá-lo dentro das universidades, é justamente o fato de levar a acreditar que nelas podem ser produzidas teorias sem práticas, conhecimentos sem ações, saberes sem enraizamento em atores e em sua subjetividade.

Ao mesmo tempo, em compensação, essa ilusão nega aos profissionais do ensino e às suas práticas o poder de produzir saberes autônomos e específicos ao seu trabalho. Noutras palavras, a ilusão tradicional de uma teoria sem prática e de um saber sem subjetividade gera a ilusão inversa que vem justificá-la: a de uma prática sem teoria e de um sujeito sem saberes. De fato, é como se o trabalho dos professores fosse permeado por diferentes saberes (por exemplo, o saber dos peritos, o saber dos funcionários que elaboram os currículos, o saber dos didatas e dos teóricos da pedagogia, o saber produzido pelas disciplinas científicas e transpostos para as matérias escolares, o saber oriundo das pesquisas na área da educação, o saber proveniente da sociedade ambiente e dos meios de comunicação antigos ou novos, etc.), mas esses saberes não pudessem nem devessem ser produzidos pelos próprios professores. Compreender por que isso acontece é uma questão de poder e não de saber, mas não abordaremos essa questão no momento. É preciso saber, porém, que todo trabalho humano, mesmo o mais simples e mais previsível, exige do trabalhador um saber e um saber-fazer. Noutras palavras, não existe trabalho sem um trabalhador que saiba fazê-lo, ou seja, que saiba pensar, produzir e reproduzir as condições concretas de seu próprio trabalho. O trabalho – como toda práxis – exige, por conseguinte, um sujeito do trabalho, isto é, um ator que utiliza, mobiliza e produz os saberes de seu trabalho. Não poderia ser diferente com os professores, os quais realizam um trabalho que não é simples nem previsível, mas complexo e enormemente influenciado pelas próprias decisões e ações desses atores.

A oposição tradicional entre "teoria e prática" é muito pouco pertinente e demasiadamente simplificadora no que se refere aos aspectos epistemológico e conceitual. A pesquisa universitária na área da educação e a prática do ofício de professor não são regidas pela relação entre teoria e prática, pois ambas são portadoras e produtoras de práticas e de saberes, de teorias e de ações, e ambas comprometem os atores, seus conhecimentos e suas subjetividades. Nessa perspectiva, a relação entre a pesquisa universitária e o trabalho docente nunca é uma relação entre uma teoria e uma prática, mas uma relação entre atores, entre sujeitos cujas práticas são portadoras de saberes.

3. Algumas consequências práticas e políticas

Duas teses principais foram defendidas até aqui. Primeira tese: os professores são sujeitos do conhecimento e possuem saberes específicos ao seu ofício. Segunda tese: a prática deles, ou seja, seu trabalho cotidiano, não é somente um lugar de aplicação de saberes produzidos por outros, mas também um espaço de produção, de transformação e de mobilização de saberes que lhe são próprios. Ora, se levarmos essas duas teses a sério e, sobretudo, se aceitarmos segui-las até as últimas consequências, elas conduzirão a uma nova concepção do ensino. Vejamos, de maneira sucinta, alguns elementos dessa nova concepção relativa à pesquisa universitária em ciências da educação, à formação de professores e à organização do ensino no ambiente escolar.

A pesquisa universitária

No que diz respeito às ciências da educação, a perspectiva defendida aqui propõe uma mudança radical nas concepções e nas práticas de pesquisa atualmente em vigor.

Em primeiro lugar, ela propõe que se pare de ver os professores de profissão como objetos de pesquisa e que eles passem a ser considerados como sujeitos do conhecimento. Isso significa, noutras palavras, que a produção dos saberes sobre o ensino não pode ser mais o privilégio exclusivo dos pesquisadores, os quais devem reconhecer que os professores também possuem saberes, saberes esses que são diferentes dos conhecimentos universitários e obedecem a outros condicionantes práticos e a outras lógicas de ação. A pesquisa universitária sobre o ensino começará a progredir a partir do momento em que ela reconhecer que não produz uma teoria sobre uma prática, mas que ela mesma é uma prática referente a atividades (ou seja, ensinar) e a atores (ou seja, os professores) que dispõem de seus próprios saberes e de seus próprios pontos de vista.

Em segundo lugar, essa perspectiva propõe a elaboração de novas formas de pesquisa universitária que considerem os professores de profissão não como cobaias, estatísticas ou objetos de pesquisa, mas como colaboradores e até como copesquisadores. De fato, se o professor é realmente um sujeito do conhecimento e um produtor de saberes, é preciso então reconhecê-lo como tal e dar-lhe um espaço nos dispositivos de pesquisa. Pouco importa o nome que lhes dermos (pesquisa-ação, pesquisa colaborativa, pesquisa em parceria, etc.), essas novas formas de pesquisa exigem dos pesquisadores universitários um esforço importante para ultrapassar as lógicas científicas, disciplinares e monodisciplinares que regem atualmente o sistema de pesquisa institucionalizado nas universidades. Pensemos, por exemplo, na superespecialização da pesquisa universitária, na fragmentação dos campos de conhecimento, na "bitolação" dos pesquisadores a uma única disciplina, nos esforços que fazem para produzir um conhecimento padronizado de acordo com as normas de sua disciplina, conhecimento esse que, muitíssimas vezes, não tem, infelizmente, nenhuma relação com o ensino e nenhum impacto sobre ele, pois é produzido de acordo com práticas, discursos e atores que agem em espaços institucionais e simbólicos completamente separados da realidade do trabalho docente.

Em terceiro lugar, essa perspectiva visa a produzir, pelo menos numa parte das ciências da educação, uma pesquisa não sobre o ensino e sobre os professores, mas para o ensino e com os professores. Noutras palavras, se a pesquisa universitária vê nos professores sujeitos do conhecimento, ela deve levar em consideração seus interesses, seus pontos de vista, suas necessidades e suas linguagens, e assumir isso através de discursos e práticas acessíveis, úteis e significativas para os práticos. Se sou professor numa universidade do Rio de Janeiro e publico um artigo em inglês numa boa revista americana, é claro que isso é excelente para o meu currículo e para a minha ascensão na carreira universitária, mas será que isso tem alguma utilidade para os professores do bairro da Pavuna nesta cidade? Este exemplo mostra que a pesquisa universitária sobre o ensino é demasiadas vezes produzida em benefício dos próprios pesquisadores universitários. Noutras palavras, ela é esotérica, ou seja, modelada para e pelos pesquisadores universitários, e enunciada em linguagem acadêmica e em função das lógicas disciplinares e das lógicas de carreira na universidade. Em consequência, ela tende a excluir os professores de profissão ou só se dirige a eles por meio de formas desvalorizadas como a da vulgarização científica ou da transmissão de conhecimentos de segunda mão.

Finalmente, em quarto lugar, a perspectiva aqui defendida exige, por parte dos professores de profissão, o esforço de se apropriarem da pesquisa e de aprenderem a reformular seus próprios discursos, perspectivas, interesses e necessidades individuais ou coletivos em linguagens susceptíveis de uma certa objetivação. Vinte anos de pesquisas mostram que os saberes dos professores se baseiam, em boa parte, em sua experiência na profissão e em suas próprias competências e habilidades individuais. Contudo, por definição, a experiência e as habilidades individuais, por serem sempre, e profundamente, ligadas a uma subjetividade, precisam, se quiserem ser acessíveis e úteis aos outros professores e atores educacionais, ser reformuladas e traduzidas por meio de um discurso público susceptível de ser discutido e até contestado. Se os professores são, efetivamente, sujeitos do conhecimento, devem fazer, então, o esforço de agir como tais, ou seja, o esforço de se tornarem atores capazes de nomear, de objetivar e de partilhar sua própria prática e sua vivência profissional.

A formação dos professores

A perspectiva aqui apresentada também supõe certas mudanças substanciais nas concepções e nas práticas vigentes em relação à formação de professores. A esse respeito, devem ser feitas três breves considerações:

Em primeiro lugar, reconhecer que os professores de profissão são sujeitos do conhecimento é reconhecer, ao mesmo tempo, que deveriam ter o direito de dizer algo a respeito de sua própria formação profissional, pouco importa que ela ocorra na universidade, nos institutos ou em qualquer outro lugar. É estranho que os professores tenham a missão de formar pessoas e que se reconheça que possuem competências para tal, mas que, ao mesmo tempo, não se reconheça que possuem a competência para atuar em sua própria formação e para controlá-la, pelo menos em parte, isto é, ter o poder e o direito de determinar, com outros atores da educação, seus conteúdos e formas. Na América do Norte e, principalmente, nas três mais importantes províncias canadenses (a Colúmbia Britânica, Ontário e Quebec), têm sido feitos esforços importantes no sentido de implantar currículos de formação de professores sobre os quais os professores de profissão tenham um certo controle legal, político e prático. Nas universidades americanas e canadenses, também se procura implantar vários e novos dispositivos de formação nos quais os professores de profissão sejam considerados, de fato e de direito, formadores dos futuros professores. Esses fenômenos, e muitos outros semelhantes, mostram que a formação para o magistério está se transformando lentamente, mas na direção certa, dando um espaço cada vez maior aos professores de profissão, os quais se tornam parceiros dos professores universitários na formação de seus futuros colegas.

Em segundo lugar, se o trabalho dos professores exige conhecimentos específicos a sua profissão e dela oriundos, então a formação de professores deveria, em boa parte, basear-se nesses conhecimentos. Mais uma vez, é estranho que a formação de professores tenha sido e ainda seja bastante dominada por conteúdos e lógicas disciplinares, e não profissionais. Na formação de professores, ensinam-se teorias sociológicas, docimológicas, psicológicas, didáticas, filosóficas, históricas, pedagógicas, etc., que foram concebidas, a maioria das vezes, sem nenhum tipo de relação com o ensino nem com as realidades cotidianas do ofício de professor. Além do mais, essas teorias são muitas vezes pregadas por professores que nunca colocaram os pés numa escola ou, o que é ainda pior, que não demonstram interesse pelas realidades escolares e pedagógicas, as quais consideram demasiado triviais ou demasiado técnicas. Assim, é normal que as teorias e aqueles que as professam não tenham, para os futuros professores e para os professores de profissão, nenhuma eficácia nem valor simbólico e prático. No entanto, se quero saber como realizar um trabalho qualquer, o procedimento mais normal consiste em aprendê-lo com aqueles que efetuam esse trabalho. Por que seria diferente no caso do magistério? Somos obrigados a concluir que o principal desafio para a formação de professores, nos próximos anos, será o de abrir um espaço maior para os conhecimentos dos práticos dentro do próprio currículo.

Finalmente, em terceiro lugar, a formação para o ensino ainda é enormemente organizada em torno das lógicas disciplinares. Ela funciona por especialização e fragmentação, oferecendo aos alunos disciplinas de 40 a 50 horas. Essas disciplinas (psicologia, filosofia, didática, etc.) não têm relação entre elas, mas constituem unidades autônomas fechadas sobre si mesmas e de curta duração e, portanto, de pouco impacto sobre os alunos. Essa formação também é concebida segundo um modelo aplicacionista do conhecimento: os alunos passam um certo número de anos "assistindo aulas" baseadas em disciplinas e constituídas, a maioria das vezes, de conhecimentos disciplinares de natureza declarativa; depois ou durante essas aulas, eles vão estagiar para "aplicar" esses conhecimentos; finalmente, quando a formação termina, eles começam a trabalhar sozinhos, aprendendo seu ofício na prática e constatando, na maioria das vezes, que esses conhecimentos disciplinares estão mal enraizados na ação cotidiana (WIDEEN et al., 1998). O que é preciso não é exatamente esvaziar a lógica disciplinar dos programas de formação para o ensino, mas pelo menos abrir um espaço maior para uma lógica de formação profissional que reconheça os alunos como sujeitos do conhecimento e não simplesmente como espíritos virgens aos quais nos limitamos a fornecer conhecimentos disciplinares e informações procedimentais, sem realizar um trabalho profundo relativo às crenças e expectativas cognitivas, sociais e afetivas através das quais os futuros professores recebem e processam esses conhecimentos e informações. Essa lógica profissional deve ser baseada na análise das práticas, das tarefas e dos conhecimentos dos professores de profissão; ela deve proceder por meio de um enfoque reflexivo, levando em conta os condicionantes reais do trabalho docente e as estratégias utilizadas para eliminar esses condicionantes na ação.

Consequências políticas

Até agora, foram apresentadas consequências práticas e organizacionais relativas à pesquisa universitária e à formação de professores. Para terminar, serão tecidas considerações a respeito de certas consequências políticas resultantes da perspectiva aqui defendida. Nos últimos anos, tive a oportunidade de viajar muitas vezes por vários países, tanto da Europa quanto das Américas. O que será dito a seguir está baseado, portanto, tanto em minhas reflexões pessoais e em minhas pesquisas quanto no meu conhecimento relativo à situação da profissão docente nesses países. Duas ideias merecem destaque:

A primeira é que os professores só serão reconhecidos como sujeitos do conhecimento quando lhes concedermos, dentro do sistema escolar e dos estabelecimentos, o *status* de verdadeiros atores, e não o de simples técnicos ou de executores das reformas da educação concebidas com base numa lógica burocrática "top and down". Pessoalmente, não vejo como posso ser um sujeito do conhecimento se não sou, ao mesmo tempo, o ator da minha própria ação e o autor do meu próprio discurso. A desvalorização dos saberes dos professores pelas autoridades educacionais, escolares e universitárias não é um problema epistemológico ou cognitivo, mas político. Historicamente, os professores foram, durante muito tempo, associados a um corpo eclesial que agia com base nas virtudes da obediência e da vocação. No século XX, eles se tornaram um corpo estatal e tiveram que se submeter e se colocar a serviço das missões que lhes eram confiadas pela autoridade pública e estatal. Portanto, seja como corpo eclesial ou como corpo estatal, os professores sempre estiveram subordinados a organizações e a poderes maiores e mais fortes que eles, que os associavam a executores.

Ainda hoje, na maioria dos países, embora os professores ocupem a posição mais importante entre os agentes escolares, embora o papel deles seja tão importante quanto o da comunidade científica, no que se refere ao aspecto sociocultural, eles se encontram, com muita frequência, em último lugar na longa sequência dos mecanismos de decisão e das estruturas de poder que regem a vida escolar. Em suma, seu poder, não somente na vida dos estabelecimentos escolares, mas na organização e no desenvolvimento de seu próprio trabalho, é realmente muito reduzido. Entretanto, se quisermos que os professores sejam sujeitos do conhecimento, precisaremos dar-lhes tempo e espaço para que possam agir como atores autônomos de suas próprias práticas e como sujeitos competentes de sua própria profissão.

Minha segunda ideia é a seguinte:

Em todos os países que visitei nos últimos anos, pude observar, no âmbito da profissão docente, muitas divisões internas que geram lutas de poder e de prestígio, exclusões e ignorâncias recíprocas entre todas as pessoas que têm a missão de educar as novas gerações. Sou um professor de profissão. No Canadá, durante dez anos, ensinei num nível que corresponde mais ou menos ao fim do ensino médio no Brasil, e ensino há dez anos na universidade. Ora, o que vejo em meu país e em muitos outros é uma profissão docente dividida que luta muitas vezes contra si mesma: os professores do secundário criticam a competência e o valor dos professores do primário; os professores do primário e do secundário criticam os professores universitários, cujas pesquisas acham inúteis e demasiado abstratas; os professores universitários, que muitas vezes se consideram guardiães do saber e estão cheios de seus próprios conhecimentos, criticam os professores de profissão, pois julgam-nos apegados demais às tradições e rotinas. Por toda parte reinam hierarquias simbólicas e materiais estéreis entre os professores dos diferentes níveis de ensino.

Defendo, portanto, a unidade da profissão docente do pré-escolar à universidade. Seremos reconhecidos socialmente como sujeitos do conhecimento e verdadeiros atores sociais quando começarmos a reconhecer-nos uns aos outros como pessoas competentes, pares iguais que podem aprender uns com os outros. Diante de outro professor, seja ele do pré-escolar ou da universidade, nada tenho a mostrar ou a provar – mas posso aprender com ele como realizar melhor nosso ofício comum.

7

Saberes profissionais dos professores e conhecimentos universitários

Elementos para uma epistemologia da prática profissional dos professores e suas consequências para a formação docente*

NESTE capítulo, abordaremos três questões que, nos últimos vinte anos, têm estado no centro da problemática da profissionalização do ensino e da formação de professores, num grande número de países ocidentais:

Quais são os saberes profissionais dos professores, isto é, quais são os saberes (conhecimentos, competências, habilidades, etc.) que eles utilizam efetivamente em seu trabalho diário para desempenhar suas tarefas e atingir seus objetivos?

Em que e como esses saberes profissionais se distinguem dos conhecimentos universitários elaborados pelos pesqui-

---

* Uma versão um pouco diferente deste capítulo foi publicada em: TARDIF, M. (2000). Saberes profissionais dos professores e conhecimentos universitários: elementos para uma epistemologia da prática profissional dos professores e suas seqüências em relação à formação para o magistério. *Revista Brasileira de Educação* n° 13, Janeiro/Fevereiro/Março/Abril. Anped, Editora Autores Associados, Campinas: p. 5-24, São Paulo.

sadores da área de ciências da educação, bem como dos conhecimentos incorporados nos cursos de formação universitária dos futuros professores?

Que relações deveriam existir entre os saberes profissionais e os conhecimentos universitários, e entre os professores do ensino básico e os professores universitários (pesquisadores ou formadores), no que diz respeito à profissionalização do ensino e à formação de professores?

A fim de proporcionar elementos que permitam responder a essas três perguntas, vamos, num primeiro momento, fazer uma breve descrição da conjuntura social na qual vem se desenvolvendo, hoje, o movimento de profissionalização do ensino. Num segundo momento, proporemos uma definição daquilo que entendemos por "epistemologia da prática profissional", especificando, de forma sucinta, algumas conseqüências dessa definição para a pesquisa sobre o ensino. Num terceiro momento, procuraremos ver de que modo essa definição permite destacar algumas das mais importantes características da prática dos professores. Finalmente, como conclusão identificaremos algumas consequências dessa análise da prática profissional em relação aos programas de formação para o magistério, aos dispositivos de formação e às práticas profissionais dos formadores de professores.

1. A profissionalização do ensino: uma conjuntura paradoxal

Para começar, demoremo-nos um pouco na atual conjuntura social, pois se trata de um contexto bastante paradoxal, considerando que se pede aos professores para se tornarem profissionais no momento em que o profissionalismo, a formação profissional e as profissões mais bem assentadas atravessam um período de crise profunda.

O movimento de profissionalização busca renovar os fundamentos epistemológicos do ofício de professor.

Na América do Norte e na maioria dos outros países de cultura anglo-saxônica (Austrália, Inglaterra, etc.), bem como, de forma mais recente, na Europa francófona (Bélgica, França, Suíça), toda a área educacional está mergulhada numa vasta corrente de profissionalização dos agentes da educação em geral e dos professores em particular (GINSBURG & LINDAY, 1995; JUDGE et al., 1994; PAQUAY et al., 1996; TARDIF, LESSARD & GAUTHIER, 1998; TISHER et al., 1990). Também encontramos essa corrente em vários países latino-americanos (LÜDKE & MOREIRA, 1999; TATO & VELEZ, 1997). A profissionalização do ensino e da formação para o ensino constitui, portanto, um movimento quase internacional e, ao mesmo tempo, um horizonte comum para o qual convergem os dirigentes políticos da área da educação, as reformas das instituições educativas e as novas ideologias da formação e do ensino (TARDIF, LESSARD & GAUTHIER, 1998; LESSARD et al., 1999).

A questão da epistemologia da prática profissional se encontra, evidentemente, no cerne desse movimento de profissionalização. De fato, no mundo do trabalho, o que distingue as profissões das outras ocupações é, em grande parte, a natureza dos conhecimentos que estão em jogo. Lembremos aqui as principais características do conhecimento profissional tais como se acham expressas, nos últimos vinte anos, na literatura sobre as profissões (BOURDONCLE, 1994; TARDIF & GAUTHIER, 1999):

1. Em sua prática, os profissionais devem se apoiar em conhecimentos especializados e formalizados, na maioria das vezes, por intermédio das disciplinas científicas em sentido amplo, incluindo, evidentemente, as ciências naturais e aplicadas, mas também as ciências sociais e humanas, assim como as ciências da educaçao.

2. Esses conhecimentos especializados devem ser adquiridos através de uma longa formação de alto nível, na maioria das vezes, de natureza universitária ou equivalente. Essa formação é sancionada por um diploma que possibilita o acesso a um título profissional, título esse que protege um determinado território profissional contra a invasão dos não diplomados e dos outros profissionais.

3. Embora possam se basear em disciplinas científicas ditas "puras", os conhecimentos profissionais são essencialmente pragmáticos, ou seja, são modelados e voltados para a solução de situações problemáticas concretas, como, por exemplo, construir uma ponte, ajudar um cliente a resolver seus conflitos psicológicos, resolver um problema jurídico, facilitar a aprendizagem de um aluno que está com dificuldades, etc.

4. Em princípio, só os profissionais, em oposição aos leigos e aos charlatães, possuem a competência e o direito de usar seus conhecimentos, conhecimentos esses que são, de um certo modo, esotéricos: eles pertencem legalmente a um grupo que possui o direito exclusivo de usá-los por ser, em princípio, o único a dominá-los e a poder fazer uso deles.

5. Isso significa também que só os profissionais são capazes de avaliar, em plena consciência, o trabalho de seus pares. O profissionalismo acarreta, portanto, uma autogestão dos conhecimentos pelo grupo dos pares, bem como um autocontrole da prática: a competência ou a incompetência de um profissional só podem ser avaliadas por seus pares.

6. Esses conhecimentos exigem também autonomia e discernimento por parte dos profissionais, ou seja, não se trata somente de conhecimentos técnicos padronizados cujos modos operatórios são codificados e conhecidos de antemão, por exemplo, em forma de rotinas, de procedimentos ou mesmo de receitas. Ao contrário, os conhecimentos profissionais exigem sempre uma parcela de improvisação e de adaptação a situações novas e únicas que exigem do profissional reflexão e discernimento para que possa não só compreender o problema como também organizar e esclarecer os objetivos almejados e os meios a serem usados para atingi-los. É o que Schön (1983) chama de "construção do problema", em oposição à "resolução instrumental do problema" que seria baseada na aplicação de teorias e técnicas prévias. De forma análoga, Jamous & Peloille (1985) afirmam que todo processo de produção se caracteriza por um certo grau de indeterminação (I) no trabalho em relação a um

grau de tecnicidade (T); eles afirmam que aquilo que entendemos por profissão se caracteriza por uma razão I/T elevada, isto é, um alto grau de indeterminação na realização do processo de trabalho, o que exige dos profissionais uma construção de julgamentos em situações de ação.

7. Tanto em suas bases teóricas quanto em suas consequências práticas, os conhecimentos profissionais são evolutivos e progressivos e necessitam, por conseguinte, de uma formação contínua e continuada. Os profissionais devem, assim, autoformar-se e reciclar-se através de diferentes meios, após seus estudos universitários iniciais. Desse ponto de vista, a formação profissional ocupa, em princípio, uma boa parte da carreira e os conhecimentos profissionais partilham com os conhecimentos científicos e técnicos a propriedade de serem revisáveis, criticáveis e passíveis de aperfeiçoamento.

8. Enfim, os profissionais podem ser considerados responsáveis pelo que os anglófonos chamam de *malpratice*, ou seja, pelo mau uso de seus conhecimentos, causando, desse modo, danos a seus clientes. A autonomia e a competência profissionais têm, como contrapeso, a imputabilidade dos profissionais e sua responsabilidade para com os clientes. Um profissional pode cometer erros pelos quais pode ser considerado técnica e legalmente responsável, o que quer dizer que se pode, em princípio, estabelecer uma relação direta, e até causal, em certos casos, entre a realização de seus atos e a aplicação de seus conhecimentos, em função dos padrões de competência aceitos dentro de sua própria profissão. Aqui, não se trata somente de erros deontológicos ou de falta de ética profissional, mas sim de erros de julgamento ou de manifestações de incompetência referentes ao uso judicioso dos conhecimentos aceitos, em função das particularidades de uma situação concreta. A avaliação desse tipo de erro depende muito mais de um julgamento empírico ou técnico do que de um julgamento deontológico ou normativo e supõe a existência, por mínima que seja, de um "repertório de conhecimentos profissionais" à qual seja possível referir-se para julgar a importância do erro cometido.

Essas são, portanto, as principais características do conhecimento profissional. Ora, de uns vinte anos para cá, o objetivo do movimento de profissionalização do ofício de professor tem sido, exatamente, o de conseguir desenvolver e implantar essas características dentro do ensino e na formação de professores. Desse ponto de vista, em educação, a profissionalização pode ser definida, em grande parte, como uma tentativa de reformular e renovar os fundamentos epistemológicos do ofício de professor e de educador, assim como da formação para o magistério. Todos os esforços realizados nos últimos vinte anos para construir um repertório de conhecimentos (*Knowledge base*) específico ao ensino vão nessa direção (GAUTHIER et al., 1998), bem como as numerosas reformas visando a definir e a fixar padrões de competência para a formação dos professores e para a prática do magistério. Se esses esforços e reformas forem bem-sucedidos, o ensino deixará, então, de ser um ofício para tornar-se uma verdadeira profissão, semelhantemente à profissão de médico ou às profissões de engenheiro e de advogado.

Essa tentativa tem seus adeptos e seus adversários, seus defensores e seus difamadores (TARDIF & GAUTHIER, 1999). Os inúmeros debates a esse respeito levantam problemas complexos cujo alcance ultrapassa a intenção deste artigo que busca discutir as características dos saberes profissionais dos professores e suas consequências em relação à formação para o magistério e à pesquisa universitária.

A crise do profissionalismo

Entretanto, para compreender melhor os aspectos atuais dessa questão, parece-me necessário chamar a atenção para um fenômeno importante de que pouco se fala em educação: historicamente falando, nos últimos vinte anos, a profissionalização da área educacional se desenvolveu em meio a uma crise geral do profissionalismo e das profissões, inclusive das profissões mais bem assentadas como a medicina, o direito e a engenharia. Essa crise provocou muitos debates, análises e diagnósticos que não retomaremos aqui de maneira pormenorizada (BOURDONCLE, 1991, 1993; FULLAN et al., 1998; LABERREE, 1992, 1997; LABERREE & PALLAS, 1996; SCHÖN, 1983). Podemos resumi-la em quatro pontos:

1. A crise do profissionalismo é, em primeiro lugar, a crise da perícia profissional, ou seja, dos conhecimentos, estratégias e técnicas profissionais por meio dos quais certos profissionais (médicos, engenheiros, psicólogos, formadores, professores, etc.) procuram solucionar situações problemáticas concretas. A perícia profissional perdeu progressivamente sua aura de ciência aplicada para aproximar-se de um saber muito mais ambíguo, de um saber socialmente situado e localmente construído. Assimilada durante muito tempo ao exercício de uma racionalidade instrumental diretamente baseada no modelo das ciências aplicadas, uma racionalidade capaz de calcular e combinar eficazmente meios e fins, a perícia profissional está sendo cada vez mais percebida hoje em dia de acordo com o modelo de uma racionalidade limitada, de uma racionalidade improvisada, na qual o processo reflexivo, a improvisação, a indeterminação, a criatividade, a intuição, o senso comum desempenham um grande papel, apoiando-se, ao mesmo tempo, em rotinas próprias a cada tradição profissional. O conhecimento profissional possui também dimensões éticas (valores, senso comum, saberes cotidianos, julgamento prático, interesses sociais, etc.) inerentes à prática profissional, especialmente quando esta se aplica a seres humanos: pacientes, prisioneiros, alunos, usuários dos serviços sociais, etc. Essas mudanças na visão da perícia profissional suscitaram controvérsias a respeito do valor dos fundamentos epistemológicos das práticas profissionais. Houve, assim, uma multiplicação das escolas de pensamento e dos referenciais, provocando uma intensificação nos debates entre profissionais e um aumento nos questionamentos do público com relação ao tipo e ao valor dos saberes nos quais se apoiam os atos profissionais. A ausência de referências comuns gerou divisão e confusão entre os profissionais e multiplicou os problemas de comunicação entre os adeptos de diferentes correntes de pensamento, o que dá agora a impressão de que muitas pro-

fissões não dispõem de um repertório de saberes estável, codificado, consensual e portador de imputabilidade.

2. Essa crise da perícia profissional provoca um impacto profundo na formação profissional. Na maioria das profissões, esse impacto se manifesta por meio de uma grande insatisfação e de críticas muitas vezes ferrenhas contra a formação universitária oferecida nas faculdades e institutos profissionais (CLARK & NEAVE, 1992; LESSARD & TARDIF, 1998). Em vários países, muitos se perguntam se as universidades, dominadas por culturas disciplinares (que são, além disso, e acima de tudo, culturas "monodisciplinares") e por imperativos de produção de conhecimentos, ainda são realmente capazes de proporcionar uma formação profissional de qualidade, ou seja, uma formação assentada na realidade do mundo do trabalho profissional. No que diz respeito à educação, na América do Norte, um número cada vez maior de pessoas reclama que a formação de professores seja feita fora dos modelos dominantes da cultura universitária e, como na época das Escolas Normais, que seja ligada ao meio escolar, como já ocorre com as "escolas associadas" no Quebec e com as *Professional Development Schools* (Escolas de desenvolvimento profissional) nos Estados Unidos.

3. A crise do profissionalismo aponta também para a crise do poder profissional e para a confiança que o público e os clientes depositam nele. É preciso entender, aqui, o termo "poder" tanto no sentido político quanto no sentido de capacidade ou competência. Por um lado, no sentido político, o poder profissional parece, com demasiada frequência, estar servindo muito mais aos interesses dos profissionais do que aos interesses de seus clientes e do público em geral. Por outro lado, se pensarmos em termos de capacidade, o poder profissional perde tanto quanto ganha e, quando ganha, seus êxitos são muitas vezes ambíguos e portadores de efeitos imprevistos e às vezes perversos.

4. Enfim, a crise do profissionalismo é, em última instância, a crise da ética profissional, isto é, dos valores que deveriam guiar os profissionais. Nos últimos trinta anos, obser-

va-se que a maioria dos setores sociais onde atuam profissionais tem sido permeados por conflitos de valores para os quais está ficando cada vez mais difícil achar ou inventar princípios reguladores e consensuais. Esses conflitos de valores parecem ainda mais graves nas profissões cujos "objetos de trabalho" são seres humanos, como é o caso do magistério. Valores como a saúde, a justiça e a igualdade perderam a sua transparência, seu poder de evidência e sua força de integração. Para os profissionais, esta situação se expressa através de uma complexificação crescente do discernimento e da atividade profissionais: se os valores que devem guiar o agir profissional não são mais evidentes, então a prática profissional supõe uma reflexão sobre os fins almejados em oposição ao pensamento tecnoprofissional situado apenas no âmbito dos meios. A reflexão sobre a ética profissional cessa de existir como um discurso que é exterior à prática e que domina a ação: ela reside doravante no próprio cerne do discernimento profissional a ser exercido na prática cotidiana e coconstitui essa prática.

A crise a respeito do valor dos saberes profissionais, das formações profissionais, da ética profissional e da confiança do público nas profissões e nos profissionais constitui o pano de fundo do movimento de profissionalização do ensino e da formação para o magistério. Ora, essa crise coloca atualmente os atores das reformas do ensino e da profissão docente numa situação duplamente coercitiva: por um lado, há pressões consideráveis para profissionalizar o ensino, a formação e o ofício de educador; por outro lado, as profissões perderam um pouco de seu valor e de seu prestígio e já não está mais tão claro que a profissionalização do ensino seja uma opção tão promissora quanto seus partidários querem que se acredite (TARDIF, LESSARD & GAUTHIER, 1998; TARDIF & GAUTHIER, 1999).

Parafraseando uma frase célebre de Kant, tirada da *Crítica da razão pura*, em educação, essa conjuntura paradoxal deveria pelo menos tirar-nos do "sono dogmático da razão profissional", mantendo-nos acordados e sobretudo alertas diante dos riscos e perigos que ela comporta para a educação e para a formação. É, portanto, nesse contexto duplamente coercitivo que a questão de uma epistemologia da prática profissional acha sua verdadeira pertinência. De fato, se admitirmos que o movimento de profissionalização é, em grande parte, uma tentativa de renovar os fundamentos epistemológicos do ofício de professor, então devemos examinar seriamente a natureza desses fundamentos e extrair daí elementos que nos permitam entrar num processo reflexivo e crítico a respeito de nossas próprias práticas como formadores e como pesquisadores.

2. A epistemologia da prática profissional

Sem entrar numa discussão profunda a respeito da noção de epistemologia, especifiquemos aqui alguns elementos conceituais que estão por trás da concepção defendida neste texto. Depois da dissolução kantiana das teorias filosóficas metafísicas do conhecimento, no século XIX, e da ascensão do positivismo, a epistemologia passa progressivamente de teoria do conhecimento a teoria da ciência, e mais especificamente das ciências empíricas da natureza. Através do pensamento empirista anglo-saxão e alemão (Círculo de Viena), a epistemologia torna-se uma reflexão normativa que busca estabelecer critérios de demarcação entre "a ciência e a não ciência". Pensadores como Karl Popper e sobretudo Thomas Kuhn vão pouco a pouco se distanciar dessa visão positivista para tentar propor concepções capazes de dar conta da atividade científica real (contexto da descoberta, mudanças sociais que afetam as transformações de paradigmas científicos, etc.). Esse movimento também pode ser associado, do lado anglo-americano, ao desenvolvimento da sociologia das ciências e a diversos estudos sobre o conhecimento comum, o senso comum, etc., oriundos da etnometodologia, do interacionismo simbólico e da sociologia cognitiva, bem como do *linguistic turn* da filosofia de expressão inglesa. Do lado francófono e europeu continental, a epistemologia, dominada durante muito tempo pelo neokantismo e pelo positivismo, vai também se libertar do estudo estrito da lógica científica para incorporar, em suas preocupações, a história das ciências (Ganguilhem), a psicologia (Bachelard, Piaget), a sociologia e a antropologia das ciências (Latour), etc., sem falar de pensadores mais radicais como Derrida, Lyotard ou Foucault, que vão questionar profundamente a autonomia das ciências e da racionalidade científica, esforçando-se para colocar em evidência a conivência delas com diferentes formas de poder. Desde a década de 1960, pode-se dizer que assistimos a um certo esfacelamento do campo tradicional da epistemologia (as ciências psicomatemáticas) e sua abertura a diferentes "objetos epistêmicos", especialmente o estudo dos saberes cotidianos, do senso comum, dos jogos de linguagem e dos sistemas de ação através dos quais a realidade social e individual é constituída. O conhecimento dos profissionais (médicos, psicólogos, trabalhadores sociais, professores, etc.) faz parte desses objetos epistemológicos, e é nesse âmbito que nos situamos.

A definição que lhes propomos não é uma definição de palavras ou de coisas, mas uma definição de pesquisa, isto é, uma proposta com o fim de construir e delimitar um objeto de pesquisa, um compromisso em favor de certas posturas teóricas e metodológicas, assim como um vetor para a descoberta de realidades que sem ela não veríamos. Eis aqui essa definição:

Chamamos de epistemologia da prática profissional o estudo do *conjunto* dos saberes utilizados *realmente* pelos profissionais em seu espaço de trabalho cotidiano para desempenhar *todas* as suas tarefas.

Damos aqui à noção de "saber" um sentido amplo, que engloba os conhecimentos, as competências, as habilidades (ou aptidões) e as atitudes, isto é, aquilo que muitas vezes foi chamado de saber, saber-fazer e saber-ser. Sublinhamos, como mostraremos adiante, que esse sentido amplo reflete o que os próprios profissionais dizem a respeito de seus próprios saberes profissionais (TARDIF, LAHAYE & LESSARD, 1991; TARDIF & LESSARD, 2000).

A finalidade de uma epistemologia da prática profissional é revelar esses saberes, compreender como são integrados concretamente nas tarefas dos profissionais e como estes os incorporam, produzem, utilizam, aplicam e transformam em função dos limites e dos recursos inerentes às suas atividades de trabalho. Ela também visa compreender a natureza desses saberes, assim como o papel que desempenham tanto no processo de trabalho docente quanto em relação à identidade profissional dos professores.

Na última parte do texto, indicaremos em que sentido essa definição é suscetível de modificar nossas concepções em relação à formação profissional no magistério. No momento, queremos chamar brevemente a atenção para certas consequências teóricas e metodológicas daí decorrentes e que estão relacionadas com a pesquisa universitária. Noutras palavras, em que sentido essa definição da epistemologia da prática profissional pode modificar nossas concepções atuais sobre a pesquisa universitária a respeito do ensino? Seis consequências parecem ser particularmente importantes.

1) Conforme a palavra de ordem da fenomenologia, em termos de postura de pesquisa, essa definição propõe "uma volta à realidade", isto é, um processo centrado no estudo dos saberes dos atores em seu contexto real de trabalho, em situações concretas de ação. A hipótese subjacente a essa postura de pesquisa é que os saberes profissionais são saberes da ação ou ainda, usando uma expressão que preferimos, saberes do trabalho, saberes no trabalho: *working knowledge* como tão bem expressa Kennedy (1983). Essa hipótese é forte, pois não diz somente que os saberes profissionais se referem ao trabalho, como uma teoria se refere a um objeto ou a uma prática, mas vai mais longe, afirmando que os saberes profissionais são saberes trabalhados, saberes laborados, incorporados no processo de trabalho docente, que só têm sentido em relação às situações de trabalho e que é nessas situações que são construídos, modelados e utilizados

de maneira significativa pelos trabalhadores. *O trabalho não é primeiro um objeto que se olha, mas uma atividade que se faz, e é realizando-a que os saberes são mobilizados e são construídos.* Este enfoque considera que o profissional, sua prática e seus saberes não são entidades separadas, mas "co-pertencem" a uma situação de trabalho na qual "coevoluem" e se transformam. Querer estudar os saberes profissionais sem associá-los a uma situação de ensino, a práticas de ensino e a um professor seria, então, um absurdo. É a mesma coisa que querer estudar uma situação real de trabalho, uma situação real de ensino, sem levar em consideração a atividade do professor e os saberes por ele mobilizados. Finalmente, querer estudar os professores sem estudar o trabalho e os saberes deles seria um absurdo maior ainda. Ora, uma boa parte da literatura da área da educação, nos últimos 50 anos, está assentada nesses três absurdos...

2) Uma consequência direta dessa definição é que não se deve confundir os saberes profissionais com os conhecimentos transmitidos no âmbito da formação universitária. Na América do Norte, a situação é clara a esse respeito: trinta anos de pesquisa mostram que há uma relação de distância entre os saberes profissionais e os conhecimentos universitários (FENSTERMACHER, 1994; WIDEEN et al., 1998; SCHÖN, 1983; ZEICHNER & HOEFT, 1996). Essa distância pode assumir diversas formas, podendo ir da ruptura à rejeição da formação teórica pelos profissionais, ou então assumir formas mais atenuadas como adaptações, transformações, seleção de certos conhecimentos universitários a fim de incorporá-los à prática. Desse ponto de vista, a prática profissional nunca é um espaço de aplicação dos conhecimentos universitários. Ela é, na melhor das hipóteses, um processo de filtração que os dilui e os transforma em função das exigências do trabalho; ela é, na pior das hipóteses, um muro contra o qual vêm se jogar e morrer conhecimentos universitários considerados inúteis, sem relação com a realidade do trabalho docente diário nem com os contextos concretos de exercício da função docente.

3) Do ponto de vista metodológico, essa definição exige o que poderíamos chamar de um distanciamento etnográfico em relação aos conhecimentos universitários. Dizendo de maneira polêmica, se os pesquisadores universitários querem estudar os saberes profissionais da área do ensino, devem sair de seus laboratórios, sair de seus gabinetes na universidade, largar seus computadores, largar seus livros e os livros escritos por seus colegas que definem a natureza do ensino, os grandes valores educativos ou as leis da aprendizagem, e ir diretamente aos lugares onde os profissionais do ensino trabalham, para ver como eles pensam e falam, como trabalham na sala de aula, como transformam programas escolares para torná-los efetivos, como interagem com os pais dos alunos, com seus colegas, etc.

4) Parafraseando Garfinkel (1984), essa definição também propõe que se pare de considerar os profissionais, isto é, os professores, como "idiotas cognitivos" cuja atividade é determinada pelas estruturas sociais, pela cultura dominante, pelo inconsciente, mesmo sendo ele prático, e outras realidades do gênero. Os profissionais do ensino são, evidentemente, determinados em parte por todas essas realidades, mas são também, ao mesmo tempo, atores que possuem saberes e um saber-fazer (GIDDENS, 1987) e que dão provas, em seus atos cotidianos, de uma competência significativa diante das condições e das consequências de seu trabalho, o que lhes possibilita tirar partido dele, a maior parte do tempo, para atingir seus objetivos. O conceito de professor enquanto ator e profissional dotado de competências tem servido de base, aliás, às reformas efetuadas na formação para o magistério, na América do Norte, desde meados dos anos 1980. Ele provocou, por exemplo, um aumento significativo da contribuição da formação prática nos currículos, a origem de novas práticas de formação reflexiva e o reconhecimento do valor dos saberes profissionais dos professores. É preciso, portanto, que a pesquisa universitária se apoie nos saberes dos professores a fim de compor um repertório de conhecimentos para a formação de professores.

5) Essa definição é também não normativa. A nosso ver, um dos maiores problemas da pesquisa em ciências da educação é o de abordar o estudo do ensino de um ponto de vista normativo, o que significa dizer que os pesquisadores se interessam muito mais pelo que os professores deveriam ser, fazer e saber do que pelo que eles são, fazem e sabem realmente. Essa visão normativa está alicerçada numa visão sociopolítica do ensino: historicamente, os professores foram ou um corpo da Igreja ou um corpo do Estado a serviço de causas e finalidades maiores do que eles. De um certo modo, as ciências da educação assumiram essa visão sociopolítica, dando-lhe, porém, uma aura científica, tecnocrática, reformista, inovadora e ao mesmo tempo humanista. A legitimidade da contribuição das ciências da educação para a compreensão do ensino não poderá ser garantida enquanto os pesquisadores construírem discursos longe dos atores e dos fenômenos de campo que eles afirmam representar ou compreender.

6) Por fim, a epistemologia da prática profissional sustenta que é preciso estudar o conjunto dos saberes mobilizados e utilizados pelos professores em todas as suas tarefas. Podemos chamar essa perspectiva de "ecológica", em referência aos trabalhos de William Doyle (1986). Todavia, em relação à de Doyle, trata-se de uma perspectiva ecológica integral, pois ele limitava a ecologia à da sala de aula. A perspectiva ecológica integral se situa mais na linha das propostas de Wideen et al. (1998), no tocante à formação para o magistério, e de outros pesquisadores norte-americanos, no tocante ao estudo do ensino (ERICKSON, 1986). Ela deseja ampliar e ultrapassar as duas portas de entrada tradicionais da análise do ensino, que são a didática e a pedagogia ou a psicopedagogia, as quais foram, durante muito tempo, as duas tetas da formação de professores na universidade. Noutras palavras, o conhecimento da matéria ensinada e o conhecimento pedagógico (que se refere a um só tempo ao conhecimento dos alunos, à organização das atividades de ensino e aprendizagem e à gestão da classe) são certamente conhecimentos importantes, mas estão longe de abranger to-

dos os saberes dos professores no trabalho. A didática e a psicopedagogia são construções de pesquisadores universitários e não de professores ou de alunos dos cursos de formação de professores. O estudo do ensino numa perspectiva ecológica deveria fazer emergir as construções dos saberes docentes que refletem as categorias conceituais e práticas dos próprios professores, constituídas no e por meio do seu trabalho no cotidiano.

3. Algumas características dos saberes profissionais segundo essa definição

Limitamo-nos até aqui a uma discussão conceitual e polêmica a respeito da epistemologia da prática profissional. Queremos, agora, mostrar como ela se aplica à análise do saber dos professores e que tipos de resultados de pesquisa é susceptível de produzir. Nas páginas seguintes, vamos nos referir a trabalhos recentes sobre o ensino nos Estados Unidos, àquilo que os americanos chamam de sínteses de pesquisa, que são resenhas sistemáticas e críticas de pesquisas empíricas, bem como às nossas próprias pesquisas sobre o trabalho docente. Não queremos fazer aqui uma apresentação sistemática desses resultados, mas organizá-los por meio de constatações que possibilitem a caracterização dos saberes profissionais dos professores.

Os saberes profissionais dos professores são temporais

Um dos primeiros resultados que sobressai dessa perspectiva epistemológica e ecológica é que os saberes profissionais dos professores são temporais, ou seja, são adquiridos através do tempo. Eles são temporais pelo menos em três sentidos.

Em primeiro lugar, uma boa parte do que os professores sabem sobre o ensino, sobre os papéis do professor e sobre como ensinar provém de sua própria história de vida, e sobretudo de sua história de vida escolar (BUTT & RAYMOND, 1989; CARTER & DOYLE, 1996; JORDELL, 1987, RAYMOND; RICHARDSON, 1996). Os professores são trabalhadores que foram mergulhados em seu espaço de trabalho durante aproximadamente 16 anos (em torno de 15.000 horas), antes mesmo de começarem a trabalhar (LORTIE, 1975). Essa imersão se manifesta através de toda uma bagagem de conhecimentos anteriores, de crenças, de representações e de certezas sobre a prática docente. Esses fenômenos permanecem fortes e estáveis através do tempo. Na América do Norte, percebe-se que a maioria dos dispositivos de formação inicial dos professores não conseguem mudá-los nem abalá-los (WIDEEN et al., 1998). Os alunos passam pelos cursos de formação de professores sem modificar suas crenças anteriores sobre o ensino. E, quando começam a trabalhar como professores, são principalmente essas crenças que eles reativam para solucionar seus problemas profissionais. Por exemplo, Raymond, Butt & Yamagishi (1993) observaram que, quando ocorriam problemas de disciplina em sala de aula, a tendência dos professores era reativar modelos de solução de conflitos que vinham de sua história familiar e escolar.

Os saberes profissionais também são temporais, no sentido de que os primeiros anos de prática profissional são decisivos na aquisição do sentimento de competência e no estabelecimento das rotinas de trabalho, ou seja, na estruturação da prática profissional. Ainda hoje, a maioria dos professores aprendem a trabalhar na prática, às apalpadelas, por tentativa e erro. É a fase dita de exploração (HUBERMAN, 1989; HUBERMAN et al., 1989), caracterizada pela aprendizagem intensa do ofício. Essa aprendizagem, frequentemente difícil e ligada àquilo que denominamos de sobrevivência profissional, quando o professor deve dar provas de sua capacidade, ocasiona a chamada edificação de um saber experiencial, que se transforma muito cedo em certezas profissionais, em truques do ofício, em rotinas, em modelos de gestão da classe e de transmissão da matéria (FEINMAN NEMSER, 1983; HUBERMAN et al., 1989; RYAN et al., 1980; ZEICHNER & GORE, 1990; ZEICHNER & HOEFT, 1996).

Finalmente, os saberes profissionais são temporais num terceiro sentido, pois são utilizados e se desenvolvem no âmbito de uma carreira, isto é, de um processo de vida profissional de longa duração do qual fazem parte dimensões identitárias e dimensões de socialização profissional, bem como fases e mudanças. Na América do Norte, muitos pesquisadores se interessaram pelas relações entre saberes profissionais e carreira, principalmente no que se refere aos professores. Por exemplo, esses estudos colocam em evidência o caráter narrativo do saber, com suas metáforas e imagens centrais como a relação com as crianças, a questão da autoridade, o sentimento de *caring* (a ideologia do serviço), etc. (ELBAZ, 1991, 1993). Por outro lado, a carreira também é um processo de socialização, isto é, um processo de identificação e de incorporação dos indivíduos às práticas e rotinas institucionalizadas dos grupos de trabalho. Ora, estes grupos – a equipe de professores da escola, a direção do estabelecimento, etc. – exigem que os indivíduos se adaptem a eles e não o contrário. Em termos profissionais e de carreira, saber como viver numa escola é tão importante quanto saber ensinar na sala de aula (ZEICHNER & GORE, 1990; ZEICHNER & HOEFT, 1996).

Os saberes profissionais dos professores são plurais e heterogêneos

Um segundo resultado de trabalhos realizados de acordo com essa perspectiva epistemológica e ecológica é que os saberes profissionais dos professores são variados e heterogêneos, em três sentidos:

Em primeiro lugar, eles provêm de diversas fontes. Em seu trabalho, um professor se serve de sua cultura pessoal, que provém de sua história de vida e de sua cultura escolar anterior; ele também se apoia em certos conhecimentos disciplinares adquiridos na universidade, assim como em certos conhecimentos didáticos e pedagógicos oriundos de sua formação profissional; ele se apoia também naquilo que podemos chamar de conhecimentos curriculares veiculados pelos programas, guias e manuais escolares; ele se baseia em seu próprio saber ligado à experiência de trabalho, na experiência de certos professores e em tradições peculiares ao ofício de professor.

Os saberes profissionais também são variados e heterogêneos porque não formam um repertório de conhecimentos unificado, por exemplo, em torno de uma disciplina, de uma tecnologia ou de uma concepção do ensino; eles são, antes, ecléticos e sincréticos. Um professor raramente tem uma teoria ou uma concepção unitária de sua prática; ao contrário, os professores utilizam muitas teorias, concepções e técnicas, conforme a necessidade, mesmo que pareçam contraditórias para os pesquisadores universitários. Sua relação com os saberes não é de busca de coerência, mas de utilização integrada no trabalho, em função de vários objetivos que procuram atingir simultaneamente.

Finalmente, os saberes profissionais são variados e heterogêneos porque os professores, na ação, no trabalho, procuram atingir diferentes tipos de objetivos cuja realização não exige os mesmos tipos de conhecimento, de competência ou de aptidão. Dizendo de outra maneira, a prática profissional dos professores é heterogênea ou heterônoma no tocante aos objetivos internos da ação e aos saberes mobilizados. Por exemplo, quando observamos professores trabalhando em sala de aula, na presença dos alunos, percebemos que eles procuram atingir, muitas vezes de forma simultânea, diferentes tipos de objetivos: procuram controlar o grupo, motivá-lo, levá-lo a se concentrar numa tarefa, ao mesmo tempo em que dão uma atenção particular a certos alunos da turma, procuram organizar atividades de aprendizagem, acompanhar a evolução da atividade, dar explicações, fazer com que os alunos compreendam e aprendam, etc. Ora, esse conjunto de tarefas evolui durante o tempo da aula de acordo com uma trama dinâmica de interações humanas entre professores e alunos. Essa trama é bem conhecida hoje graças a inúmeros trabalhos sobre o ensino em sala de aula (DOYLE, 1986). Esses trabalhos mostram que o trabalho na sala de aula, na presença dos alunos, exige uma variedade de habilidades ou de competências. A gestão de classe exige a capacidade de implantar um sistema de regras sociais normativas e de fazer com que sejam respeitadas, graças a um trabalho complexo de interações com os alunos que prossegue durante todo o ano letivo. Para respeitar os programas escolares, os professores precisam interpretá-los, adaptá-los e transformá-los em função das condições concretas da turma e da evolução das aprendizagens dos alunos. Quer se trate de uma aula ou do programa a ser ministrado durante o ano inteiro, percebe-se que o professor precisa mobilizar um vasto cabedal de saberes e de habilidades, porque sua ação é orientada por diferentes objetivos: objetivos emocionais ligados à motivação dos alunos, objetivos sociais ligados à disciplina e à gestão da turma, objetivos cognitivos ligados à aprendizagem da matéria ensinada, objetivos coletivos ligados ao projeto educacional da escola, etc.

Finalmente, se os saberes profissionais dos professores têm uma certa unidade, não se trata de uma unidade teórica ou conceitual, mas pragmática: como as diferentes ferramentas de um artesão, eles fazem parte da mesma caixa de ferramentas, porque o artesão pode precisar deles no exercício de suas atividades. A natureza da relação entre o artesão e todas as suas ferramentas é, portanto, pragmática: essas ferramentas constituem recursos concretos integrados ao processo de trabalho, porque podem servir para fazer alguma coisa específica relacionada com as tarefas que competem ao artesão. Ocorre o mesmo com os saberes profissionais dos professores: eles estão a serviço da ação (DURAND, 1996) e é na ação que assumem seu significado e sua utilidade.

Os saberes profissionais são personalizados e situados

Um terceiro conjunto de resultados de pesquisas indica que os saberes profissionais são personalizados e situados. Por isso, o estudo dos saberes profissionais não pode ser reduzido ao estudo da cognição ou do pensamento dos professores (*teacher's thinking*). Os professores dispõem, evidentemente, de um sistema cognitivo, mas eles não são somente sistemas cognitivos, coisa que é muitas vezes esquecida! Um professor tem uma história de vida, é um ator social, tem emoções, um corpo, poderes, uma personalidade, uma cultura, ou mesmo culturas, e seus pensamentos e ações carregam as marcas dos contextos nos quais se inserem.

O que a pesquisa sobre os saberes profissionais mostra é que eles são fortemente personalizados, ou seja, que se trata raramente de saberes formalizados, de saberes objetivados, mas sim de saberes apropriados, incorporados, subjetivados, saberes que é difícil dissociar das pessoas, de sua experiência e situação de trabalho. Essa característica é um resultado do trabalho docente (CARTER, 1990).

De fato, nas atividades e profissões de interação humana como o magistério, o trabalhador está presente pessoalmente no local de trabalho e sua pessoa constitui um elemento fundamental na realização do processo de trabalho em interação com outras pessoas, isto é, com os alunos, os estudantes. Noutras palavras, nas profissões de interação humana, a personalidade do trabalhador é absorvida no processo de trabalho e constitui, até certo ponto, a principal mediação da interação (TARDIF & LESSARD, 2000). Esse fenômeno permite, justamente, compreender por que os professores, ao serem interrogados sobre suas próprias competências profissionais, falam, muitas vezes, primeiro de sua personalidade, suas habilidades pessoais, seus talentos naturais, como fatores importantes de êxito em seu trabalho.

Além disso, nas atividades e profissões de interação humana, os trabalhadores dificilmente podem se apoiar em conhecimentos objetivos que produzam concretamente tecnologias operatórias e eficazes nas situações de trabalho. Até agora, as ciências sociais e humanas e as ciências da educação não conseguiram construir, como as ciências naturais e aplicadas, tecnologias eficazes e operatórias de controle das situações humanas e dos seres humanos. As pessoas – e é o que ocorre com os professores – que trabalham com seres humanos devem habitualmente contar consigo mesmas, com seus recursos e com suas capacidades pessoais, com sua própria experiência e com a de sua categoria para controlar seu ambiente de trabalho.

Mas os saberes profissionais dos professores não são somente personalizados, eles também são situados, isto é, como dizíamos anteriormente, construídos e utilizados em função de uma situação de trabalho particular, e é em relação a essa situação particular que eles ganham sentido. Noutras palavras, diferentemente dos conhecimentos universitários, os saberes profissionais não são construídos e utilizados em função de seu potencial de transferência e de generalização; eles estão encravados, embutidos, encerrados numa situação de trabalho à qual devem atender. Usando as palavras de Giddens (1987), poderíamos falar aqui de "contextualidade" dos saberes profissionais. Ora, no ensino, esse fenômeno é de suma importância, pois as situações de trabalho colocam na presença uns dos outros seres humanos que devem negociar e compreender juntos o significado de seu trabalho coletivo. Essa compreensão comum supõe que os significados atribuídos pelos professores e pelos alunos às situações de ensino sejam elaborados e partilhados dentro dessas próprias situações; noutras palavras, eles estão ancorados, situados nas situações que ajudam a definir. São esses fenômenos de ancoragem que levam hoje, depois de Lave (1988; 1991; 1993), muitos pesquisadores a se interessarem pela cognição situada, pela aprendizagem contextualizada, onde os saberes são construídos pelos atores em função dos contextos de trabalho.

O objeto do trabalho do docente são seres humanos e, por conseguinte, os saberes dos professores carregam as marcas do ser humano

O quarto e último resultado de pesquisa para o qual vale a pena chamar a atenção é o seguinte: o objeto do trabalho docente são seres humanos e, consequentemente, os saberes dos professores trazem consigo as marcas de seu objeto de trabalho. Esta proposição acarreta consequências importantes e raramente discutidas quanto à prática profissional dos professores. Mencionaremos somente duas delas.

Em primeiro lugar, os seres humanos têm a particularidade de existirem como indivíduos. Mesmo que pertençam a grupos, a coletividades, eles existem primeiro por si mesmos como indivíduos. Esse fenômeno da individualidade está no cerne do trabalho dos professores, pois, embora eles trabalhem com grupos de alunos, devem atingir os indivíduos que os compõem, pois são os indivíduos que aprendem. Do ponto de vista epistemológico, essa situação é muito interessante. É ela que orienta a existência, no professor, de uma disposição para conhecer e para compreender os alunos em suas particularidades individuais e situacionais, bem como em sua evolução a médio prazo no contexto da sala de aula. Ao invés de centrar nos fenômenos que possibilitam o acúmulo de conhecimentos de ordem geral, como ocorre com a construção de saberes codificados sobre os alunos (por exemplo, em psicologia infantil, nas teorias da aprendizagem), a disposição do professor para conhecer seus alunos como indivíduos deve estar impregnada de sensibilidade e de discernimento a fim de evitar as generalizações excessivas e de afogar a percepção que ele tem dos indivíduos num agregado indistinto e pouco fértil para a adaptação de suas ações. Essa disposição para conhecer os alunos como indivíduos parece, aliás, muito pouco desenvolvida nos alunos-professores, que são acusados de não conhecerem suficientemente os alunos (KAGAN, 1992), de não saberem usar de discernimento para com eles (MORINE-DERSHIMER, 1988) e de projetarem neles os interesses e motivações característicos de suas próprias histórias escolares (RAYMOND, no prelo b). A aquisição da sensibilidade relativa às diferenças entre os alunos constitui uma das principais características do trabalho docente. Essa sensibilidade exige do professor um investimento contínuo e a longuíssimo prazo, assim como a disposição de estar constantemente revisando o repertório de saberes adquiridos por meio da experiência.

A segunda consequência decorrente do objeto humano do trabalho docente reside no fato de o saber profissional comportar sempre um componente ético e emocional.

Um componente ético e emocional, primeiro porque, como explica Denzin (1984. In: HARGREAVES, 1998), o ensino é uma prática profissional que produz mudanças emocionais inesperadas na trama experiencial da pessoa docente. As práticas profissionais que envolvem emoções suscitam questionamentos e surpresa no indivíduo levando-o, muitas vezes de maneira involuntária, a questionar suas intenções, seus valores e suas maneiras de fazer. Esses questionamentos sobre a maneira de ensinar, de entrar em relação com os outros, sobre os efeitos de suas ações e sobre os valores nos quais elas se apoiam exigem do professor uma grande disponibilidade afetiva e uma capacidade de discernir suas reações interiores portadoras de certezas sobre os fundamentos de sua ação. O trabalho diário com os alunos provoca no professor o desenvolvimento de um "conhecimento de si", de um conhecimento de suas próprias emoções e valores, da natureza, dos objetos, do alcance e das consequências dessas emoções e valores na sua "maneira de ensinar" (FENSTERMACHER, 1999).

Em seguida, os estudantes, os alunos são seres humanos cujo assentimento e cooperação devem ser obtidos para que aprendam e para que o clima da sala de aula seja impregnado de tolerância e de respeito pelos outros. Embora seja possível manter os alunos fisicamente presos numa sala de aula, não se pode forçá-los a aprender. Para que aprendam, eles mesmos devem, de uma maneira ou de outra, aceitar entrar num processo de aprendizagem. Ora, essa situação põe os professores diante de um problema que a literatura chama de motivação dos alunos: para que os alunos se envolvam numa tarefa, eles devem estar motivados. Motivar os alunos é uma atividade emocional e social que exige mediações complexas da interação humana: a sedução, a persuasão, a autoridade, a retórica, as recompensas, as punições, etc. Essas mediações da interação levantam vários tipos de problemas éticos, principalmente problemas de abuso, mas também problemas de negligência ou de indiferença em relação a certos alunos. Por exemplo, várias pesquisas evidenciaram o fato de que certos professores tinham espontaneamente menos tendência a se dirigir em classe a certas categorias de alunos (BEAUDOUX & NOIRCENT, 1998; ZEICHNER & HOEFT, 1996). Aliás, a repartição da atenção do professor entre os alunos na sala de aula é um dos mais importantes dilemas éticos constitutivos do ensino (LAMPERT, 1985).

Podemos resumir agora nossas palavras da seguinte maneira: uma perspectiva epistemológica e ecológica do estudo do ensino e da formação para o ensino permite conceber uma postura de pesquisa que leva ao estudo dos saberes docentes tais como são mobilizados e construídos em situações de trabalho. Os trabalhos realizados de acordo com essa perspectiva mostram que os saberes docentes são temporais, plurais e heterogêneos, personalizados e situados, e que carregam consigo as marcas do seu objeto, que é o ser humano. Ora, os conhecimentos teóricos construídos pela pesquisa em ciências da educação, em particular os da pedagogia e da didática que são ministradas nos cursos de formação para o ensino, não concedem ou concedem muito pouca legitimidade aos saberes dos professores, saberes criados e mobilizados através de seu trabalho. Na formação inicial, os saberes codificados das ciências da educação e os saberes profissionais são vizinhos mas não se interpenetram nem se interpelam mutuamente. Se admitirmos a legitimidade dessa tese, não podemos deixar de considerar certas questões importantes para a pesquisa e para a formação universitária. São essas questões que vamos examinar agora à guisa de conclusão.

4. Formação dos professores e saberes profissionais

Na América do Norte, os problemas da formação para o magistério em contexto universitário são conhecidos, discutidos e examinados de maneira recorrente. Recentemente, no contexto das recentes reformas da formação inicial, os professores universitários, tanto americanos quanto canadenses, fizeram grandes balanços e prognósticos sombrios, motivados, em grande parte, pelo conservadorismo e pela estagnação das faculdades e dos departamentos de educação (FULLAN et al. 1998; LESSARD et al., 1999; TOM, 1997). As dificuldades identificadas abrangem todo o espectro das armadilhas que podem ser encontradas nos ambientes institucionais. Entretanto, nós nos limitaremos à discussão de problemas de natureza epistemológica, problemas que se tornaram ainda mais patentes através dos resultados de estudos sobre as características dos saberes profissionais dos professores. Após a discussão desses problemas, proporemos opções de trabalho e tarefas a serem realizadas pelos professores universitários a fim de reconstituir o campo epistemológico da formação para o magistério.

Problemas epistemológicos do modelo universitário de formação

Os cursos de formação para o magistério são globalmente idealizados segundo um modelo aplicacionista do conhecimento: os alunos passam um certo número de anos a assistir a aulas baseadas em disciplinas e constituídas de conhecimentos proposicionais. Em seguida, ou durante essas aulas, eles vão estagiar para "aplicarem" esses conhecimentos. Enfim, quando a formação termina, eles começam a trabalhar sozinhos, aprendendo seu ofício na prática e constatando, na maioria das vezes, que esses conhecimentos proposicionais não se aplicam bem na ação cotidiana (WIDEEN et al., 1998).

Tal modelo aplicacionista não é somente ideológico e epistemológico, é também um modelo institucionalizado através de todo o sistema de práticas e de carreiras universitárias. Por exemplo, a pesquisa, a formação e a prática constituem, nesse modelo, três polos separados: os pesquisadores produzem conhecimentos que são em seguida transmitidos no momento da formação e finalmente aplicados na prática. A produção dos conhecimentos, formação relativa a esses conhecimentos e mobilização dos conhecimentos na ação tornam-se, a partir desse momento, problemáticas e questões completamente separadas, que competem a diferentes grupos de agentes: os pesquisadores, os formadores e os professores. Por sua vez, cada um desses grupos de agentes é submetido a exigências e a trajetórias profissionais conforme os tipos de carreira em jogo. De um modo geral, os pesquisadores têm interesse em abandonar a esfera da formação para o magistério e em evitar investir tempo nos espaços de prática: eles devem antes de tudo escrever e falar diante de seus pares, conseguir subvenções e formar outros pesquisadores por meio de uma formação de alto nível, doutorado ou pós-doutorado, cujos candidatos não se destinam ao ensino primário e secundário.

O modelo aplicacionista comporta um certo número de problemas fundamentais bastante conhecidos e documentados hoje; lembremos somente dois dentre os mais importantes:

Primeiro problema: ele é idealizado segundo uma lógica disciplinar e não segundo uma lógica profissional centrada no estudo das tarefas e realidades do trabalho dos professores. Ora, a lógica disciplinar comporta duas limitações maiores para a formação profissional:

• por um lado, por ser monodisciplinar, ela é altamente fragmentada e especializada: as disciplinas (psicologia, filosofia, didática, etc.) não têm relação entre elas; elas constituem unidades autônomas fechadas em si mesmas e de curta duração e, portanto, têm pouco impacto sobre os alunos;

• por outro lado, a lógica disciplinar é regida por questões de conhecimento e não por questões de ação. *Numa disciplina, aprender é conhecer*. Mas, numa prática, aprender é fazer e conhecer fazendo. No modelo aplicacionista, o conhecer e o fazer são dissociados e tratados separadamente em unidades de formação distintas e separadas. Além disso, o fazer está subordinado temporal e logicamente ao conhecer, pois ensina-se aos alunos dos cursos de formação de professores que, para fazer bem feito, eles devem conhecer bem e em seguida aplicar seu conhecimento ao fazer.

Do pondo de vista epistemológico, esse modelo dominante do conhecimento baseia-se na relação sujeito/objeto. Ele parte do princípio de que um sujeito dotado de um equipamento mental – por exemplo, estruturas cognitivas, representações, mecanismos de processamento da informação, etc. – se posiciona, de um certo modo, diante do objeto do qual ele extrai e filtra certas informações a partir das quais ele emite proposições mais ou menos válidas sobre o objeto. Essas proposições podem ser asserções empíricas sobre o objeto ou ainda proposições de ação concebidas a partir do saber empírico disponível. Em ambos os casos, o locutor (por exemplo, um biólogo) e o ator (por exemplo, um engenheiro) referem-se a um saber proposicional. No primeiro caso, o locutor sustenta que suas proposições a respeito do objeto são válidas (por exemplo, A causa B); no segundo caso, o ator sustenta que essas proposições são eficazes na ação (por exemplo, se A então B). Esse modelo é o da ciência empírica da natureza, segundo a concepção positivista-instrumental (HABERMAS, 1987). Ele se assemelha àquilo que Durand (1996) chama de modelo da encomenda, onde as situações de ação são abordadas de acordo com o postulado da existência, no ator, de estruturas cognitivas prévias à ação e a partir das quais o ator age, dirigindo de um certo modo a ação em função de suas estruturas cognitivas.

Ora, na ação, o pensamento humano não parece funcionar como sugerem esses modelos. Como já mostramos anteriormente, um professor mergulhado na ação, em sala de aula, não pensa, como afirma o modelo positivista do pensamento, como um cientista, um engenheiro ou um lógico. Os conhecimentos proposicionais sobre o ensino baseados na lógica disciplinar, conhecimentos esses veiculados durante a formação, constituem, portanto, uma falsa representação dos saberes dos profissionais a respeito de sua prática.

Segundo problema: esse modelo trata os alunos como espíritos virgens e não leva em consideração suas crenças e representações anteriores a respeito do ensino.¹ Ele se limita, na maioria das vezes, a fornecer-lhes conhecimentos proposicionais, informações, mas sem executar um trabalho profundo sobre os filtros cognitivos, sociais e afetivos através dos quais os futuros professores recebem e processam essas informações. Ora, esses filtros, como indicamos há pouco, permanecem fortes e estáveis através do tempo, pois provêm da história de vida dos indivíduos e de sua história escolar. Consequentemente, a formação para o magistério tem um impacto pequeno sobre o que pensam, creem e sentem os alunos antes de começar. Na verdade, eles terminam sua formação sem terem sido abalados em suas crenças, e são essas crenças que vão reatualizar no momento de aprenderem a profissão na prática e serão habitualmente reforçadas pela socialização na função de professor e pelo grupo de trabalho nas escolas, a começar pelos pares, os professores experientes.

Possibilidades promissoras e campo de trabalho para os pesquisadores universitários

Várias possibilidades vêm sendo exploradas em diferentes países há uns vinte anos, no intuito de reconstituir os fundamentos epistemológicos da profissão. Essas possibilidades se referem a vastos campos de trabalho que resultam em tarefas concretas para os professores universitários.

A primeira tarefa já vem sendo realizada há mais ou menos vinte anos nos Estados Unidos e consiste na elaboração de um repertório de conhecimentos para o ensino, repertório de conhecimentos baseado no estudo dos saberes profis-

---

1. De acordo com o sentido amplo que damos ao termo saber neste texto, atribuímos, no âmbito da formação inicial para o magistério, um estatuto epistemológico das crenças e representações que os alunos-professores possuem a respeito do ensino. Essas crenças e representações agem como conhecimentos prévios que calibram as experiências de formação e orientam seus resultados.

sionais dos professores tais como estes os utilizam e mobilizam nos diversos contextos do seu trabalho cotidiano. Essa tarefa supõe que os pesquisadores universitários trabalhem nas escolas e nas salas de aula em colaboração com os professores, vistos não como sujeitos ou objetos de pesquisa, mas como colaboradores dos pesquisadores, isto é, como copesquisadores ou, melhor ainda, como coelaboradores da pesquisa sobre seus próprios saberes profissionais (GAUTHIER et al., 1997; ZEICHNER & CARO-BRUCE, 1999). Esse campo de trabalho é promissor e ao mesmo tempo repleto de armadilhas, pois exige um questionamento dos fundamentos das identidades profissionais dos colaboradores (pesquisadores e professores), bem como a capacidade de navegarem à vontade em culturas profissionais e organizacionais até agora mantidas à distância (RAYMOND & LENOIR, 1998). Para os professores, por exemplo, nem sempre é fácil teorizar a sua prática e formalizar seus saberes, que eles veem como sendo pessoais, tácitos e íntimos. Para os pesquisadores, a legitimação dos saberes dos professores está longe de ter terminado. A tarefa de construção de um repertório de saberes baseado no estudo dos saberes profissionais dos professores supõe, portanto, um exame crítico das premissas que fundamentam as crenças de uns e de outros em relação à natureza dos conhecimentos profissionais. Ela leva igualmente a um questionamento crítico a respeito das concepções e da relação com os saberes nos quais os pesquisadores e professores foram socializados em sua formação e carreiras respectivas.

 A segunda tarefa consiste em introduzir dispositivos de formação, de ação e de pesquisa que não sejam exclusivamente ou principalmente regidos pela lógica que orienta a constituição dos saberes e as trajetórias de carreira no meio universitário. Noutras palavras, esses dispositivos devem ser pertinentes para os professores e úteis para sua prática profissional. Eles devem levar em conta suas necessidades e ser coerentes no que se refere à sua bagagem, aos seus saberes, aos seus modos de simbolização e de ação. O que chamamos no Quebec de "escolas de pesquisa" e "escolas associadas", e nos Estados Unidos de "escolas de desenvolvimento profissional", constituem espaços para a implantação desses dispositivos. Entretanto, é preciso levar mais adiante essas iniciativas e fazer com que as faculdades de educação ou de ciências da educação façam parte de tais espaços, o que supõe, principalmente, que os professores participem, de diversas maneiras, da formação de seus futuros pares (RAYMOND & LENOIR, 1998). A ampliação dos papéis dos professores associados na formação para o magistério, em particular sua participação nas comissões de elaboração e de avaliação de programas de formação e nas equipes de pesquisa sobre a formação e sobre o ensino, constituem espaços férteis para os debates sobre o caráter plural e heterogêneo dos saberes docentes.

A terceira tarefa é, por enquanto, utópica, se bem que ela tenha sido tentada em diversos lugares, particularmente na Inglaterra, onde, desde 1992, a responsabilidade de dois terços da formação inicial foi transferida para o meio escolar. Os balanços ainda incertos dessa iniciativa do governo britânico, que alguns atribuem a motivos políticos, não poderiam nos eximir da responsabilidade nem do trabalho de dar a nossa contribuição: é preciso quebrar a lógica disciplinar universitária nos cursos de formação profissional. Não estamos dizendo que é preciso fazer as disciplinas da formação de professores desaparecerem; dizemos somente que é preciso fazer com que contribuam de outra maneira e tirar delas, onde ainda existe, o controle total na organização dos cursos. Essa tarefa é difícil, entre outras coisas porque exige uma transformação dos modelos de carreira na universidade, com todos os prestígios simbólicos e materiais que os justificam. Ela supõe, por exemplo, que o valor real do trabalho de formação e do trabalho de pesquisa em colaboração com os professores seja reconhecido nos critérios de promoção universitária. Além disso, para impedir a fragmentação dos saberes, característica da lógica disciplinar, essa tarefa implicaria a criação de equipes de formação pluricategoriais (responsáveis de disciplinas, professores, diretores de escola, pedagogos, didatas) estáveis e responsáveis pelos muitos alunos que permanecem juntos durante toda a duração de sua formação. A lógica da socialização profissional, com seus ciclos de continuidades e de rupturas, suas experiências de iniciação (a primeira lição, a primeira turma, o primeiro início de ano letivo, etc.), seus questionamentos identitários e éticos, sua relação complexa com os saberes de diversas fontes, suas urgências na tomada de decisões, seus momentos reflexivos mesclados de afetos e de proselitismo deve, progressivamente, excluir a lógica disciplinar como fundamento da formação.

Finalmente, a quarta e última tarefa nos parece ser a mais urgente: acreditamos que já é tempo de os professores universitários da educação começarem também a realizar pesquisas e reflexões críticas sobre suas próprias práticas de ensino. Na universidade, temos com muita frequência a ilusão de que não temos práticas de ensino, que nós mesmos não somos profissionais do ensino ou que nossas práticas de ensino não constituem objetos legítimos para a pesquisa. Este erro faz com que evitemos os questionamentos sobre os fundamentos de nossas práticas pedagógicas, em particular nossos postulados implícitos sobre a natureza dos saberes relativos ao ensino. Não problematizada, nossa própria relação com os saberes adquire, com o passar do tempo, a opacidade de um véu que turva nossa visão e restringe nossas capacidades de reação. Enfim, essa ilusão faz com que exista um abismo enorme entre nossas "teorias professadas" e nossas "teorias praticadas": elaboramos teorias do ensino e da aprendizagem que só são boas para os outros, para nossos alunos e para os professores. Então, se elas só são boas para os outros e não para nós mesmos, talvez isso seja a prova de que essas teorias não valem nada do ponto de vista da ação profissional, a começar pela nossa.

8
Ambiguidade do saber docente*

NA América do Norte, no setor educacional, as reformas referentes à formação dos professores e à profissão docente dominaram a última década. Essas reformas intensas e custosas estão, portanto, em vigor há mais ou menos dez anos, e começam a dar os seus primeiros frutos, os quais, às vezes, têm um sabor meio amargo. Chegou, por conseguinte, o momento dos primeiros balanços críticos a respeito dos resultados, mas também dos problemas gerados pelas reformas relativas à formação dos professores no meio universitário. Este texto se situa na perspectiva desse balanço e propõe uma reflexão dividida em três momentos. Num primeiro momento, são lembrados sucintamente os grandes objetivos das reformas referentes à formação dos professores e à profissão docente na América do Norte, mostrando-se, ao mesmo tempo, as dificuldades e obstáculos encontrados após dez anos de implantação. Num segundo momento, apresenta-se o modelo da formação profissional proposto pelas reformas, mostrando-se seus impactos na formação e na pesquisa universitária. Finalmente, num terceiro e último momento, discute-se o lugar ocupado pelo saber dos pro-

---

* Publicado inicialmente em TARDIF, M. (2000). Ambiguidade do saber docente nas reformas relativas à formação universitária para o magistério. *Revista Vertentes*, nº 15, p. 24-44, Brasil.

fessores nesse modelo e, de maneira mais ampla, nas próprias reformas.

1. A era das reformas e seus objetivos mais importantes durante os anos 1990

Segundo *The Holmes Group*[1] (1986; 1990; 1995), que foi, juntamente com o *Carnegie Forum on Education and Economy* (1986), a *National Commission on Teaching and America's Future* (NCTAF, 1996) e Goodlad, Soder & Sirotnik (1990a,b,c), um dos principais atores do movimento reformista, as reformas na formação dos professores deviam visar cinco objetivos principais bastante ambiciosos que foram retomados, em seguida, de diferentes maneiras, pela maioria das universidades americanas e canadenses que se empenharam no mesmo processo[2]:

Tornar a formação dos professores mais sólida intelectualmente, sobretudo através de uma formação universitária de alto nível (idealmente no mestrado, o *master degree*, ou seja, uma formação de cinco anos de universidade) e também através da pesquisa em Ciências da Educação e da edificação de um repertório de conhecimentos específicos ao ensino. Esse primeiro objetivo exige, concretamente, que sejam desenvolvidos, nas Faculdades de Educação, programas de pesquisa mais eficazes e susceptíveis de oferecer aos futuros professores conhecimentos para aperfeiçoar sua prática. Em 1986 e 1987, dois textos principais de Shulman apresentam justamente, à comunidade dos pesquisadores,

---

1. Lembremos que o *Grupo Holmes* era composto, inicialmente, pelos decanos das faculdades de educação de uma centena de universidades ditas de pesquisa, entre as 250 universidades americanas que oferecem o doutorado em Educação.

2. O texto que segue é uma tradução livre, mas bastante desenvolvida e comentada, do seguintre trecho: 1. to make the education of teachers intellectually more solid; 2. to recognize differences in teachers' knowledge, skill, and commitment, in their education, certification, and work; 3. to create standards of entry to the profession – examinations and educational requirements – that are professionnally relevant and intellectually defensible; 4. to connect our own institutions to schools; 5. to make schools better places for teachers to work and to learn.

um balanço crítico relativo aos programas de pesquisa então em vigor, ao mesmo tempo em que propõe novas orientações para os trabalhos sobre o ensino. Esse objetivo de aperfeiçoamento da formação dos professores contrasta, na época, com a situação vigente nas escolas, onde uma boa parcela (ou seja, 27,4%) dos novos professores não possuía nenhuma qualificação legal ou possuía uma qualificação abaixo dos padrões normalmente exigidos (NCTAF, 1996: 15). Essa parcela é ainda maior nos meios desfavorecidos e em certas matérias ensinadas no secundário (matemática, física, etc.).

Reconhecer entre os professores, tanto em sua formação quanto em sua qualificação e em seu trabalho, diferenças de qualidade e de desempenho no que se refere ao conhecimento e à habilidade. Esse objetivo resulta na institucionalização de uma verdadeira carreira no magistério, a qual deveria comportar diferentes *status* e diferentes níveis de remuneração ligados ao desempenho dos professores, ao seu nível de formação, etc. Concretamente, significa que os professores não são todos equivalentes e que alguns são "melhores" do que outros. Isso provoca, necessariamente, se essa proposta for levada a sério, a introdução de uma espécie de meritocracia profissional entre os professores, coisa que se opõe ao igualitarismo tradicional defendido pelos sindicatos e associações de professores, mas também ao modelo bastante horizontal de carreira que prevalece no magistério.

Instaurar normas de acesso à profissão – exames e exigências educacionais – que sejam profissionalmente apropriadas e intelectualmente defensáveis. Essas normas se inspiram no profissionalismo e visam a avaliar e a controlar a qualidade da formação dos professores e do ensino, por exemplo, implantando estratégias de recrutamento dos melhores alunos nas faculdades de educação, estabelecendo padrões elevados de definição da excelência no ensino, procedendo à avaliação e ao reconhecimento dos programas universitários por organismos de fora das universidades, etc. Na América do Norte, as corporações profissionais desempenham esse papel nas diferentes profissões.

Estabelecer uma ligação entre as instituições universitárias de formação de professores e as escolas. Juntamente com o anterior, este é sem dúvida o objetivo mais importante das reformas. Ele resulta na criação de diferentes redes de parceria entre as universidades e as escolas. As escolas tornam-se, assim, lugares de formação, de inovação, de experimentação e de desenvolvimento profissional, mas também, idealmente, lugares de pesquisa e de reflexão crítica. Nos Estados Unidos, são principalmente as *Professional Development Schools* e os *Centers of Pedagogy* que vão garantir a implantação dessas redes onde professores universitários e professores experientes tomam parte e colaboram na formação dos professores principiantes. No Canadá, existem diversas iniciativas similares, principalmente no Quebec, onde uma importante rede de escolas associadas às universidades foi implantada na última década.

Finalmente, fazer com que as escolas se tornem lugares mais favoráveis para o trabalho e a aprendizagem dos professores. Por exemplo, dando muito mais espaço e tempo para que os professores possam inovar e implantar novos métodos de ensino, para que se ponham de acordo e desenvolvam um profissionalismo colegiado, etc. Com esse quinto objetivo, deseja-se também desburocratizar as escolas e dar mais autonomia aos professores na gestão dos estabelecimentos e na formulação dos projetos pedagógicos locais.

É preciso lembrar que estes cinco objetivos se inserem num projeto mais amplo que é o da profissionalização do ensino e da formação dos professores. Inspirando-se no modelo das profissões liberais e principalmente da medicina, a profissionalização representa uma tentativa para elevar a qualidade e o prestígio do ensino tanto dos pontos de vista científico e intelectual quanto social e econômico.

No Canadá e nos Estados Unidos, essas reformas relativas à formação dos professores consumiram muita energia e muito tempo nos últimos quinze anos. Elas suscitaram uma verdadeira mobilização geral não só das faculdades e departamentos de Educação e do meio escolar, como também dos ministérios da educação e das outras instâncias sociopolíticas ligadas ao ensino. Às vezes, chegaram a modificar profundamente os currículos universitários de formação de professores e, em certos casos, transformaram os modelos de carreira dos professores universitários que trabalham com as ciências da educação. Também exigiram um investimento extremamente importante por parte das escolas e dos professores de profissão, principalmente, em tudo o que diz respeito à formação prática, aos estágios e ao acompanhamento dos futuros professores. Por exemplo, em certos estados americanos e em certas províncias canadenses, aproximadamente um em cada dois professores trabalha com a formação prática e com o acolhimento dos estagiários. Finalmente, essas reformas conduziram a novas propostas com o fim de melhorar e tornar mais eficaz a pesquisa universitária sobre a formação de professores e sobre a profissão docente; em determinados casos, transformaram as práticas de pesquisa vigentes e provocaram a criação de vários programas de pesquisa orientados pelo projeto de edificar um repertório de conhecimentos profissionais para o ensino.

Quais são os resultados de todas essas reformas? Nos últimos anos, professores universitários, tanto americanos quanto canadenses, realizaram vastos balanços e fizeram prognósticos às vezes sombrios acerca dos problemas da formação de professores no contexto universitário (FULLAN et al., 1998; LESSARD et al., 1999; TOM, 1997; PINAR, 1998; JUDGE, 1998; WIDEEN, MAYER-SMITH & MOON, 1998; LABAREE & PALLAS, 1996; TARDIF, LESSARD & GAUTHIER, 1998, etc.). Os problemas identificados por esses autores abrangem um grande leque de dificuldades e de problemas. Lembremos alguns entre aqueles que foram apontados com mais frequência.

Por exemplo, algumas dificuldades decorrem do insuficiente financiamento das reformas: pede-se muito aos professores e aos universitários, mas sem oferecer-lhes sempre os meios concretos e o suporte necessário para realizar os ideais reformistas. Por isso, tanto nas universidades quanto nos estabelecimentos escolares, os atores das bases se sentem frequentemente sem fôlego e, às vezes, incapazes de acompanhar o ritmo das reformas, por falta de recursos suficientes. Em muitos casos, as novas atividades trazidas pelas reformas simplesmente se adicionaram às antigas, provocando uma sobrecarga de trabalho. Os projetos mais inovadores continuam sendo o apanágio de pequenos grupos de professores e de universitários que, por falta de tempo e de meios, se sentem isolados e, às vezes, marginalizados.

Vários autores (FULLAN et al., 1998; HARGREAVES, 1997; TARDIF, LESSARD & GAUTHIER, 1998, etc.) constatam também as muitas dificuldades decorrentes da formação de uma verdadeira parceria entre as escolas e as universidades. Na maioria das vezes, são as universidades e as faculdades de educação que continuam segurando as rédeas da formação de professores, e os professores de profissão pouco participam da elaboração, da implantação e da avaliação dos currículos universitários. Além disso, as universidades e as escolas possuem um calendário de trabalho sobrecarregado e não dispõem de tempo nem de recursos para realizarem os objetivos, por vezes muito ambiciosos, das reformas e para permanecerem concentradas na visão da mudança desejada. Resulta daí uma dispersão nos esforços e a ausência de uma visão ao mesmo tempo comum e coerente entre os parceiros da mudança.

Outro objetivo central das reformas era melhorar a formação intelectual dos futuros professores. Ora, certos autores constatam que essa formação ainda continua sendo muito técnica e esvazia com muita frequência as dimensões teóricas e conceituais em detrimento das questões utilitárias e práticas (LABAREE & PALLAS, 1996; PINAR, 1998). Além disso, ela ocasiona uma diminuição das disciplinas fundamentais (filosofia, sociologia, economia, etc.) no currículo de formação de professores, o que pode limitar as Ciências da Educação somente à formação profissional.

No que diz respeito à melhoria da vida profissional dos professores nas escolas, as coisas não mudaram nos últimos quinze anos, pois dependem de vários fatores sobre os quais os professores e os universitários não têm muito ou nenhum controle. Por exemplo, ainda hoje, os professores de profissão dispõem de muito pouco tempo para dedicar ao próprio desenvolvimento profissional ou a discussões coletivas sobre os problemas do ensino. Por seu lado, as direções de estabelecimento continuaram a se distanciar dos professores e formam hoje um universo administrativo distinto do ensino. Fundamentalmente, como constata Donahoe (1993), nem a escola atual seguiu realmente as reformas nem o trabalho dos professores mudou nos últimos quinze anos: continua sendo bastante individual, ou mesmo individualista, e os métodos de ensino e de aprendizagem da profissão de professor ainda continuam sendo tradicionais.

No que se refere aos cursos universitários de formação de professores, a maioria também continua sendo dominada por formas tradicionais de ensino e por lógicas disciplinares, e não por lógicas profissionais; além disso, observa-se que existe uma divisão do trabalho e uma separação importante entre os professores de profissão e os responsáveis pela formação prática. Os currículos universitários ainda são demasiado fragmentados, baseados em conteúdos demasiado especializados, oferecidos em unidades de ensino de curta duração e sem relação entre elas, com pouco impacto nos alunos.

Finalmente, apesar dos esforços importantes dos pesquisadores da área da educação, a questão da edificação de um repertório de conhecimentos profissionais para o ensino (que atende ao primeiro objetivo do *Grupo Holmes*) está longe de ser resolvida. Para certos autores, essa questão faz crer que os professores precisariam apenas de ciências e de técnicas para ensinar; outros ressaltam o caráter provisório e muito contingente ainda dos resultados da pesquisa, dos quais, no momento, ainda não se pode tirar grande proveito.

Em suma, como se pode ver, não faltam críticas às reformas relativas à formação dos professores. Entretanto, seria um erro acreditar que elas são um fracasso completo. Ao contrário, elas também tiveram como resultado iniciativas muito positivas para a formação dos professores de profissão. Por exemplo, na América do Norte, a formação de professores tornou-se, nas universidades, uma coisa mais séria do que antes, e mesmo as autoridades universitárias e as faculdades disciplinares tradicionais reconhecem sua importância. Nos Estados Unidos e no Canadá, constata-se também a existência de esforços importantes para elevar o nível de qualidade da formação dos professores: de um modo geral, houve um aumento de pelo menos um ano a mais na duração dos cursos[3] e a parte dedicada à formação prática ocupa agora uma boa parcela do currículo. Nos Estados Unidos, o *National Council for Accreditation of Teacher Education* (NCATE[4]) e o *National Board for Professional Teaching Standards* (PBTST[5]) implantaram padrões mais elevados de formação e de prática profissional. No Canadá, a criação de ordens profissionais na Colúmbia Britânica e em Ontário vai nessa mesma direção. Além disso, as relações entre as universidades e as escolas se multiplicaram e se estabilizaram, e, apesar de certas tensões inevitáveis, pode-se falar de parcerias bem-sucedidas em vários casos, sobretudo se compararmos a situação atual com a que prevalecia nas décadas anteriores. No que diz respeito à pesquisa sobre o ensino, houve progressos inegáveis, como mostra o crescimento e a solidez da produção científica dedicada ao estudo do ensino (GAUTHIER et al., 1998). Finalmente, embora o financiamento da educação seja um problema recorrente, não se

---

3. É preciso notar que o projeto de fazer a formação dos professores passar para o nível do *master degre* não se realizou realmente nos Estados Unidos, nem no Canadá, aliás, pois, por um lado, nem todas as universidades que se dedicam à formação de professores são potencialmente capazes de realizar essa passagem, por serem algumas delas universidades de graduação. Por outro lado, é preciso sublinhar que essa medida acarreta muitos custos para os alunos, que devem assumir pelo menos cinco anos de formação universitária.

4. O NCATE está ligado à Associação Americana das Escolas de Formação de Professores. Ele atinge cerca de 500 instituições de formação de professores, ou seja, um pouco menos da metade das 1.300 escolas e universidades que formam professores nos Estados Unidos.

5. O PBTST originou-se do Carnegie Forum e sua missão consiste em formular padrões e testes para avaliar a competência disciplinar e pedagógica de professores que atuam em 30 áreas de ensino.

pode negar que os governos norte-americanos injetaram muito dinheiro para melhorar a formação dos professores e a qualidade do ensino nas escolas.

Por causa desses elementos positivos, a maioria dos autores anteriores, que formularam críticas contra as reformas, também concordam que elas foram e ainda vão na boa direção. Como ocorre com frequência em reformas de tão grande porte, os problemas decorrem menos dos princípios que as inspiram do que de sua própria implantação, a qual se depara com todo tipo de dificuldades. É isso que leva Fullan et al. (1998: 8) a dizerem que, no momento, não precisamos mais de novas inovações nem de novas mudanças, mas de reforçar nossa capacidade de assumi-las e de lidar com elas[6].

Porém, para compreender melhor as tendências, problemas e desafios atuais das reformas, é necessário compreender bem o modelo de formação profissional que elas tentam implantar. De fato, além da diversidade de seus objetivos, o que elas visam exatamente? Que modelo de formação propõem e quais são os fundamentos conceituais desse modelo? Como concebem o ensino e que papel atribuem aos professores?

2. O modelo atual de formação profissional dos professores

As reformas norte-americanas exigem uma transformação substancial não somente dos cursos e conteúdos, mas também dos próprios fundamentos da formação para o magistério nas universidades. Essencialmente, elas levam a conceber o ensino como uma atividade profissional de alto nível, a exemplo das profissões liberais como a medicina ou o direito, que se apoiam num sólido repertório de conhecimentos fortemente articulado e incorporado nas práticas profissionais, atividade essa que é, a um só tempo, enriquecida e alimentada por tais conhecimentos, graças à contri-

---

[6]. "We don't need more innovations; we need a greater capacity to deal with them".

buição dos professores experientes e dos pesquisadores que com eles colaboram.

Enquanto profissionais, os professores são considerados práticos refletidos ou "reflexivos" que produzem saberes específicos ao seu próprio trabalho e são capazes de deliberar sobre suas próprias práticas, de objetivá-las e partilhá-las, de aperfeiçoá-las e de introduzir inovações susceptíveis de aumentar sua eficácia. A prática profissional não é vista, assim, como um simples campo de aplicação de teorias elaboradas fora dela, por exemplo nos centros de pesquisa ou nos laboratórios. *Ela torna-se um espaço original e relativamente autônomo de aprendizagem e de formação para os futuros práticos, bem como um espaço de produção de saberes e de práticas inovadoras pelos professores experientes.* Esta concepção exige, portanto, que a formação profissional seja redirecionada para a prática e, por conseguinte, para a escola enquanto lugar de trabalho dos professores. Nessa perspectiva, os saberes (conhecimentos, competências, habilidades, etc.) transmitidos pelas instituições de formação (universidades, escolas normais, centros profissionais, Iufm, etc.) devem ser concebidos e adquiridos em estreita relação com a prática profissional dos professores nas escolas.

Concretamente, esse modelo comporta a implantação de novos dispositivos de formação profissional que proporcionam um vaivém constante entre a prática profissional e a formação teórica, entre a experiência concreta nas salas de aula e a pesquisa, entre os professores e os formadores universitários. Na maioria dos países que seguiram esse modelo, esses novos dispositivos de formação tomam ou tentam tomar forma em novas organizações (escolas profissionais na Inglaterra, escolas associadas no Quebec, Professional Development Schools nos Estados Unidos, Mafpen na França, etc.) que proporcionam uma junção orgânica entre a formação universitária e o exercício da profissão. Esses dispositivos dão origem a novas práticas e instrumentos de formação, como estágios de longa duração, a memória profissional, a alternância formação/trabalho, a análise reflexiva, o mentoreado, o estudo das práticas, etc. Finalmente, eles provocam, necessariamente, o surgimento de novos atores situados na interface entre a formação e a profissão: professores associados, responsáveis pelos estágios, mentores, tutores, supervisores universitários que trabalham no ambiente escolar, pesquisadores que trabalham em colaboração com os professores, etc.

Finalmente, esse modelo de formação profissional apoia-se na ideia de que a formação dos professores supõe um *continuum* no qual, durante toda a carreira docente, fases de trabalho devem alternar com fases de formação contínua. De acordo com esse ponto de vista, na formação profissional podem ser percebidas pelo menos quatro fases de formação para a profissão que são cronologicamente distintas e apontam para a aquisição de saberes e de competências diferenciadas. Essas fases expressam-se na longa duração e na variedade da formação dos professores, a qual começa antes da universidade, durante a formação escolar anterior, transforma-se na formação universitária inicial, valida-se no momento do ingresso na profissão, nos primeiros anos de carreira e prossegue durante uma parcela substancial da vida profissional. Em suma, as fontes da formação profissional dos professores não se limitam à formação inicial na universidade; trata-se, no verdadeiro sentido do termo, de uma formação contínua e continuada que abrange toda a carreira docente.

É preciso sublinhar que esse modelo de formação profissional não representa um caso isolado e peculiar aos docentes. Ao contrário, encontramos processos semelhantes em várias profissões e formações profissionais "universitarizadas". Esse modelo tem suas origens numa "nova epistemologia da prática profissional" defendida principalmente por Schön (1987, 1994), Argyris & Schön (1974) e Saint-Arnaud (1992), bem como por vários pesquisadores dos continentes europeu e americano (CALDERHEAD, 1987; BOLSTER, 1983; DOYLE 1986; ALTET, 1994; PERRENOUD, 1994; 1996). *Essa epistemologia é baseada no princípio segundo o qual a prática profissional constitui um lugar original de formação e de produção de saberes pelos práticos*, pois ela é portadora de condições e de condicionantes específicos que não se encontram noutra parte nem podem ser reproduzidos "artificialmente", por exemplo, num contexto de formação teórica na universidade ou num laboratório de pesquisa.

De acordo com essa perspectiva, a prática profissional ganha uma realidade própria, bastante independente dos constructos teóricos dos pesquisadores e de procedimentos elaborados por tecnólogos da ação. Por isso, ela constitui um lugar de aprendizagem autônomo e imprescindível. Lugar tradicional de *mobilização* de saberes e de competências específicas, a prática é considerada uma instância de *produção* desses mesmos saberes e competências; ao incorporar uma parte da formação, a prática torna-se, enfim, um espaço de *comunicação* e de *transmissão* desses saberes e competências. Essa visão rompe profundamente com o modelo tradicional que estabelecia uma separação nítida entre os lugares de mobilização (o mundo do trabalho), de produção (o mundo da pesquisa) e de comunicação (o mundo escolar) dos saberes e das competências.

Colocar esse modelo em aplicação supõe um certo número de transformações importantes nas práticas vigentes em matéria de formação dos professores, tanto inicial quanto contínua, assim como em termos de pesquisa. São essas transformações que gostaríamos de descrever e comentar brevemente agora.

A formação inicial visa a habituar os alunos – os futuros professores – à prática profissional dos professores de profissão e a fazer deles práticos "reflexivos".

Concretamente, isso significa, inicialmente, que os programas de formação dos professores devem ser organizados em função de um novo centro de gravidade: a formação cultural (ou geral) e a formação científica (ou disciplinar), através das disciplinas contributivas (psicologia da aprendizagem, sociologia da educação, didática, etc.), devem ser vinculadas à formação prática, que se torna, então, o quadro de referência obrigatório da formação profissional. Formação geral e formação disciplinar não podem mais ser concebidas na ausência de laços com a formação prática. De fato, uma das tendências atuais é considerar que a formação geral deve ser adquirida antes da formação inicial, a qual se concentraria sobretudo na formação para a *cultura profissional* dos professores: conhecimento do sistema escolar, história da profissão, sociologia da juventude, ética profissional, etc. Nesse sentido, a formação disciplinar deve ligar-se ao exercício da profissão. Os formadores universitários são levados, portanto, a especificar as contribuições de sua própria disciplina em função da prática profissional dos professores.

Isso significa, em seguida, no seccionamento temporal dos programas, conceder um espaço substancial à formação prática no meio escolar: estágios de longa duração, contatos repetidos e frequentes com os ambientes da prática, cursos dedicados à análise das práticas, análise de casos, etc.

Finalmente, significa integrar os professores de profissão no próprio *currículo* da formação inicial para o ensino, os quais se tornam, a partir de então, verdadeiros atores da formação dos futuros docentes. Ao passo que, tradicionalmente, os professores de profissão se situavam na periferia da formação inicial, tenta-se, hoje, dar-lhes um espaço mais importante. Em última instância, tais como os universitários, os professores se tornam formadores e são integrados nas atividades de formação dos futuros professores.

Esse deslocamento do centro de gravidade da formação inicial não significa que a formação de professores passa a ser uma instância de reprodução das práticas existentes, nem que ela não comporta um forte componente teórico. Esse deslocamento significa, antes, que a inovação, o olhar crítico, a "teoria" devem estar vinculados aos condicionantes e às condições reais de exercício da profissão e contribuir, assim, para a sua evolução e transformação. Nesse sentido, a inovação, o olhar crítico e a "teoria" são ingredientes essenciais da formação de um prático "reflexivo" capaz de analisar situações de ensino e as reações dos alunos, como também as suas, e capaz de modificar, ao mesmo tempo, seu comportamento e os elementos da situação, a fim de alcançar os objetivos e ideais por ele fixados. Desse ponto de vista, considera-se que um prático "reflexivo" experiente pratica um julgamento pedagógico de alto nível por ele elaborado durante toda a sua carreira profissional.

A pesquisa na área da educação procura esclarecer e, potencialmente, melhorar a formação inicial, fornecendo aos futuros professores conhecimentos oriundos da análise do trabalho docente em sala de aula e na escola.

Abordamos aqui a questão da *knowledge base* que se encontra atualmente no cerne das pesquisas sobre o ensino. Nos últimos quinze anos, as censuras mais constantes dirigidas à pesquisa são as seguintes: ela está longe demais das práticas concretas dos professores; é demasiado fragmentada, por ser regida pelas divisões e subdivisões específicas às disciplinas científicas; tem pouco ou nenhum impacto nas práticas profissionais, pois é geralmente formulada numa linguagem e em função de problemas que não possuem quase nenhuma pertinência e utilidade para os professores e estudantes. Essas censuras são bastante esmagadoras. Elas levantam, no fundo, o problema da ausência de profissionalismo entre os formadores universitários da área da educação, os quais, durante várias décadas, não se preocuparam nem um pouco em articular suas pesquisas com sua formação.

Todavia, desde o início dos anos 1990, aproximadamente, a situação muda: um número cada vez maior de pesquisadores sai dos seus laboratórios, dos seus centros de pesquisa e dos seus gabinetes para ir diretamente ao ambiente escolar, principalmente às salas de aula, a fim de analisar as situações concretas do trabalho docente em interação com os alunos. Nos Estados Unidos, calcula-se que existem, atualmente, milhares e milhares de pesquisas realizadas nas salas de aula. Essas pesquisas produzem resultados que podem ser utilizados pelos professores para melhorar suas práticas profissionais. Porém, o mais importante, talvez, é que essas pesquisas são globalmente baseadas na ideia de que os professores de profissão são detentores de saberes (conhecimentos, competências, habilidades) que a pesquisa deve procurar desvelar e incorporar nos programas de formação inicial. Noutras palavras, a prática profissional não é mais considerada simplesmente como sendo um objeto ou um campo de pesquisa, mas um espaço de produção da competência profissional pelos próprios professores. Desse ponto de vista, a produção de conhecimentos não é somente um problema dos pesquisadores, mas também dos professores.

Idealmente, a colaboração entre pesquisadores e professores de profissão deve levar à definição de um repertório de conhecimentos relativo às próprias condições que definem o ato de ensinar no meio escolar e, mais especificamente, na sala de aula. Nesse sentido, vários trabalhos atuais tratam daquilo que Shulman (1986) chama de "dupla tarefa do ensino", isto é, a gestão das interações na sala de aula e a transmissão/aquisição dos conhecimentos. Doyle (1986) também fala de duas tarefas principais que o professor deve realizar na sala de aula. A primeira se refere àquilo que os anglófonos chamam de "instrução": ensinar os conteúdos, cobrir o programa, ter certeza de que os diversos elementos estão sendo dominados, transmitir o gosto pelo estudo das diversas matérias, etc. A segunda diz respeito às funções de gestão da classe: o professor deve organizar suas turmas, estabelecer regras e maneiras de proceder, reagir aos comportamentos inaceitáveis, encadear as atividades, etc. Essas duas tarefas constituem o cerne do ensino na sala de aula e são elas que uma boa parte da pesquisa procura documentar atualmente. Trata-se, essencialmente, de extrair, do estudo dessas tarefas, princípios, conhecimentos e competências que poderão ser reutilizados na formação dos professores.

A formação continua concentra-se nas necessidades e situações vividas pelos práticos e diversifica suas formas: formação através dos pares, formação sob medida, no ambiente de trabalho, integrada numa atividade de pesquisa colaborativa, etc.

Uma das dívidas mais importantes que temos para com o movimento de profissionalização do ensino é o fato de considerar, como indicávamos anteriormente, a formação profissional como um *continuum* que se estende por toda a carreira dos professores e vai mesmo além, já que certas experiências de formação incluem professores aposentados. Isso significa que, ao invés de se limitar à formação inicial, uma parte importante da formação profissional é adiada para o momento do ingresso na carreira e se perfaz no exercício contínuo da profissão.

Tal concepção tem como consequência o fato de que a formação se torna *contínua* e não pode limitar-se a retomar os conteúdos e modalidades da formação inicial. De fato, a profissionalização do ensino exige um vínculo muito mais estreito entre a formação contínua e a profissão, baseando-se nas necessidades e situações vividas pelos práticos. Em última instância, os professores não são mais considerados alunos, mas parceiros e atores de sua própria formação, que eles vão definir em sua própria linguagem e em função de seus próprios objetivos. O formador universitário pára de desempenhar o papel de "transmissor de conhecimentos" e torna-se um acompanhador dos professores, alguém que os ajuda e os apoia em seus processos de formação ou de autoformação.

No tocante aos cursos universitários, a formação contínua, vista dessa maneira, dá lugar a novos dispositivos de formação, aos quais também podem ser combinadas práticas de pesquisa: formação sob medida, formação no ambiente de trabalho, formação concebida como uma pesquisa-ação, doutorado profissional, etc.

A exemplo da formação contínua, a pesquisa em educação também se volta para as necessidades e situações vividas e nomeadas pelos práticos, considerados, então, parceiros da pesquisa.

Se a contribuição da pesquisa para a formação inicial consiste em fornecer aos futuros docentes um repertório de conhecimentos constituído a partir do estudo da própria prática dos professores, a contribuição da pesquisa para o exercício da profissão e para a formação contínua dos professores dependerá de sua capacidade de atender às necessidades deles e de ajudá-los a solucionar as situações problemáticas com as quais podem deparar-se.

Todavia, a importância de melhorar a prática profissional graças à pesquisa não pode ser reduzida somente à dimensão técnica; ela engloba também objetivos mais amplos de compreensão, de mudança e até de emancipação. Exigir que as ciências da educação (e as ciências sociais e humanas) se limitem ao estudo das atividades profissionais apenas com o intuito de aumentar sua eficácia é exigir sua morte e privar-se dos recursos conceituais que podem oferecer aos práticos no que se refere às implicações sociopolíticas inerentes à educação escolar.

Nesse sentido, as relações entre pesquisa e profissão podem abranger um vasto leque de atividades e de projetos, contanto que estes estejam realmente embasados na vivência profissional dos professores. É nessa perspectiva que se desenvolvem, atualmente, práticas de pesquisa (pesquisa colaborativa, pesquisa ancorada, pesquisa-ação, pesquisa em parceria, etc.) nas quais os professores tomam parte: o prático torna-se um coparceiro dos pesquisadores. As fronteiras entre o pesquisador e o professor tendem a se apagar ou pelo menos a se deslocar, proporcionando o surgimento de novos atores: o professor-pesquisador, o pesquisador integrado na escola, etc.

Finalmente, é preciso notar que a multiplicação das novas tecnologias da informação (Internet, multimídias, correio eletrônico, CD-ROM, etc.) permite imaginar, num futuro bem próximo, o surgimento de novos modos de colaboração entre os práticos e os pesquisadores, entre as universidades e as escolas. A criação de bancos de dados informatizados, acessíveis a todos os professores e comportando simulações, resolução de problemas, informações sobre as estratégias de ensino, modelos de ensino exemplar extraídos da análise de práticas de professores experientes, é um exemplo disso, ao qual é preciso acrescentar os grupos de discussão e de reflexão através do correio eletrônico, a troca de ideias entre professores e pesquisadores, bem como a possibilidade, já existente, de criar centros virtuais de formação profissional para os professores.

São esses, essencialmente, os diferentes princípios que guiam o novo modelo da formação profissional e as diferentes experiências que o fecundam ou o reforçam. Como vemos, trata-se, finalmente, de repensar os fundamentos da formação para o magistério, vinculando-a à prática da própria profissão. Trata-se também de ver os professores como produtores de saberes específicos ao seu trabalho e de integrá-los tanto nas atividades de formação quanto de pesquisa dos universitários.

Mas, quando analisamos a situação na América do Norte e em outros países, constatamos que a implantação desse novo modelo de formação suscita tensões importantes entre as organizações e os grupos de agentes educacionais; além disso, ela esbarra em diferentes obstáculos decorrentes da situação da profissão docente dentro do sistema educacional. Gostaríamos de deter-nos aqui na questão dos saberes dos professores, pois essa questão encontra-se no centro das reformas. De fato, como já mencionamos várias vezes, a epistemologia da prática que serve de base para as reformas apoia-se na ideia de que os professores são produtores de saberes originais e específicos. O que acontece realmente?

3. O papel do saber dos professores na reforma: diversidade e ambiguidade dos saberes profissionais

Como dizíamos anteriormente, as reformas relativas à formação dos professores se inserem numa corrente mais ampla de renovação das práticas e da formação em várias profissões. Além disso, essa corrente faz parte de um movimento ainda mais amplo que visa a atribuir aos atores do trabalho o *status* de produtores de saberes forjados nos próprios espaços cotidianos das situações de trabalho. Ora, é evidente que essa evolução exige uma reflexão sobre a própria natureza dos saberes profissionais dos professores.

Essa reflexão não se refere a um problema epistemológico abstrato e geral, mas a questões muito concretas. Que saberes encontramos na base da profissão docente? Quais são as fontes desses saberes e seus modos de integração no trabalho dos professores? Quem os produz e os legitima? Os professores são somente "transmissores de saberes" ou produzem, no âmbito da profissão, um ou saberes específicos? Se a segunda hipótese for verdadeira, como esses saberes podem ser "objetivados" e incorporados em programas de formação? Qual é o papel dos saberes na estruturação da identidade profissional dos professores? Como os saberes intervêm na divisão do trabalho no interior da profissão e da instituição escolar? Os saberes oriundos das ciências da educação e da pesquisa dão origem a novas práticas? Como os saberes transmitidos pela escola, que servem de alicerce à formação escolar dos alunos através da organização das matérias e da estruturação dos programas do primário e do secundário, afetam a missão dos profissionais do ensino?

Estas questões, difíceis em si mesmas no tocante a qualquer profissão, tornam-se ainda mais difíceis no caso da profissão docente, pois esta mantém, com os saberes, relações privilegiadas e ambíguas, ao mesmo tempo.

De fato, os formadores universitários e os professores atuam em instituições – universidades e escolas – cuja missão central e oficial se define expressamente em função dos saberes, conceito esse entendido aqui num sentido amplo que engloba o conjunto dos conhecimentos, competências e habilidades que nossa sociedade julga suficientemente úteis ou importantes para inseri-los em processos de formação institucionalizados. Tanto a universidade quanto a escola têm como função, sobretudo, separar, selecionar e incorporar certos saberes sociais em processos de formação colocados sob o seu controle. Os saberes sociais selecionados são então transformados em saberes escolares, isto é, em saberes adaptados às formas e aos objetivos do ensino. A universidade e a escola transmitem os saberes escolares por meio da atividade de corpos de agentes que possuem esse mandato. Elas procuram também apresentar esses saberes como sendo legítimos, baseando-os, por exemplo, na ideia de cultura geral ou comum, de formação de base ou fundamental, de conhecimentos social, técnica ou profissionalmente úteis, etc. Finalmente, elas têm em comum o fato de garantir a transmissão dos saberes por intermédio de atividades planejadas que são orientadas por objetivos explícitos e implicam normas às quais, em princípio, devem se conformar tanto os agentes escolares quanto as clientelas.

Constata-se, portanto, que o ofício de universitário e o ofício de professor se realizam em instituições que fazem do saber o princípio de sua existência e de seu funcionamento, o que não ocorre com outras profissões. Mas isso não é tudo. Esses dois grupos são também os principais agentes das instituições para as quais trabalham. Eles se distinguem dos administradores e do pessoal de apoio, que ocupam posições periféricas em relação à missão central da instituição. Os universitários e os professores são, na verdade, os últimos mediadores entre a instituição escolar e suas clientelas. Cabe a eles a missão de estabelecer um contato prolongado com as clientelas e de oferecer-lhes os serviços da instituição. *Ora, essa função, diferentemente da do médico, do jurista ou do engenheiro, confere aos saberes que se encontram na base da profissão docente um duplo* status: *eles são ao mesmo tempo fonte da competência profissional e matéria de formação e de transmissão.* Noutras palavras, essa profissão presta um serviço que implica, no tocante aos profissionais, um *corpus* prévio de conhecimentos – adquiridos quando da formação profissional na universidade – no qual eles se apoiam para julgar e agir, mas esse serviço, por ser educativo, implica também um *corpus* de conhecimentos a serem transmitidos e adquiridos pelas clientelas da instituição. Os saberes intervêm, portanto, aqui, pelo menos em dois níveis: eles são os fundamentos da qualificação profissional, sancionada pela obtenção de um título universitário ou equivalente, e são também a própria matéria do processo de trabalho educativo, uma vez que esse trabalho objetiva a transmissão e a aquisição de saberes (conhecimentos, saber-fazer, habilidades, etc.) pelos alunos.

Em suma, como vemos, a questão do saber é realmente estratégica para os professores e universitários. Porém, quando analisamos mais de perto o saber dos professores do primário e do secundário, este parece ser heterogêneo, pois provém de fontes diversas. Como mostraram Tardif, Lessard & Lahaye (1991), os professores, em suas atividades profissionais se apoiam em diversas formas de saberes: o saber curricular, proveniente dos programas e dos manuais escolares; o saber disciplinar, que constitui o conteúdo das matérias ensinadas na escola; o saber da formação profissional, adquirido por ocasião da formação inicial ou contínua; o saber experiencial, oriundo da prática da profissão, e, enfim, o saber cultural herdado de sua trajetória de vida e de sua pertença a uma cultura particular, que eles partilham em maior ou menor grau com os alunos. Desse ponto de vista, o saber profissional dos professores não constitui um corpo homogêneo de conhecimentos; ele se serve, ao contrário, de uma ampla diversidade de conhecimentos e utiliza vários tipos de competências.

O modelo tradicional da formação solucionava o problema do saber profissional da seguinte maneira: os universitários produziam saberes e os professores os aplicavam. Mas, com as reformas atuais, esse modelo foi quebrado ou declarado ilegítimo. Qual é a consequência disso? Uma nova situação complexa na qual as relações entre os conhecimentos dos universitários e os saberes dos práticos estão desestabilizadas. De fato, como vimos, a tendência dominante atualmente é de reconhecer que os práticos do ensino possuem um saber original, oriundo do próprio exercício da profissão, que chamamos, conforme o caso, de "saber experiencial", "saber prático", "saber da ação", "saber pedagógico", "saber da ação pedagógica", etc. Mas essa tendência redunda em questões difíceis:

1) Qual é a natureza desse saber profissional que seria específico aos práticos? Shulman (1986), num artigo síntese sobre esta questão, identifica pelo menos cinco paradigmas de pesquisa que correspondem a diferentes tipos de saberes. Paquay (1994) propõe uma tipologia que contém seis concepções do professor, às quais estão associados, em cada caso, saberes específicos. Nos últimos anos, há uma proliferação de obras e trabalhos sobre essa questão do saber dos professores, e as tipologias e categorizações se multiplicam (RAYMOND, 1993). Além disso, o próprio significado dessa noção não está claro. Os práticos do ensino desenvolvem e/ou produzem realmente "saberes" oriundos de sua prática? Se a resposta é afirmativa, por que, quando, como, em forma de quê? Trata-se realmente de "saberes"? Não seriam antes crenças, certezas não fundadas, ou *habitus* no sentido de Bourdieu, esquemas de ação e de pensamento interiorizados no âmbito da socialização profissional ou mesmo durante a história escolar ou familiar dos professores (RAYMOND, 1993)? Por outro lado, se se trata realmente de "saberes", como ter acesso a eles? Basta interrogar os professores? Nesse caso, o que se deve chamar de "saberes": suas representações mentais, suas opiniões, suas percepções, suas razões de agir ou outros elementos de seu discurso? O que fazer, finalmente, com os saberes implícitos incorporados na ação, saberes procedimentais, automatismos e rotinas que não atingem a consciência dos atores mas orientam, mesmo assim, suas atividades e decisões? Podemos chamá-los de "saberes"? Em suma, observa-se atualmente, portanto, uma verdadeira fragmentação da pesquisa sobre o tema dos saberes dos professores. É preciso sublinhar que podemos fazer aproximadamente as mesmas constatações a respeito da noção de "competência", que dá origem, atualmente, a um sem-número de interpretações.

2) Admitindo-se que existe realmente um saber profissional específico aos práticos, esse saber pode ser objetivado e incorporado tal e qual nos programas de formação de professores? Esse problema aponta, mais uma vez, para a possibilidade de erigir um repertório de conhecimentos oriundo

da prática da profissão e nela baseado, que seja ao mesmo tempo válido para os alunos em formação e por eles utilizável. Como passar, então, dos saberes práticos, por definição sempre situados, contextualizados, fortemente ligados à personalidade dos atores e à particularidade das situações de trabalho, aos saberes formalizados que podemos incorporar nos programas de formação universitária? Noutros termos, o que está sendo colocado é o problema da generalização do saber dos professores: se é verdade que a experiência da profissão é considerada pelos professores como sendo a fonte de suas competências profissionais, é possível, ao mesmo tempo, conservar e ultrapassar o saber experiencial num curso universitário? Em resumo, como passar da experiência individual a um saber coletivo, objetivável e incorporado em atividades de formação?

3) Por outro lado, a epistemologia da prática afirma que a atividade profissional representa uma fonte *espontânea* de aprendizagem e de conhecimento. No entanto, assim como os cientistas e tecnólogos, os práticos não possuem um acesso direto à verdade, à eficácia ou à justeza de sua atividade. O perigo dessa concepção reside na crença de que o exercício de uma atividade profissional é suficiente para, não se sabe como, garantir a competência do prático, como se a prática se tornasse paulatinamente translúcida para os práticos. Tal concepção não estaria restabelecendo o antigo fosso entre os teóricos e os práticos, mas dando vantagem aos últimos, que se tornam os modelos da produção cognitiva válida? Nesse sentido, pode-se dizer que o "saber-ensinar" comporta sempre uma parcela importante de normatividade, uma vez que depende da apreciação de um sem-número de atores: professores, alunos, pais, colegas, especialistas, autoridades escolares, etc. Ora, que espaço se deve dar a essa normatividade na definição do saber profissional dos professores? Uma visão demasiadamente cognitivista ou epistemológica do saber não corre o risco de eliminar as muitas dimensões normativas do ensino, levando a racionalidade cognitiva a coincidir somente com o conhecimento (TARDIF & GAUTHIER, 1996)?

4) Concentrar a reforma no saber profissional dos professores não seria uma maneira de perder aquilo que certos pesquisadores que trabalham no Brasil chamam de "saberes sociais" (THERRIEN, 1998), isto é, os conhecimentos da vida corrente enraizada nas estruturas de dominação política? Como sugere Labaree (1992) no tocante à situação americana, o saber profissional é visto frequentemente como um "saber de perito", reforçando assim a visão do ensino como uma atividade técnica e aumentando, por conseguinte, a "distância política" entre os professores e os usuários do sistema de ensino, especialmente os pais, os alunos e os grupos populares. A exemplo do saber médico, o saber profissional dos professores "enfraquecerá o controle democrático da escola" (p. 148), porquanto a palavra será entregue a peritos em pedagogia. Essa questão não é gratuita e possui antecedentes. Por exemplo, na América do Norte e na Europa, a história da "educação especial" evolui nesse sentido, pois leva a pedagogias e tratamentos definidos por "peritos" e sobre os quais os "clientes" não têm nenhuma influência.

5) Qual será o lugar e o significado das pesquisas de natureza mais fundamental ou crítica em relação aos saberes profissionais? As reformas atuais, fortemente voltadas para a prática profissional, não trariam o risco de uma exclusão dos "conhecimentos inúteis", isto é, dos conhecimentos de cunho interpretativo e crítico que se encontram na base de várias tradições de pesquisa em ciências humanas e sociais? Esse problema ainda é mais importante pelo fato de a pesquisa pura ainda ser bastante frágil nas ciências da educação. De tanto querer enfatizar os saberes profissionais utilizáveis em sala de aula, as pesquisas em educação correm o risco de esvaziar a dimensão emancipadora e crítica do conhecimento, ou seja, sua capacidade de instaurar uma distância, uma ruptura com o mundo cotidiano, a fim de criar um espaço de liberdade em relação aos condicionantes do trabalho.

6) A questão do saber profissional também parece inseparável das lógicas de organização: se se pretende reconhecer o saber dos professores, como esse reconhecimento vai

se manifestar concretamente dentro do sistema de ensino? Por exemplo, pode-se reconhecer que os práticos possuem um saber original, sem, ao mesmo tempo, incorporá-los na formação inicial e contínua dos professores? Que espaço deve ser-lhes dado dentro da universidade? Devem também fazer parte das comissões do Ministério da Educação e das instituições universitárias que preparam os programas? Devem poder opinar sobre os conteúdos e as modalidades de sua formação profissional, como ocorre com os médicos, os engenheiros ou os advogados? Nesse sentido, os professores podem intervir, enquanto profissionais do ensino, no processo de definição da cultura escolar e dos saberes transmitidos pela escola? Por exemplo, os professores do primário poderiam muito bem defender uma concepção "desenvolvimentista e humanista" do ensino, em oposição aos enfoques mais preocupados com a transmissão dos conhecimentos e dos critérios de sucesso escolar. Em suma, como vemos, não basta valorizar o saber profissional dos professores para modificar realmente o papel que lhes atribuímos comumente nos processos de definição e de seleção da cultura escolar. Ao contrário, é permitido pensar que todo verdadeiro reconhecimento do profissionalismo dos professores deverá ser acompanhado de uma transformação substancial nas relações que o grupo dos professores mantém com os outros grupos e instâncias que definem o seu trabalho e os conhecimentos escolares.

    Estas diversas interrogações mostram muito bem que a questão do saber profissional dos professores está no centro das reformas atuais e suscita muitos problemas que estão longe de serem resolvidos. O que está em jogo com essa questão *é a identidade profissional tanto dos professores quanto dos formadores universitários*. A concepção do saber profissional tem repercussões diretas na identidade dos profissionais. Atualmente, e considerando os problemas levantados nos parágrafos anteriores, pode-se dizer que as reformas da formação e da profissão oscilam entre três modelos da identidade dos professores: o modelo do "tecnólogo" do ensino, do prático "reflexivo" e do ator social.

O *tecnólogo do ensino* parece ser a figura dominante dentro das reformas norte-americanas. Ele se define por possuir competências de perito no planejamento do ensino, e sua atividade é baseada num repertório de conhecimentos formalizados oriundos da pesquisa científica. As novas ciências cognitivas, especialmente a psicologia cognitiva do processamento da informação, propõem justamente um tal modelo: o professor emprega os recursos da pesquisa e implanta um "ensino estratégico" (TARDIF, 1992) baseado num conhecimento elevado da cognição dos alunos. A ação do tecnólogo do ensino se situa no nível dos meios e das estratégias de ensino; ele busca o desempenho e a eficácia no alcance dos objetivos escolares. Em relação ao tecnólogo, o universitário assume, ao mesmo tempo, o papel de *pesquisador científico* e de engenheiro do ensino e da aprendizagem. Sua função consiste em produzir conhecimentos válidos a respeito do ensino e da aprendizagem e a elaborar *designs* gerais de atividades profissionais inferidos da pesquisa.

O *prático reflexivo* está muito mais associado à imagem do professor experiente do que à do perito. Embora possua um sólido repertório de conhecimentos, o prático é visto muito mais em função de um modelo deliberativo e reflexivo: sua ação não se limita à escolha dos meios e à resolução eficaz dos problemas, mas engloba também uma deliberação em relação aos fins e uma reflexão sobre aquilo que Schön (1983) chama de *problem setting* (em oposição a *problem solving*), isto é, a construção da atividade profissional em contexto, de acordo com as características particulares e as contingências das situações de trabalho. Além disso, o prático se serve muito mais de sua intuição e seu pensamento é caracterizado por sua capacidade de adaptar-se a situações novas e de conceber soluções originais. O prático reflexivo é o próprio modelo do profissional de alto nível, capaz de lidar com situações relativamente indeterminadas, flutuantes, contingentes, e de negociar com elas, criando soluções novas e ideais. Em relação ao prático reflexivo, o universitário é sobretudo um colaborador e também deve ser um prático experiente.

Enquanto *ator social* o professor desempenha o papel de agente de mudanças, ao mesmo tempo em que é portador de valores emancipadores em relação às diversas lógicas de poder que estruturam tanto o espaço social quanto o espaço escolar. O professor como ator social engajado parece ser um modelo minoritário nas reformas do ensino nos países industriais avançados. Não é o que ocorre no Brasil nem nas sociedades caracterizadas por uma estrutura fortemente desigual no que se refere à partilha das riquezas materiais e culturais. Na América do Sul, Paulo Freire continua sendo a figura mais exemplar do universitário cuja prática teórica redunda concretamente numa pedagogia a serviço dos "oprimidos". Nas sociedades europeias e norte-americanas, a evolução atual das esferas econômica e política, dominadas pelo neoliberalismo, provoca cada vez mais rupturas nos laços sociais e faz pressentir um retorno do ator social, do professor e do intelectual engajado.

Definitivamente, embora estejam assentadas em objetivos relativamente claros, as reformas deixam em aberto a questão do saber dos professores vinculada à sua identidade profissional e ao papel que desempenham. Enquanto a década de 1990 foi dominada pela implantação das reformas, pode-se esperar que a década que se inicia seja dominada por tensões e até mesmo contradições entre diversas concepções do saber dos professores e, de maneira mais ampla, de sua função tanto na escola quanto na sociedade.

Referências bibliográficas

ADLER, M.J. (1982). *The Paideia Proposal* – An Educational Manifesto. Nova York: Macmillan.

ALAIN (1986). *Propos sur l'éducation suivis de pédagogie enfantine*. Paris. Quadrige/Presses Universitaires de France.

ALTET, M. (1994). *La formation professionnelle des enseignants*. Paris: Presses Universitaires de France.

AMALBERTI, R., MONTMOLLIN, M. de & THEUREAU, J. (1991). *Modèles en analyse du travail*. Liège: Mardaga.

ARENDT, H. (1983). *La condition de l'homme moderne*. Paris: Calmann-Lévy.

ARGYRIS, C. & SCHÖN, D.A. (1974). *Theory in practice: increasing professional effectiveness*. San Francisco: Jossey-Bass Publishers.

ARISTOTE (1967). *Éthique à Nicomaque*. Paris: Vrin.

_____. (1970). *La politique*. Paris: Vrin.

ATKINSON, P. & DELAMONT, S. (1985). "Socialisation into Teaching: the research which lost its way". *British Journal of Sociology of Education*, v. 6, p. 307-322.

BEAUDOUX, C. & NOIRCENT, A. (1997). L'école et le curriculum caché. In: *Collectif Laure-Gaudreault – Femmes, éducation et transformations sociales*. Montréal: Éditions du Remue-Ménage, p. 105-127.

BERGER, P.L. & LUCKMANN, T. (1980). *The social construction of reality: A treatise in the sociology of knowledge*. Nova York: Irvington Publishers, Inc.

BERTHELOT, M. (1991). Enseigner. *Qu'en disent les profs?* Québec: Conseil Supérieur de L'éducation.

BOLSTER, A.S. (1983). "Toward a More Effective Model of Research on Teaching". *Harvard Educational Review*, 55 (3), p. 295-308.

BORKO, H. & PUTNAM, R.T. (1996). Learning to teach. In: BERLINER, D. & CALFEE, R. (orgs.). *Handbook of educational psychology* (p. 673-708). Nova York: Macmillan.

BOURDIEU, P. (1972). *Esquisse d'une théorie de la pratique* – Précédé de trois études d'ethnologie Kabyle. Paris: Droz.

_____. (1980). *Le sens pratique*. Paris. Éditions de Minuit.

BOURDIEU, P. & PASSERON, J.C. (1970). *La reproduction – Éléments pour une théorie du système d'enseignement*. Paris: Les Éditions de Minuit.

BOURDONCLE, R. (1991). "La professionnalisation des enseignants – Analyses sociologiques anglaises et américaines". *Revue Française de Pédagogie*, n. 94, janvier-février- mars, p. 73-92.

_____ (1993). "La professionnalisation des enseignants – Les limites d'un mythe". *Revue Française de Pédagogie*, n. 105, octobre-novembre-décembre, p. 83-119.

_____. (1994). "Savoir professionnel et formation des enseignants – Une typologie sociologique. Spirale". *Revue de Recherches en Éducation*, n. 13, p. 77-96.

BOUSQUET, J.C. (1990). *Les besoins de recrutement de personnel enseignant à temps plein par les commissions scolaires de 1989-2011*. Québec: MEQ, DGRD.

BROPHY, J. (1983). Classroom organisation and management. In: SMITH, D.C. (org.). *Essential knowledge for begin-*

ning educators. Washington: American Association of Colleges for Teacher Education, p. 23-37.

_____. (1986). *Research Linking Teacher Behavior to Student Achievement.* Washington: U.S. Department of Education.

BUTT, R.L. & RAYMOND, D. (1987). "Arguments for using qualitative approches in understanding teacher thinking – The case for biography". *Journal of Curriculum Theorizing*, 7, p. 62-93.

_____. (1989). "Studying the nature and development of teachers knowledge using collaborative autobiography". *International Journal of Educational Research*, 13 (4), p. 403-419.

BUTT, R.L., RAYMOND, D. & YAMAGISHI, L. (1988). "Autobiographic praxis – Studying the formation of teachers' knowledge". *Journal of Curriculum Theorizing*, 7 (4), p. 87-164.

BUTT, R.L., TOWNSEND, D. & RAYMOND, D. (1990). "Bringing reform to life – Teachers' stories and professional development". *Cambridge Journal of Education*, 20 (3), p. 275-288.

CALDERHEAD, J. (1987). *Exploring Teachers' Thinking.* Londres: Cassell Educational Limited.

_____. (1996). Teachers: beliefs and knowledge. *In*: BERLINER, D.C. & CALFEE, R.C. (orgs.). *Handbook of educational psychology,* Nova York: Macmillan, p. 709-725.

CARNEGIE FORUM ON EDUCATION AND THE ECONOMY (1986). *A Nation Prepared: Teachers for the 21st Century.*

CARPENTIER-ROY, M.-C. & PHARAND, S. (1992). *Organisation du travail et santé mentale chez les enseignantes et les enseignants du primaire et du secondaire.* Québec: Communications CEQ.

CARTER, K. (1990). Teachers' knowledge and learning to teach. In: HOUSTON, W.R. *Handbook of research on teacher education*, Nova York: Macmillan, p. 291-310.

_____. (1993). "The place of story in the study of teaching and teacher education". *Educational Researcher*, 22 (1), p. 5-12, 18.

CARTER, K. & ANDERS, D. (1996). Program pedagogy. In: MURRAY, F.B. (org.). *The teacher educator's handbook* – Building a knowledge base for the preparation of teachers. San Fransisco: Jossey-Bass Publishers, p. 557-592.

CARTER, K. & DOYLE, W. (1995). "Preconceptions in learning to teach". *Educational Forum*, 59 (2), p. 186-95.

_____. (1996). Personal narrative and life history in learning to teach. In: SIKULA, J., BUTTERY, T.J. & GUYTON, E. (org.). *Handbook of Research on Teacher Education*. 2. ed. Nova York: Macmillan, p. 120-142.

CAZAMIAN, P. (1987). (org.). *Traité d'ergonomie*. Marseille: Éditions Octares Entreprises.

CHERRADI, S. (1990). *Le travail interactif: construction d'un objet théorique*. Montréal: Département de Sociologie, Université de Montréal.

CLANDININ, D.J. (1985). *Classroom practice: teacher images in action*. Londres: Falmer.

_____. (1989). "Developing rhythms in teaching: the narrative study of a beginning teacher's personal practical knowledge of classrooms". *Curriculum Inquiry*, 19 (2), p. 121-141.

CLARK, B.G. & NEAVE, G. (1992). *Handbook of Higher Education*. Londres: Macmillan.

COMMISSION DES ÉTATS GÉNÉRAUX SUR L'ÉDUCATION (1996). *L'exposé de la situation*. Québec: MEQ.

CONNELLY, F.M. & CLANDININ, D.J. (1985). Personal practical knowledge and the modes of knowing: Relevance for teaching and learning. In: EISNER, E.W. (org.), *Learning and teaching the ways of knowing* (84th yearbook of the National Society for the Study of Education, Part 2). Chicago: University of Chicago Press.

COULON, A. (1993). *Ethnométhodologie et éducation*. Paris: Presses Universitaires de France.

CROZIER, M. & FRIEDBERG, E. (1981). *L'acteur et le système: les contraintes de l'action collective*. Paris: Les Éditions du Seuil.

DAVID, H. & PAYEUR, C. (1991). *Vieillissement et condition enseignante*. Québec: Irat/Ceq.

DE COSTER, M. (1994). Introduction: bilan, actualités et perspectives de la sociologie du travail. In: DE COSTER, M. & PICHAULT, F. *Traité de sociologie du travail*. Bruxelles. De Boeck, p. 1-27.

DE LA BOÉTIE, E. (1976). *Discours de la servitude volontaire*. Paris: Payot.

DELBOS, G. & JORION, P. (1990). *La transmission des savoirs*. Paris. Éditions de la Maison des Sciences de l'Homme. [1ère édition en 1984.]

DENZIN, N.K. & LINCOLN, Y.S. (org.) (1994). *Handbook of qualitative research* – Thousand Oaks, v. XII. Calif: Sage Publications, 643 p.

DESGAGNÉ, S. (1994). *À propos de la "discipline de classe"*: analyse du savoir professionnel d'enseignantes et enseignants expérimentés du secondaire en situation de parrainer des débutants. Québec: Université Laval. [Tese de doutorado.]

DONAHOE, T. (1993). *Finding the Way*: Structure, Time, and Culture in School Improvement. Phi Delta Kappan, dez., p. 298-305.

DOYLE, W. (1977). "Paradigms for research on teacher effectiveness". In: SHULMAN, L.S. (org.). *Review of Research on Education*. v. 5. Itasca: F.E. Peacock, p. 163-199.

_____. (1986). Classroom organization and management. In: WITTROCK, M.C. (org.) (1986). *Handbook of Research on Teaching*. Nova York: Macmillan, p. 392-431.

DREBER, C. (org.) (1982). *Professionals as Workers*: Mental Labor in Advanced Capitalism. Boston: G.K. Hall.

DREEBEN, R. (1970). *The nature of teaching; schools and the work of teachers*. Glenview: Scott/Foresman.

DUBAR, C. (1991). *La socialisation* – Construction des identités sociales et professionnelles. Paris: Armand Collin.

_____. (1992). "Formes identitaires et socialisation professionnelle". *Revue Française de Sociologie*, XXXIII (4), p. 505-529.

_____. (1994). "À propos de l'insertion professionnelle – L'insertion comme articulation temporelle du biographique et du structurel". *Revue Française de Sociologie*, XXXV (2), p. 283-291.

DUBET, F. (1994). *Sociologie de l'expérience*. Paris: Seuil.

DURAND, M. (1996). *L'enseignement en milieu scolaire*. Paris: Presses Universitaires de France.

EDDY, E. (1971). *Becoming a Teacher* – The Passage to Professional Status. Nova York: Columbia University Teachers College Press.

ELBAZ, F. (1983). *Teacher Thinking* – A Study of Practical Knowledge. London. Croon Heln.

_____. (1991). "Research on teachers' knowledge: the evolution of a discourse". *Journal of Curriculum Studies*, 23 (1), p. 1-19.

_____. (1993). La recherche sur le savoir des enseignants: l'enseignante experte et l'enseignante "ordinaire". In: GAUTHIER, C., MELLOUKI, M. & TARDIF, M. (org.). *Le savoir des enseignants: unité et diversité*. Montréal: Éditions Logiques, p. 101-114.

ERICKSON, F. (1986). Qualitative methods in research on teaching. In: WITTROCK, M.C. (org.) *Handbook of research on teaching*. 3. ed. Nova York: Macmillan, p. 119-161.

FEIMAN NEMSER, S. (1983). Learning to teach. In: SHULMAN, S.L. & SYKES, G. (org.). *Handbook of teaching and policy*. New York: Longman Inc.

FEIMAN-NEMSER, S. & FLODEN, R. (1996). The cultures of teaching. In: WITTROCK, C. (org.). *Handbook of research on teaching*. 3. ed. Nova York: Macmillan, p. 505-526.

FEIMAN-NEMSER, S. & REMILLARD, J. (1996). Perspectives on learning to teach. In: MURRAY, F.B. (org.). *The teacher educator's handbook*: building a knowledge base for the preparation of teachers. San Francisco: Jossey Bass, p. 63-91.

FENSTERMACHER, G.D. (1994). The knower and the known – The nature of knowledge in research on teaching. In: DARLING-HAMMOND, L. (org.). *Review of Research on Education*, vol. 20. Washington, D.C.: American Educational Research Association, p. 1-54.

_____. (1999). *On the concept of manner and its visibility in teaching practice.* [Apresentação feita no congresso anual da Aera. Montréal, 19 de abril.]

FREIRE, P. (1974). *Pédagogie des opprimés, suivi de Conscientisation et Révolution*. Paris: Librairie François Maspero.

FREITAG, M. (1986). *Dialectique et société*. Montréal: Éditions Saint-Martin.

FULLAN, M., GALLUZZO, G., MORRIS, P. & WATSON, N. (1998). *The rise and stall of teacher education reform*. Washington, D.C.: The American Association of Colleges for Teacher Education.

GAGE, N.L. (1978). *The Scientific Basis of the Art of Teaching*, Nova York: Teachers College Press.

_____. (1985). Hard Gains in the Soft Sciences. *The Case of Pedagogy*. Bloomington. Indiana: Phi Delta Kappa's Center on Evaluation.

GAGNE, R.M. (1976). *Les principes fondamentaux de l'apprentissage*: application à l'enseignement. Montréal: Éditions HRW.

GARFINKEL, H. (1984). *Studies in Ethnomethodology*. Oxford: Polity Press.

GARFINKEL, H. & SACKS, H. (1970). On formal structure of practical action. In: McKINNERY, J.C. & TITYAKIAN, E.A. (org.). *Theoretical sociology*: perspectives and developments. Nova York: Appleton-Centery-Crofts, p. 337-366.

GAUTHIER, C. (1996). Le XVIIe siècle et le problème de la méthode dans l'enseignement ou la naissance de la pédagogie. In: GAUTHIER, C. & TARDIF, M. *La pédagogie* – Théories et pratiques de l'Antiquité à nos jours. Montréal: Gaëtan Morin, p. 87-108.

GAUTHIER, C., DESBIENS, J.-F., MALO, A., MARTINEAU, S. & SIMARD, D. (1997). Pour une théorie de la pédagogie. *Recherches contemporaines sur le savoir des enseignants*. Sainte-Foy/Bruxelles: Presses de l'Université Laval/De Boeck.

GAUTHIER, C., MARTINEAU, S., DESBIENS., J.F., MALO, ANNIE & SIMARD, D. (1998). *Por uma teoria da Pedagogia* – Pesquisas contemporâneas sobre o saber docente. Ijuí: Ed. Unijuí. [Trad. do francês por Francisco Pereira de Lima.]

GEORGE, C. (1997). *Polymorphisme du raisonnement humain* – Une approche de la flexibilité de l'activité inférentielle. Paris: Presses Universitaires de France.

GIDDENS, A. (1987). *La constitution de la société* – Éléments de la théorie de la structuration. Paris: Presses Universitaires de France.

GINSBURG, M. & LINDAY, B. (org.) (1995). *The Political Dimension in Teacher Education*: Policy Formation, Teacher Socialization, and Society. Londres: Falmer.

GOFFMAN, E. (1959). *The Presentation of Self in Everyday Life*. Nova York: Doubleday.

GOLD, Y. (1996). Beginning teacher support – Attrition, mentoring, and induction. In: SIKULA, J. (org.). *Handbook of Research on Teacher Education*. Nova York, Macmillan, p. 548-594.

GOODLAD, J., SODER, R. & SIROTNIK, K.A. (1990a). *Places Where Teachers Are Taught*. San Francisco: Jossey-Bass.

_____. (1990b). *Teachers For Our Nation's Schools.* San Francisco: Jossey-Bass.

_____. (1990c). *The Moral Dimension of Teaching*. San Francisco: Jossey-Bass.

GRIFFIN, G.A. (1985). Teacher induction: Research issues. *Journal of Teacher Education*, 36 (1), p. 42-46.

HABERMAS, J. (1973). *La technique et la science idéologie*. Paris: Editions Denoël.

_____. (1976). *Connaissance et intérêt*. Paris: Gallimard.

_____. (1987). *Théorie de l'agir communicationnel*. T. 1 e 2. Paris: Fayard.

HAIDT, R.C.C. (1994). *Curso de Didática Geral*. São Paulo: Ática.

HARGREAVES, A. (1994). *Teachers' work and culture and the postmodern age*. Toronto: Oise Press.

_____. (1997). "The Four Ages of Professionalism and Professional Learning". *Unicorn*, v. 23, n. 2, p. 86-114.

_____. (1998). The emotional practice of teaching. *Teaching and Teacher Education*, 14 (8), p. 835-854.

HASENFELD, Y. (1986). *Human Service Organizations*. Michigan: The University of Michigan Press.

HEIDEGGER, M. (1985). *Être et temps*. Paris: Authentica. [1re éd.: 1927 – Trad. E. Martineau.]

HOCHSCHILD, A.R. (1983). *The Managed Heart* – Commercialization of Human Feeling. Berkeley: University of California Press.

HOLT-REYNOLDS, D. (1992). "Personal history-based beliefs as relevant prior knowledge in coursework". *American Educational Research Journal*, 29 (2), p. 325-349.

HOTTOIS, G. (1984). *Le signe et la technique* – La philosophie à l'épreuve de la technique. Paris: Aubier.

HUBERMAN, M. (1989). "Les phases de la carrière enseignante – Un essai de description et de prévision". *Revue Française de Pédagogie*, n. 86, p. 5-16.

HUBERMAN, M., GROUNAUER, M.M. & MARTI, J. (1989). La vie des enseignants – Evolution et bilan d'une profession. In: *Actualités pédagogiques et psychologiques*. Neuchâtel/Paris: Delachaux & Niestlé.

JAEGER, W. (1964). *Paideia* – La formation de l'homme grec. Paris: Les Éditions Gallimard.

JAMOUS & PELOILLE (s.d.). *Professions or Self-Perpetuating systems? Changes in the French University – Hospital system*, p. 109-152 (2e lecture).

JOHNSON, S.M. (1990). *Teachers at work*. Nova York: Basic Books.

JORDELL, K.O. (1987). "Structural and personnal influences in the socialization of beginning teachers". *Journal of Research and Studies*, 3 (3), p. 165-177.

JUDGE, H. (1998). Presentation. In: FULLAN, M., GALLUZZO, G., MORRIS, P. & WATSON, N. *The rise and stall of teacher education reform.* Washington, D.C.: The American Association of Colleges for Teacher Education, p. 2-22.

JUDGE, H., LEMOSSE, M., PAINE, L. & SEDLAK, M. (1994). The University and the Teachers. *France, the United States, England*. Oxford: Triangle Books.

KAGAN, D.M. (1992). "Professional growth among preservice and beginning teachers". *Review of Educational Research*, 62 (2), p. 129-169.

KENNEDY, M.M. (1983). "Working Knowledge". *Knowledge: Creation, Diffusion, Utilization*, v. 5 (2), p. 193-211.

KING, A.J.C. & PEART, M.J. (1992). *Le personnel enseignant au Canada* – Travail et qualité de vie. Ottawa: Fédération Canadienne des Enseignantes.

KOLAKOWSKI, L. (1976). *La philosophie positiviste*. Paris: Denoël.

LABAREE, D.F. (1992). "Power, knowledge, and the professionalisation of teaching: a genealogy of the movement". *Harvard Educational Review*, 62 (2), p. 123-154.

_____. (1997). "Public Goods, Private Goods – The American Struggle Over Educational Goals". *American Educational Research Journal*, v. 34, n. 1, p. 39-81.

LABAREE, D.F. & PALLAS, A.M. (1996). "Dire Straits – The Narrow Vision of the Holmes Group". *Educational Researcher*, v. 25, n. 4, p. 25-28.

LACEY, C. (1977). *The socialization of teachers*. Londres: Methuen.

LAMPERT, M. (1985). "How do teachers manage to teach? Perspectives on problems in practice". *Harvard Educational Review*, 55 (2), p. 178-194.

LAROCHELLE, M. & BEDNARZ, N. (éd.) (1994). "Constructivisme et éducation". *Revue des Sciences de l'Éducation*, v. 20, n. 1. Montréal.

LATOUR, B. (1985). "Les vues de l'esprit – Une introduction à l'anthropologie des sciences et des techniques". *Culture Technique*, n. 14, p. 4-29.

LAUGHLIN, C.D. (1989). "Les artefacts de la connaissance". *Anthropologie et société*, n. 13 (2), p. 9-29.

LAVE, J. (1988). *Cognition in practice: mind, mathematics, and culture in everyday life.* Cambridge: Cambridge University Press.

_____. (1993). The practice of learning. In: CHAIKLIN, S. & LAVE, J. *Understanding practice* – Perspectives on activity and context. Nova York: Cambridge University Press, p. 3-34.

LAVE, J. & WENGER, E. (1991). *Situated learning*: legitimate peripheral participation. Cambridge/Nova York: Cambridge University Press.

LEGAULT, F. & ROYER, É. (1998). *Les pratiques d'exclusion des enseignants.* [Apresentação feita no congresso da Acfas. Montréal.]

LEPLAT, J. (org.) (1992). *L'analyse du travail en psychologie ergonomique* – Recueil de textes. Toulouse: Octares Éditions. [Collection Travaill.]

LESSARD, C. & TARDIF, M. (1996). *La profession enseignante au Québec (1945-1990)* – Histoire, système et structures. Montréal: Presses de l'Université de Montréal.

_____. (1998). *La nature et la place d'une formation professionnelle selon les conceptions de l'université.* [Simpósio Internacional sobre a Formação Profissional – Réseau Éducation et Formation. Toulouse, 26 de outubro.]

LESSARD, C., LENOIR Y., MARTIN, D., TARDIF, M. & VOYER, B. (1999). *La formation des enseignantes et des enseignants: aspects comparatifs et prospectifs.* [Estudo feito por Adereq para um grupo de trabalho do Crifpe.]

LIBÂNIO, J.C. (1985). Tendências pedagógicas na prática escolar. In: *Democratização da escola pública* – A pedagogia crítico-social dos conteúdos. São Paulo: Loyola.

LORTIE, D.C. (1975). *Schoolteacher.* Chicago: University of Chicago Press.

LÜDKE, M. & MOREIRA, A.F.B. (1999). "Recent proposals to reform teacher education in Brazil". *Teaching and Teacher Education*, n. 15 (2), p. 169-178.

MAESTRE, T.J. (1996). *Biography, self and teacher education*: A narrative study of the cycle of learning in a preservice curriculum course. Berkeley: University of California [Tese de doutorado].

MAHEU, P.-A. (1996). "Et si le travail exercé sur l'humain faisait une différence". *Sociologie et Sociétés*, v. XXVIII, n. 1, p. 189-199.

MARTIN, D. (1993). Nature du savoir enseignant: analyse des écrits anglo-saxons. In: MAINGUY, E. et al. *Compétence et formation des enseignants*. Trois Rivières: Sciences de l'Éducation, p. 289-304.

MARTINEAU, S. (1997). *De la base de connaissances en enseignement au savoir d'action pédagogique* – Construction d'un objet théorique. Québec: Université Laval [Tese de doutorado].

MCDIARMID, G.W. (1990). "Challenging prospective teachers' beliefs during early field experience: A quixotic under-taking?" *Journal of Teacher Education*, n. 41 (3), p. 12-20.

MCDIARMID, G.W., BALL, D.L. & ANDERSON, C. (1989). Why staying ahead one chapter just won't work: Subject-specific pedagogy. In: REYNOLDS, M.C. (org.). *Knowledge base for the beginning teacher*. Nova York: Pergamon Press, p. 193-205.

MEAD, G.H. (1934). *Mind, self and society*. Chicago: University of Chicago Press.

MEHAN, H. (1978). "Structuring School Structure". *Harvard Educational Review*, n. 48 (1), p. 32-64.

MESSING, K., ESCALONA, E., SEIFERT, A. & DEMCHUK, I. (1995). *La minute de 120 secondes*: analyse du travail des enseignantes de niveau primaire. Québec: Centre d'Étude des Interactions Biologiques entre la Santé et l'Environnement.

MESSING, K., CHATIGNY, C. & SEIFERT, A.M. (1994). *Mettre à contribution explicitement les connaissances des travailleuses et travailleurs syndiqués* – Reconnaissance et formation. Toronto, p. 133-137 [Atas do Congresso Iea].

MELLOUKI, M. & TARDIF, M. (1995). *Recherche, débats et discours sur la formation des enseignants au Québec* – Un bilan sélectif des travaux universitaires publiés depuis 1980. Québec: Université Laval [Cadernos do Laboratório de Pesquisa em Administração e Políticas Escolares].

MINTZBERG, H. (1986). *Le pouvoir dans les organisations*. Montréal: Agence d'Arc, 679 p.

MONTMOLLIN, M. (1996). Savoir travailler – Le point de vue de l'ergonome. In: BARBIER, J.-M. *Savoirs théoriques et savoirs d'action*. Paris: Puf, p. 189-199.

MORIN, L. & BRUNET, L. (1992). *Philosophie de l'éducation*. Sainte-Foy/Bruxelles: Presses de l'Université Laval/De Boeck-Wesmael.

MORINE-DERSHIMER, G. (1988). Premises in the practical arguments of preservice teachers. *Teaching and Teacher Education*, n. 4 (3), p. 215-229.

MOUSSALLY, E.J. (1992). *A cultural portrait of preservice teachers*: Undergraduate teacher education at a northeastern United States private, urban university (private universities). Boston: Boston University [Tese de doutorado].

MUKAMURERA, J. (1999). *Le processus d'insertion de jeunes enseignants au Québec*: trajectoire, vécu et identité professionnels. Québec: Université Laval [Tese de doutorado].

NATIONAL COMMISSION ON TEACHING AND AMERICA'S FUTURE (1996). *What Matters Most: Teaching for America's future*. Nova York.

NAUD, A. & MORIN, L. (1978). *L'esquive: l'école et les valeurs*. Québec: Service Général des Communications du Ministre de l'Éducation.

NAULT, T. (1993). *Étude exploratoire de l'insertion professionnelle des enseignants débutants au niveau secondaire*. Montréal: Université de Montréal [Tese de doutorado].

_____. (1994). *L'enseignant et la gestion de la classe*. Montréal: Éditions Logiques.

NEILL, A.S. (1970). *Libres enfants de Summerhill*. Paris: Éditions La Découverte.

NÓVOA, A. (1987). *Le temps des professeurs*. Lisboa: Instituto Nacional de Investigação Científica Lisboa.

PAQUAY, L. (1993). "Quelles priorités pour une formation initiale des enseignants?" *Pédagogies*, n. 6., p. 113-151.

_____. (1994). "Vers un référentiel des compétences professionnelles de l'enseignant?" *Recherche et Formation*, n. 16, p. 7-38.

PAQUAY, L., ALTET, M., CHARLIER, E. & PERRENOUD, P. (org.) (1996). *Former des enseignant* – Quelles stratégies? Quelles compétences? Bruxelles: De Boeck.

PARÉ, A. (1977). *Créativité et pédagogie ouverte*. V. II. Ville Laval: Éditions NHP.

PERELMAN, C. (1970). *Le traité de l'argumentation*. Bruxelles: Institut de Sociologie/Université Libre de Bruxelles.

PERRENOUD, P. (1983). "La pratique pédagogique entre l'improvisation réglée et le bricolage. Essai sur les effets indirects de la recherche en éducation". *Éducation et Recherche*, v. 2, p. 198-212.

_____. (1994). *La formation des enseignants, entre théorie et pratique*. Paris: L'Harmattan.

_____. (1996). *Enseigner agir dans l'urgence, décider dans l'incertitude*. Paris: Esf.

PINAR, W.F. (1998). Dreamt into Existence by Others: Notes on School Reform in the U.S., p. 201-229. In: TARDIF, M., LESSARD, C. & GAUTHIER, C. (1998). *Formation des maîtres et contextes sociaux*. Paris, Puf.

PLATON (1967). *Timée*. Paris: Budé.

_____. (1974). *La République*. Paris: Budé.

POPPER, K.R. (1972). *La connaissance objective*. Paris: Aubier.

_____. (1978). *La logique de la découverte scientifique*. Paris: Payot.

RAYMOND, D. (1993). "Éclatement des savoirs et savoirs en rupture: une réplique à Van der Maren". *Revue des Sciences de l'Éducation*, 19 (4), p. 187-200.

_____. (1998). *En formation à l'enseignement: des savoirs professionnels qui ont une longue histoire* [Apresentação feita no simpósio "Savoirs Professionnels et Curriculum de Formation de Professionnels" – 60º encontro internacional do Ref. Toulouse, outubro].

_____. (1998a). *Préconceptions des étudiants-maitres et rapports aux savoirs pédagogiques et didactiques* [Apresentação feita no congresso anual da Acfas. Université Laval, maio].

_____. (s.d.). Préconceptions des étudiants-maitres et rapports aux savoirs pédagogiques et didactiques. In: LENOIR, Y., LEGAULT, F. & LESSARD, C. (orgs.). *L'articulation didactique-pédagogie, enjeu de formation à l'enseignement?* Québec: Presses de l'Université Laval.

_____. (s.d.). En formation à l'enseignement: des savoirs professionnels qui ont une longue histoire. In: LENOIR, Y. (org.). *Savoirs professionnels et curriculum de formation de professionnels*. Québec: Presses de l'Université Laval.

RAYMOND, D., BUTT, R.L. & YAMAGISHI, R. (1993). Savoirs pré-professionnels et formation fondamentale – Approche autobiographique. In: GAUTHIER, C., MELLOUKI, M. & TARDIF, M. (orgs.). *Le savoir des enseignants: unité et diversité*. Montréal: Logiques, p. 137-168.

RAYMOND, D. & LENOIR, Y. (orgs.) (1998). *Enseignants de métier et formation initiale – Des changements dans les rapports de formation à l'enseignement*. Bruxelles: De Boeck.

RICHARDSON, V. (1996). The role of attitudes and beliefs in learning to teach. In: SIKULA, J., BUTTERY, T.J. & GUYTON, E. (orgs.). *Handbook of research on teacher education.* 2. ed. Nova York: Macmillan, p. 102-119.

RICOEUR, P. (1986). Du texte à l'action. *Essai d'herméneutique, II.* Paris: Du Seuil.

RITZER, G. & WALCAZAK, D. (1986). *Working*: Conflict and Change. 3. ed. Englewood Cliffs: Prentice-Hall.

ROBITAILLE, M. & MAHEU, L. (1991). Le travail enseignant au collégial: le rapport à l'usager comme composante de l'identité professionnelle enseignante. In: LESSARD, C., PERRON, M. & BÉLANGER, P.W. (org.). *La profession enseignante au Québec* – Enjeux et défis des années 1990. Montréal: IQRC, p. 113-134.

ROGERS, C. (1968). *Le développement de la personne.* Montréal: Dunod.

ROUSSEAU, J.J. (1986). *L'Émile.* Paris: Garnier-Flammarion.

RYAN, K., NEWMAN, K.K., APPLEGATE, J., LASLEY, T., FLORA, R. & JONHNSTON, J. (1980). *Biting the apple*: accounts of first year teachers. Nova York/London: Longman Inc.

SAINT-ARNAUD, Y. (1992). *Connaître par l'action.* Montréal: Presses de l'Université de Montréal.

SAINT THOMAS D'AQUIN (1988). *De magistro.* Paris: Klincksieck.

SCHÖN, D.A. (1983). *The Reflective Practitioner* – How Professionals Think in Action. Nova York: Jossey Bass.

_____. (1987). *Educating the reflective practitioner.* San Francisco: Jossey-Bass.

_____. (1994). *Le praticien réflexif.* Montréal: Logiques [Tradução de *The reflexive practitioner*, 1983].

SCHÜTZ, A. (1987). *Le chercheur et le quotidien.* Paris. Méridiens-Klincksieck.

SCHWARTZ, Y. (éd.) (1997). *Reconnaissance du travail* – Pour une approche ergologique. Paris: Puf.

SHAVELSON, R.J. (1983). "Review of research on teachers pedagogical judgments, plans, and decisions". *The Elementary School Journal*, n. 83 (4), p. 392-413.

SHAVELSON, R.J. & STERN, P. (1981). "Research on teachers pedagogical thoughts, judgments, decisions and behavior". *Review of Educational Research*, n. 51, p. 455-498.

SHULMAN, L.S. (1986). Paradigms and research programs in the study of teaching: A contemporary perspective. In: WITTROCK, M.C. (org.). *Handbook of research on teaching*. 3. ed. Nova York: Macmillan, p. 3-36.

_____. (1987). "Knowledge and teaching: foundations for the new reform". *Harvard Educational Review*, v. 57, n. 1.

SKINNER, B.F. (1969). *La révolution scientifique de l'enseignement*. 5. ed. Bruxelles: P. Mardaga.

_____. (1971). *Par-delà la liberté et la dignité*. Montréal: Hurtubise.

TARDIF, J. (1992). Pour un enseignement stratégique. *L'apport de la psychologie cognitive*. Montréal: Logiques.

_____. (1993). Savoirs et expérience chez les enseignants de métier. In: HENSLER, H. (org.). *La recherche en formation des maîtres: détour ou passage obligé sur la voie de la professionnalisation?* Sherbrooke: Éd. du CRP, p. 53-86.

TARDIF, M. & GAUTHIER, C. (1996). L'enseignant comme acteur rationnel. Quelle rationalité? Quel savoir? Quel jugement? In: PERRENOUD, P., PAQUAY, L. & ALTET, M. (org.). *Des professionnels de l'enseignement. Quelles compétences? Quelle formation?* Bruxelles: De Boeck.

_____. (1999). *Pour ou contre un ordre professionnel des enseignantes et des enseignants au Québec*. Québec: Les Presses de l'Université Laval.

TARDIF, M. & LESSARD, C. (2000). *Le travail enseignant au quotidien* – Contribution à l'étude du travail dans les métiers et les professions d'interactions humaines. Belgique/Québec: De Boeck/Pul.

TARDIF, M., DUVAL, L. & LESSARD, C. (1997). Logiques d'exclusion et logiques d'intégration au sein de l'école – Le champ de l'adaptation scolaire. *Recherches Sociographiques*, v. 38, n. 2, p. 303-334. Québec.

TARDIF, M., LESSARD, C. & GAUTHIER, C. (org.) (1998). *Formation des maîtres et contextes sociaux*. Paris: Puf.

TARDIF, M., LESSARD, C. & LAHAYE, L. (1991). Les enseignants des ordres d'enseignement primaire et secondaire face aux savoirs – Esquisse d'une problématique du savoir enseignant. *Sociologie et Sociétés*, v. 23, n. 1, p. 55-70.

TATO, M.T. & VELEZ, E. (1997). Teacher Education Reform Initiatives: The Case of Mexico. In: TORREZ, C.A. & PUIGROS, A. *Latin American Education*: a comparative perspective. Boulder, CO: Westview.

TERSSAC, G. (1996). Savoirs, compétences et travail. In: BARBIER, J.-M. *Savoirs théoriques et savoirs d'action*. Paris: Puf, p. 223-247.

THE HOLMES GROUP (1986). *Tomorrow's Teachers*. East Lansing, MI: Holmes Group.

_____. (1990). *Tomorrow's Schools*. East Lansing, MI: Holmes Group.

_____. (1995). *Tomorrow's Schools of Education*. East lansing, MI: The Holmes Group.

THERRIEN, J. (1998). Expérience professionnelle et savoir enseignant: la formation des enseignants mise en question. In: TARDIF, M., LESSARD, C. & GAUTHIER, C. (org.). *Formation des maîtres et contextes sociaux*. Paris: Puf, p. 231-260.

THEUREAU, J. (1992). *Le cours d'action*: analyse sémiologique – Essai d'une anthropologie cognitive située. Berne: P. Lang. 339 p. [Sciences pour la communication, v. 35.]

TISHER, R.P. & WIDEEN, M.F. (org.) (1990). *Research in teacher education: international perspectives*. Great Britain: The Falmer Press, p. 11-32.

TOCHON, F.V. (1993). *L'enseignant expert*. Paris: Nathan, 256 p. [Les repères pédagogiques – Série Formation].

TOM, A. (1984). *Teaching as a moral craft*. Nova York: Longman.

_____. (1997). *Redesigning teacher education*. Nova York: State University of New York Press.

VAN DER MAREN, J.M. (1990). Les savoirs et la recherche pour l'éducation. In: *Contenus et impacts de la recherche universitaire actuelle en sciences de l'éducation*. T. 3. Sherbrooke: Éd. du CRP.

VEENMAN, S. (1984). "Perceived problems of beginning teachers". *Review of Educational Research*, n. 54 (2), p. 143-178.

VIDAL, M. (1990). *Textos escolhidos em ergonomia contemporânea*. Rio de Janeiro: Gente/Coppe.

VONK, J.H.C. (1988). "L'évolution professionnelle des enseignants débutants et ses répercussions sur la formation initiale et continue". *Recherche et Formation*, n. 3 (3), 47-60.

VONK, J.H.C. & SCHRAS, G.A. (1987). "From beginning to experienced teacher: a study of the professional developpement of teachers during their first four years of service". *European Journal of Teacher Education*, n. 10 (1).

WEBER, M. (1964). *L'éthique protestante et l'esprit du capitalisme*. Paris: Plon.

_____. (1971). *Économie et société*. Paris: Plon.

WHEER, A.E. (1992). La croissance professionnelle vue à travers des manifestations d'inquiétude. In: HOLBORN, P.

et al. (org.). *Devenir enseignant – D'une expérience de survie à la maîtrise d'une pratique professionnelle*. T. 2. Montréal: Logiques, p. 56-69.

WIDEEN, M., MAYER-SMITH, J. & MOON, B. (1998). "A critical analysis of the research on learning to teach: Making the case for an ecological perspective on inquiry". *Review of Educational Research*, n. 68 (2), p. 130-178.

WISNER, A. (1993). O homem face aos sistemas complexos e perigosos. In: *A inteligência do trabalho*. São Paulo: Fundacentro.

WITTROCK, M.C. (org.) (1986). *Handbook of research on teaching*. Nova York: Macmillan.

WOODS, P. (1990). *L'ethnographie de l'école*. Paris: A. Colin

ZEICHNER, K.M. & CARO-BRUCE, C. (1999). *The Madison metropolitan school district classroom action-research program* [Apresentação feita no congresso anual da Aera. Montréal, abril].

ZEICHNER, K.M. & GORE, J.M. (1990). Teacher socialization. In: HOUSTON, W.R. (org.). *Handbook of research on teacher education*. Nova York: Macmillan, p. 329-348.

ZEICHNER, K.M. & HOEFT, K. (1996). Teacher socialization for cultural diversity. In: SIKULA, J., BUTTERY, T.J. & GUYTON, E. (org.). *Handbook of research on teacher education*. 2. ed. Nova York: Macmillan, p. 525-547.

Conecte-se conosco:

 facebook.com/editoravozes

 @editoravozes

 @editora_vozes

 youtube.com/editoravozes

 +55 24 2233-9033

www.vozes.com.br

Conheça nossas lojas:

www.livrariavozes.com.br

Belo Horizonte – Brasília – Campinas – Cuiabá – Curitiba
Fortaleza – Juiz de Fora – Petrópolis – Recife – São Paulo

EDITORA VOZES LTDA.
Rua Frei Luís, 100 – Centro – Cep 25689-900 – Petrópolis, RJ
Tel.: (24) 2233-9000 – E-mail: vendas@vozes.com.br